「新民法典」の成立
――その新たな解釈論――

石崎泰雄 著

「新民法典」の成立
―― その新たな解釈論 ――

信山社ブックス

信 山 社

は し が き

　民法の一部を改正する法律（平成29年　法律第44号）が，2020年4月1日から施行される予定である。法形式的には民法の一部の改正であるが，その内容は民法典制定以来の民法の根幹をも変更するようなものであり，その意味ではまさに実質的な「新民法典」の制定といえるほどの大規模な改正である。

　本書は，「新民法典成立」シリーズ3部作の第1巻『新民法典成立への道──法制審議会の議論から中間試案へ──』（信山社，2013年），第2巻『新民法典成立への扉──法制審議会の議論から改正法案へ──』（信山社，2016年）に引き続き刊行されたもので，その第3巻・完結編である。

　この「新民法典」の制定は，法制審議会の議論を参考としながら，パブリックコメントの意見をも勘案し，官僚によって立案作成されたものである。審議会の意見の方向性は一応参考としながら，それは諮問機関にすぎないという理由からか，大局的見地に立脚し妥当とするところを法案にするという姿勢が採られている。

　本書，第1部「民法新規定の内容」とその解釈においては，民法新規定の理解に関し，たとえば審議会のメンバーのそれぞれの主張は，その依拠する立場による独自の主張にすぎず，必ずしも新規定の正当な解釈とはいえないという側面もあり，したがって純客観的観点から，立案の趣旨・意図を勘案し，民法新規定のあるべき解釈を提起し，その新規定の条文の解説とともに重要条文に関しては具体的事例（ケース）を設定し，新たな条文によりその実際の適用をしてその解釈の道筋を示している。

　第2部「民法新規定と比較法」においては，今般の民法（債権関係）改正の根幹的部分の変更が必要だとされる理由を比較法的視座，特に日本も加盟し国内法化されているウィーン国連売買条約他の統一法秩序の観点から捉え，世界的基準に対応できるような法体系の樹立が不可欠であることから，それら法体系における標準的解釈論と日本の法制度が齟齬することのないような解釈論の確立の必要性に留意するものである。

　そして，それは，第1部「民法新規定の内容」とその解釈において，その具

はしがき

現化としての解釈論が示されている（金融取引法を除く）。

　なお，第1部においては，改正された新しい民法を「新法」と呼び，その条文を新〇条という形で表し，これに対して，これまでの民法は「前法」と呼び，その条文を前〇条として示している。第2部においては，改正された新しい民法を「改正法」と呼び，これまでの法は現行法と呼んでいる。

　最後に，本書の刊行は，信山社・袖山貴氏，稲葉文子氏ほか，スタッフの方々のご尽力の賜物である。ここに謝して記したい。

　　2018年3月

　　　　　　　　　　　　　　　　　　　　　　　　　　　石　崎　泰　雄

目　次

はしがき（v）

第1部　民法新規定の内容

第1章　民法総則 ―――――――――――――――― 3

　一　人 ………………………………………………… 3
　　　1　意思能力 …………………………………… 3
　二　法律行為 ………………………………………… 4
　　　1　公序良俗 …………………………………… 4
　三　意思表示 ………………………………………… 5
　　　1　心裡留保 …………………………………… 5
　　　2　錯　　誤 …………………………………… 6
　　　3　詐欺・強迫 ………………………………… 8
　　　4　意思表示の効力発生時期等 ……………… 10
　　　5　意思表示の受領能力 ……………………… 12
　四　代　理 …………………………………………… 13
　　　1　代理行為の瑕疵 …………………………… 13
　　　2　代理人の行為能力 ………………………… 14
　　　3　復代理人の選任 …………………………… 16
　　　4　代理権の濫用 ……………………………… 17
　　　5　自己契約及び双方代理等 ………………… 18
　　　6　代理権授与の表示による表見代理等 …… 20
　　　7　代理権消滅後の表見代理等 ……………… 21
　　　8　無権代理人の責任 ………………………… 22
　五　無効及び取消し ………………………………… 24

　　　　1　原状回復の義務 …………………………………… 24
　　　　2　追認の要件 ………………………………………… 26
　六　条件及び期限 …………………………………………… 27
　　　　1　条件成就の妨害等 ………………………………… 27
　七　時　　効 ………………………………………………… 28
　　　　1　時効の援用 ………………………………………… 28
　　　　2　裁判上の請求等による時効の完成猶予及び更新 ……… 29
　　　　3　強制執行等による時効の完成猶予及び更新 ……… 29
　　　　4　仮差押え等による時効の完成猶予 ……………… 30
　　　　5　催告による時効の完成猶予 ……………………… 31
　　　　6　協議を行う旨の合意による時効の完成猶予 …… 31
　　　　7　天災等による時効の完成猶予 …………………… 33
　　　　8　債権等の消滅時効 ………………………………… 33
　　　　9　人の生命又は身体の侵害による損害賠償請求権の
　　　　　　消滅時効 …………………………………………… 35
　　　　10　定期金債権の消滅時効 …………………………… 36

第2章　債 権 総 則 ──────────────── 38

　一　債権の目的 ……………………………………………… 38
　　　　1　特定物の引渡しの場合の注意義務 ……………… 38
　　　　2　法 定 利 率 ………………………………………… 39
　　　　3　不能による選択債権の特定 ……………………… 40
　二　債権の効力 ……………………………………………… 41
　　　　1　履 行 不 能 ………………………………………… 41
　　　　2　受 領 遅 滞 ………………………………………… 43
　　　　3　履行遅滞中又は受領遅滞中の履行不能と帰責事由 … 46
　　　　4　履行の強制 ………………………………………… 47
　　　　5　債務不履行による損害賠償 ……………………… 47
　　　　6　損害賠償の範囲 …………………………………… 50

	7 中間利息の控除	52
	8 過失相殺	53
	9 金銭債務の特則	54
	10 賠償額の予定	55
	11 代償請求権	55

第3章 契約総則 —————————— 57

一 契約の成立 — 57

1 契約の締結及び内容の自由 — 57
2 契約の成立と方式 — 58
3 承諾の期間の定めのある申込み — 59
4 承諾の期間の定めのない申込み — 60
5 申込者の死亡等 — 61
6 懸賞広告 — 62
7 指定した行為をする期間の定めのある懸賞広告 — 62
8 懸賞広告の撤回の方法 — 63

二 契約の効力 — 63

1 債務者の危険負担等 — 63
2 第三者のためにする契約 — 66
3 第三者の権利の確定 — 66

三 契約上の地位の移転 — 67

四 契約の解除 — 67

1 催告による解除 — 67
2 催告によらない解除 — 70
3 債権者の責めに帰すべき事由による場合 — 72
4 解除の効果 — 75
5 解除権者の故意による目的物の損傷等による解除権の消滅 — 76

五 定型約款 — 78

　　　　1　定型約款の合意 ……………………………………… 78
　　　　2　定型約款の内容の表示 ……………………………… 81
　　　　3　定款約款の変更 ……………………………………… 82

第4章　契約各則 ——————————————— 85

　一　贈　　与 ……………………………………………………… 85

　　　1　贈　　与 ……………………………………………… 85
　　　2　贈与者の引渡義務等 ………………………………… 85

　二　売　　買 ……………………………………………………… 86

　　　1　手　　付 ……………………………………………… 86
　　　2　権利移転の対抗要件に係る売主の義務 …………… 87
　　　3　他人の権利の売買における売主の義務 …………… 88
　　　4　買主の追完請求権 …………………………………… 88
　　　5　買主の代金減額請求権 ……………………………… 92
　　　6　買主の損害賠償請求及び解除権の行使 …………… 94
　　　7　移転した権利が契約の内容に適合しない場合における売主の担保責任 ………………………………… 96
　　　8　目的物の種類又は品質に関する担保責任の期間の制限 …… 97
　　　9　目的物の滅失等についての危険の移転 …………… 99
　　　10　競売における担保責任等 …………………………… 101
　　　11　権利を取得することができない等のおそれがある場合の買主による代金の支払の拒絶 ……………… 102
　　　12　買戻しの特約 ………………………………………… 103

第2部　民法新規定と比較法

第1章　本来的履行請求権と法的救済としての履行請求権 ——— 107

　一　本来的履行請求権と法的救済としての履行請求権 ………… 107

　二　共通参照枠草案（DCFR）における履行・追完 …………… 111

第2部　民法新規定と比較法

1　非金銭債務の履行の強制（Ⅲ.-3: 302） ………………… 111
　(1)　法的救済としての履行請求権と裁判所の強制による
　　　履行の実現の確保 ……………………………………… 111
　(2)　履行請求権（およびその強制）の排除 ……………… 112
　　　(a)　不可能，違法（112）　(b)　不合理な負担，不合
　　　理な費用（113）　(c)　一身専属的な性質（113）
　　　(d)　合理的な期間内の履行請求（114）　(e)　救済手
　　　段の濫用についての制限（114）
2　債務者による不適合履行の追完 ………………………… 115
　(1)　概　　論 ……………………………………………… 115
　(2)　債務者による追完（Ⅲ.-3: 202） …………………… 116
　　　(a)　期限前の不適合履行（116）　(b)　不適合履行の
　　　一般的場合（116）
　(3)　債権者が債務者に追完の機会を与える必要がない
　　　場合（Ⅲ.-3: 203） …………………………………… 117
　　　(a)　遅延が重大な不履行に当たる場合（117）　(b)
　　　信義則に反する債務者（118）　(c)　追完の不奏功を
　　　信じる理由がある場合（118）　(d)　追完が不適当と
　　　なる事情がある場合（118）
　(4)　債務者に追完の機会が与えられた場合の効果（Ⅲ.-3:
　　　204） …………………………………………………… 118
3　売買契約における物品の適合性（Ⅳ.A.-2: 301） ……… 119
　(1)　数量，品質，種類への適合性 ………………………… 120
　(2)　付随的な事柄についての適合性（b・c号） ………… 120
　(3)　異　種　物 …………………………………………… 120
4　目的，品質，包装等に関する適合性（Ⅳ.A.-2: 302） …… 121
　(1)　概　　論 ……………………………………………… 121
　(2)　標準的適合性のルール ……………………………… 122
　　　(a)　特定の目的への適合性（122）　(b)　通常使用さ
　　　れる目的への適合性（122）　(c)　見本又はひな形と
　　　同じ品質（122）　(d)　収納・包装（122）　(e)
　　　付属品・説明書（123）　(f)　買主が合理的に期待す
　　　ることのできる品質・性能（123）
5　不適合に対する買主の救済手段の修正 ………………… 123

　　　　　(1) 不適合を理由とする消費者による契約の解消
　　　　　　　（Ⅳ.A.-4: 201) ………………………………………… 124
　　　　　(2) 軽微な不適合 …………………………………………… 124
　　三　ウィーン国連売買条約（国際物品売買契約に関する国際連合条
　　　　約：CISG）における履行・追完 …………………………………… 125
　　　1　履行請求・追完請求の要件
　　　　　（合理的期間内の不適合の通知）……………………………… 125
　　　2　履行請求権 ……………………………………………………… 128
　　　3　特定の目的 ……………………………………………………… 128
　　　4　追完（代替品給付・修補）請求 ……………………………… 130
　　　5　売主の追完権 …………………………………………………… 131
　　　6　売主の追完権と買主の解除権 ………………………………… 134
　　四　日本法における本来的履行請求権，法的救済としての履行
　　　　請求権・追完請求権 ………………………………………………… 136
　　　1　履行請求権 ……………………………………………………… 136
　　　　　(1) 履行請求権，履行不能 ………………………………… 136
　　　　　(2) 原始的不能 ……………………………………………… 137
　　　2　追完請求権 ……………………………………………………… 138

第2章　損害賠償責任と帰責事由 ─────────── 140

　一　諸国の損害賠償責任と免責の概観 ………………………………… 141
　　　1　過失責任主義 …………………………………………………… 141
　　　2　手段債務と結果債務 …………………………………………… 143
　　　3　契 約 違 反 ……………………………………………………… 144
　二　統一法秩序 …………………………………………………………… 145
　　　1　共通参照枠草案（DCFR: Ⅲ.-3:104）……………………… 147
　　　　　(1) 要　　件 ………………………………………………… 147
　　　　　　　(a) 支配領域外 （147）　(b) 予見不可能性 （148）
　　　　　　　(c) 結果回避不可能性 （148）
　　　　　(2) 効　　果 ………………………………………………… 148

　　　　(3)　債務者による通知 ………………………………………… 151
　　2　共通欧州売買法草案（CESL: 88）………………………………… 151
　三　ウィーン国連売買条約（国際的物品売買契約に関する国際連合条約 CISG）における損害賠償と免責 ……………………………… 152
　　1　79条における障害 ……………………………………………… 152
　　　　(1)　自 然 現 象（天災）………………………………… 152
　　　　(2)　戦　　　争 ………………………………………… 153
　　　　(3)　政府による禁止 ……………………………………… 153
　　　　(4)　ストライキ …………………………………………… 154
　　　　(5)　市況の変動 …………………………………………… 154
　　　　(6)　供給者等に起因する障害 …………………………… 155
　　　　(7)　不 適 合 品 ………………………………………… 157
　　　　(8)　買主の代金支払不能 ………………………………… 158
　　2　債権者の不履行（80条）……………………………………… 159
　　3　79条における予見の合理的期待不可能性 ………………… 162
　　4　79条における結果回避・克服の合理的期待不可能性 … 163
　　5　小　　括 ………………………………………………………… 164
　四　日本法における損害賠償と免責 ……………………………………… 165
　　1　新履行障害法 …………………………………………………… 165
　　　　(1)　債権総則の冒頭部 ……………………………………… 165
　　　　　　(a)　根幹的規定の欠如（165）　(b)　第415条（改正法）の構成と解釈（166）
　　2　判　　例 …………………………………………………………… 168
　　　　(1)　安全配慮義務 ………………………………………… 169
　　　　(2)　診 療 債 務 ………………………………………… 169
　　　　(3)　結 果 債 務 ………………………………………… 170
　　3　損害賠償責任と帰責事由の将来 …………………………… 171

第3章　危険負担・受領遅滞 ───────────────── 173

　一　危険負担の原則および受領遅滞 ……………………………………… 173

二　共通参照枠草案（DCFR）における危険負担・受領遅滞 …… 174
　1　協　　力（Ⅲ.-1:104）………………………………………… 174
　　(1)　協力する債務 ……………………………………………… 175
　　(2)　履 行 障 害 ………………………………………………… 176
　　(3)　履行を停止する権利……………………………………… 176
　　(4)　合理的に期待されうる限り求められる協力 ………… 177
　　(5)　協力すべき債務を履行しない場合の効果 …………… 177
　2　債権者の不履行（Ⅲ.-3:101(3)）…………………………… 177
　3　買主の債務（Ⅳ.A.-3:101）………………………………… 179
　4　危険の移転 ………………………………………………… 180
　　(1)　危険移転の効果（Ⅳ.A.-5:101）………………………… 180
　　　　(a)　対価危険　(180)　(b)　給付危険　(181)
　　　　(c)　売主の作為または不作為　(181)
　　(2)　危険が移転する時期（Ⅳ.A.-5:102）…………………… 182
　　　　(a)　物品または書類の受取り　(182)　(b)　物品の特
　　　　定　(182)
　　(3)　消費者売買契約における危険の移転（Ⅳ.A.-5:103）… 183
　　　　(a)　消費者の処分に委ねられた物品　(183)　(b)　消
　　　　費者売買契約における物品の運送と危険の移転　(183)
　　(4)　買主の処分に委ねられた物品（Ⅳ.A.-5:201）………… 184
　　　　(a)　売主の営業所で入手できる物品　(184)　(b)　売
　　　　主の営業所以外の場所で得られるべき物品　(184)
　　(5)　物品の運送（Ⅳ.A.-5:202）……………………………… 185
　　　　(a)　物品の運送と危険の移転　(185)　(b)　売主から
　　　　独立した存在としての運送人　(186)
　　(6)　運送中に売却された物品（Ⅳ.A.-5:203）……………… 186
　　　　(a)　運送中の物品の売買と危険の移転　(186)
　　　　(b)　例　　外　(187)
三　ウィーン国連売買条約（国際物品売買契約に関する国際連合条
　　約：CISG）における危険負担・受領遅滞 ……………………… 187
　1　買主の主たる義務（引渡受領義務：CISG:60）…………… 188
　2　債権者の不履行（CISG: 80）……………………………… 190

　　　　3　危険の移転 ……………………………………… 195
　　　　　(1)　危険移転の効果（CISG：66）……………………… 195
　　　　　(2)　運送を伴う売買契約における危険の移転
　　　　　　　（CISG：67）……………………………………… 197
　　　　　(3)　その他の場合における危険の移転（CISG:69）…… 200
　　　　　(4)　売主による重大な契約違反と危険移転の関係
　　　　　　　（CISG:70）……………………………………… 201
　　四　日本法における危険負担・受領遅滞 ……………………… 202

第4章　契約の解除 ──────────────── 204

　一　現行民法典と改正法における契約解除の基本構成 ……… 204
　二　共通参照枠草案（DCFR）を起点とした比較法的考察 …… 205
　　　1　重大な不履行に基づく解除 ……………………………… 206
　　　　(1)　契約によって期待していたものが実質的に奪われ
　　　　　　ること ……………………………………………… 206
　　　　(2)　故意又は故意に準ずる重過失による行為 ………… 208
　　　　(3)　治癒（追完）の権利との関係 ……………………… 209
　　　2　付加期間（催告）解除 …………………………………… 210
　　　3　不適合の場合の消費者による解除 ……………………… 211
　三　ウィーン国連売買条約（CISG）を起点とした比較法的考察 … 212
　　　1　一方当事者による解除の意思表示 ……………………… 212
　　　2　重大な契約違反（不履行）による解除 ………………… 214
　　　　(1)　重大な契約違反（不履行）一般 …………………… 215
　　　　(2)　定　期　行　為 ……………………………………… 217
　　　3　付加期間（催告）解除 …………………………………… 220
　　　4　履行期前の解除 ………………………………………… 223
　　　5　債権者の行為によって生じた不履行による解除権の
　　　　喪失 ………………………………………………………… 225
　　　6　不適合の場合 …………………………………………… 226
　四　日本判例法を中心にみる契約の解除 ……………………… 228

第5章 総　括 ──────────────────────── 231

　事項索引 (233)
　判例索引 (241)

第1部
民法新規定の内容

　第1部では，民法新規定の内容の解説とともに，重要規定に関し「ケース」を設定し，それに新規定の適用をして具体的なその解釈のありようをみることにする。

第 1 章　民　法　総　則

一　人

1　意　思　能　力

> 第 3 条の 2　法律行為の当事者が意思表示をした時に意思能力を有しなかったときは，その法律行為は，無効とする。

(i)　これまで民法典では，人に関する根源的な問題である意思能力に関する規定が存在していなかった。そこで，意思能力を有しない者の意思表示は無効であるとの判例[(1)]法理が形成され，関連する事例への対応がなされてきた。

(ii)　「意思表示」との文言ではなく，「法律行為」との関連で規定がなされていることに関しては，次節の行為能力に関しても，法律行為と関連させた規定となっていることもその理由ではないかと思われる。これまでと同様，実際に生じる法律行為と絡んだ問題に対処すべく解釈論が展開されることになろう。

つまり，意思能力を「事理弁識能力」というように一般的に捉えるよりも，各法律行為との関連で当該法律行為をする能力と捉える方が，意思無能力者の保護の目的に適うのではないかと解される。

(iii)　また，意思無能力者の保護が目的であるがゆえに，意思無能力者側からのみの無効主張を認める相対的無効と解される。

なお，制限行為能力に基づく取消しとの二重効に関しては，これまで通り，選択的競合と解される。

ケース　3 条の 2

夫に先立たれた老婦人 A は，物忘れがひどくなり，時には自宅への帰り道がわからなくなって派出所に保護されたこともあった。A は，ある日衣料品店 B で 5 千円のブラウス 1 枚を購入した。また，死別した夫の弟 C の勧めで，D 銀行と 5 千万円の金銭消費貸借契約を締結して金を借り，その

---

(1)　大判明治 38 年 5 月 11 日民録 11 輯 706 頁。

借入金はCの事業のために使われた。AとBとの契約およびAとDとの契約は有効か。

大判明治38年5月11日民録11輯706頁
最判平成6年9月13日民集48巻6号1263頁

〈解釈〉　意思無能力者の行った法律行為ごとに無効の有無を判断しようという考えでは，金融機関との金銭消費貸借契約は，一定レベルの複雑性を有する法律行為であり，しかもその目的が他人の事業のための借財である。またその借入額も高額であるということから，意思無能力による無効とされよう。これに対して，高度の判断能力を要しない日常生活に関する単純な行為では，その判断能力との関係で有効な法律行為であるとされることもあろう。したがってさほど高価ではない1枚のブラウス購入は，無効とされないということが考えられる。

二　法律行為

1　公序良俗

第90条　公の秩序又は善良の風俗に反する法律行為は，無効とする。

(i)　前90条におけるこれまでの表現，「……反する事項を目的とする法律行為は，……」の部分を改めたものであり，これまでも「……反する事項を目的とする法律行為」というように狭く解されてきたわけではなく，解釈に変更は生じない。ただ，法律行為自体が一体どういうものかということを明示する規定がないため，中間試案にみられたように，(1)法律行為は，法令の規定に従い，意思表示に基づいてその効力を生ずるものとする。(2)法律行為には，契約のほか，取消し，遺言その他の単独行為が含まれる，ということを当然の前提として解釈することが必要ではないかと思われる。

(ii)　暴利行為に関しては，他人の窮迫軽率もしくは無経験を利用して著しく過当な利益の獲得を目的とする法律行為を無効とする判例[2]法理があるが，いかんせんあまりに古いものである。今後，社会形態・状況の変化に伴い様々な

---

(2)　大判昭和9年5月1日民集13巻875頁。

新しい形の暴利行為が生ずる可能性がある。そうしたこともあって規定が置かれなかったものとも思われ，判例を踏まえて，新しい形の暴利行為に対応した解釈を展開していく必要がある。

三 意思表示

1 心裡留保

> 第93条① 意思表示は，表意者がその真意ではないことを知ってしたときであっても，そのためにその効力を妨げられない。ただし，相手方がその意思表示が表意者の真意ではないことを知り，又は知ることができたときは，その意思表示は，無効とする。
> ② 前項ただし書の規定による意思表示の無効は，善意の第三者に対抗することができない。

(i) これまでとの変更点は，前93条第1項において，「相手方が表意者の真意を知り，又は知ることができたときは，その意思表示は，無効とする。」とされていたところが，「真意ではないことを知り，又は知ることができたときは」とされるところである。このことを表意者が立証しなければ有効のままだとされるわけであるから，表意者としては，「真意」を証明するよりも「真意ではないこと」を証明することの方が容易であるため，これまでより心裡留保をしてしまった表意者が，その意思表示を無効とできる機会が多くなろう。

(ii) これまで前94条2項の類推適用がなされてきた[3]が，新法では，第93条2項において，意思表示の無効は，善意の第三者に対抗することができないとされた。錯誤，詐欺等と比較して，表意者の帰責性が大きい心裡留保や虚偽表示は，善意の第三者に対抗することができないとされ，より第三者が保護されることになる。

ケース 93条

自動車を運転していたAは，その自動車のミラーを自転車に乗っていたBに接触させる事故を起こし，Bがかすり傷を負った。Bが激昂したので，

---

(3) 最判昭和44年11月14日民集23巻11号2023頁。

その場を収めたいと思ったAは,「1千万円の賠償金を支払う」と言った。Aは1千万円を支払わねばならないか。

〈解釈〉　かすり傷を負わせる程度の接触事故では,さほどの額の賠償金は生じないと考えるのが一般的な通常人の認識であろう。1千万円の賠償金を支払うというその意思表示の「真意を知ることができた」とは明確には言えないということもあり得よう。しかし,その意思表示が「真意でないことを知ることができた」ということは,この場合,損害と賠償金との対価関係が全く崩れており,「真意ではない」と考える方が一般的なことであり,表意者にとっては,「真意ではないこと」を証明する方がより容易であり,意思表示を無効とできる機会も増すものと思われる。

2　錯　誤

> 第95条①　意思表示は,次に掲げる錯誤に基づくものであって,その錯誤が法律行為の目的及び取引上の社会通念に照らして重要なものであるときは,取り消すことができる。
> 　1　意思表示に対応する意思を欠く錯誤
> 　2　表意者が法律行為の基礎とした事情についてのその認識が真実に反する錯誤
> ②　前項第2号の規定による意思表示の取消しは,その事情が法律行為の基礎とされていることが表示されていたときに限り,することができる。
> ③　錯誤が表意者の重大な過失によるものであった場合には,次に掲げる場合を除き,第1項の規定による意思表示の取消しをすることができない。
> 　1　相手方が表意者に錯誤があることを知り,又は重大な過失によって知らなかったとき。
> 　2　相手方が表意者と同一の錯誤に陥っていたとき。
> ④　第1項の規定による意思表示の取消しは,善意でかつ過失がない第三者に対抗することができない。

（i）　前95条1項柱書において,これまで,法律行為の要素に錯誤があったときに無効とすることができるとされていた旨の規定が,「法律行為の目的及び取引上の社会通念に照らして重要なものであるとき」に取消しができるもの

とされた。これは、「要素の錯誤」という従来の解釈で認められていた表意者の主観的因果性と一般取引の通念に照らした客観的重要性の内容が要件化されたものであるが、法律行為の目的という文言からは表意者の主観的因果性だけではなく、両当事者の主観的目的も入ってくるため、相手方の主観的態様をも問題とされうるものとなっている。また、錯誤の効果は無効から取消しへと変わる。

(ⅱ) 第1項の第1号は表示錯誤であり、第2号は動機の錯誤である。そして、この第2号の動機の錯誤は、表意者が法律行為の基礎とした事情が、法律行為の基礎とされていることが表示されていたときに限り意思表示の取消しが認められる。この文言の表現であるが、判例では、動機の表示を重視するものと、表示されて法律行為の内容となったことを重視するものとがみられる。新規定では、「法律行為の基礎とされていることが表示されていたとき」とされる。「表示されていた」というところは、これまでと同様に黙示の表示も含まれる[4]。また、条文の文言を文字通り捉えると、表示されたことを重視する解釈も生じよう。しかし、事案によっては、「法律行為の内容となった」ことを要するとした方が具体的結論の妥当性をもたらすこともあろう。そこで、法律行為という文言が使われていることから、表意者の一方的な動機の表示ではなく、ここに相手方の認識という要素も入れることができるような解釈をすることにより、これまでの判例法理を引き継ぎながら、相手方の主観的態様を解釈によって盛り込むよりきめ細やかな解釈が導けるのではないかと思われる。

(ⅲ) 第3項では、表意者に重過失あるときに意思表示の取消しができないことを規定するが、第1号では、相手方が表意者の錯誤を知っているか重過失で知らない場合が除かれ、第2項では、共通錯誤の場合が除かれている。

(ⅳ) 第4項では、取消しが善意かつ過失のない第三者に対抗することができない旨規定される。

ケース 95条

Aは、知人から、ある土地の近辺を鉄道の新線が通って付近に駅もでき

---

(4) 最判平成元年9月14日判時1336号93頁。

るという情報を得ていたので，その近辺の土地・甲の所有者Bに「甲の近辺を鉄道の新線が通るから購入したい」と申し述べて，Bから甲を少し高めの額で購入した。しかし，その情報は，間違ったものであった。Aは錯誤を理由としてこの契約を取り消したいが，可能か。

最判昭和37年11月27日判時321号17頁

〈解釈〉 Aの錯誤は，第95条1項2号の動機の錯誤であり，法律行為の目的及び取引上の社会通念に照らして重要なものであるということはできよう。それでは，第2項の「その事情が法律行為の基礎とされていることが表示されていた」といえるかどうかが問題となる。一般的には，Aの得ている情報は虚偽のものであるから，相手方のBにとっては，「そのようなことは知らなかった」といえる情報であろう。したがって，BはAからそのような情報を与えられて，その認識を得て，契約をした場合と，そうではない場合とが考えられる。「表示されていた」というところを重視する解釈では，表意者の意思は表示していたのだから，これで2項の要件を充たしており，錯誤取消しが認められるということになる可能性がある。これに対して，ここで相手方の認識というものも法律行為にとって重要であり，法律行為の内容となっているかどうかということを重視すべきだと考えると，相手方がこの法律行為の内容として「甲の近辺を鉄道の新線が通る」ということを前提として契約を締結していた場合に，表意者に，錯誤取消しの可能性が生ずることになる。法律行為の内容となっているかどうかを重視する後者の解釈の方が，相手方の認識といった態様をも取り込んだ判断ができるので適当であろう。もちろん，このような誤った情報に基づいて軽々に法律行為をした表意者に第3項の重過失が認められるといった場合も考えられ，その場合は錯誤取消しができない。もっとも，甲の所有者も，表意者と同一の錯誤に陥っていたとき（3項2号）に該当すると，共通錯誤として取消しが認められる。

3 詐欺・強迫

第96条① 詐欺又は強迫による意思表示は，取り消すことができる。
② 相手方に対する意思表示について第三者が詐欺を行った場合において

は，相手方がその事実を知り，又は知ることができたときに限り，その意思表示を取り消すことができる。
③　前2項の規定による詐欺による意思表示の取消しは，善意でかつ過失がない第三者に対抗することができない。

(ⅰ)　第96条1項では，「詐欺又は強迫による意思表示は，取り消すことができる。」とされ，前法がそのまま維持される。そこで，問題となる「沈黙による詐欺」は，これまでと同様，基本的にはこの1項の解釈に委ねられることになる。これまで判例(5)では，信義則上相手方に告知する義務があるのに，ある事実を告げないで法律行為をしたような場合には，沈黙による詐欺の成立が認められている。たとえば，欺罔行為者が不動産業者等の専門業者であって，相手方が素人の一般市民であるような場合には，「告知義務」は容易に認められよう。

(ⅱ)　第2項は，第三者による詐欺を扱うものであるが，前法では，相手方が，第三者が詐欺を行ったという事実を知っていたときに限り，本人が保護されていたものが，新法では，「相手方がその事実を知り，又は知ることができたときに限り，その意思表示を取り消すことができる。」と変更されている。これは，心裡留保では表意者本人が虚偽の意思表示をしており，その帰責性が大きいが，詐欺の場合は，表意者は第三者の欺罔行為によって騙されて意思表示をしているのであるから，より保護される必要がある。そのため，新法では相手方の善意・無過失を要求してバランスをとったものである。こうしたバランス感覚は，第3項における第三者の対抗要件としての善意・無過失に適切にも反映されている。

(ⅲ)　残された課題は，第三者の詐欺のように見えるが，実際には「相手方」による詐欺といえるかまたは同視できるような場合の基準がない点である。結局，第1項を中心とした解釈によってこの問題は解決されねばならない。相手方の代理人の詐欺の場合は，判例(6)でも，本人の詐欺と同視できるとされている。さらに媒介受託者も代理人と同視できるケースもある。しかし，媒介受託者の中には，相手方から独立して自己の計算で行為を行うケースもあり，そ

---

(5)　大判昭和16年11月18日法学11巻617頁。
(6)　大判明治39年3月31日民録12輯492頁。

の場合は第三者といえる。したがって，規定はないが，解釈として，相手方の「被用者，代理人，媒介受託者など相手方と実質的に同視できる者」の行為による場合に，本人はその意思表示を取り消すことができるとする解釈[7]を導入することにより，この問題を解決すべきである。

> **ケース　96条**
>
> 　賃貸マンションに居住するAは，一戸建ての家屋を購入したいと考えていたところ，B不動産販売株式会社が家屋・甲を紹介した。これは，C不動産株式会社が所有する物件であった。ところが甲は数年前にDが首つり自殺をした物件であった。Bはその事実を告げないで売買交渉を取りまとめ，AはCと甲につき売買契約を締結した。その後，近所のうわさでこの事実を知り，詐欺を理由としてこの契約を取り消したい。認められるか。

〈解釈〉　本ケースはまず，いわゆる「沈黙による詐欺」といえるかどうかという問題がある。欺罔行為者側が専門業者であり，その相手方が素人の一般市民であるなど，両当事者間に交渉力・情報量等に格差が存するような場合，業者には告知する義務が認められよう。本ケースは，これに該当すると思われる。

次に，Bが「第三者」に該当するかどうかであるが，第三者に該当するとなると，これは第2項が適用され，Cの悪意・有過失を立証できなければ詐欺取消しは認められない。問題は，BがCの代理人や媒介受託者などの場合である。BがCの子会社である場合や，委託販売をしている場合等様々なケースが考えられる。ここで解釈として取り入れるべきではないかと考えられる基準が，相手方の「被用者，代理人，媒介受託者など相手方と実質的に同視できる者」というものである。これに該当すると判断されれば，本人の詐欺と同様の処理が可能となると解される。

4　意思表示の効力発生時期等

> **第97条①**　意思表示は，その通知が相手方に到達した時からその効力を生

---

(7)　石﨑泰雄『新民法典成立への扉――法制審議会の議論から改正法案へ――』（信山社，2016年）257頁。

ずる。
　② 相手方が正当な理由なく意思表示の通知が到達することを妨げたときは，その通知は，通常到達すべきであった時に到達したものとみなす。
　③ 意思表示は，表意者が通知を発した後に死亡し，意思能力を喪失し，又は行為能力の制限を受けたときであっても，そのためにその効力を妨げられない。

　(ⅰ)　意思表示を分析すると，その①表白⇒②発信⇒③到達⇒④了知という過程を辿ってその効力が生ずる。前97条では，隔地者に対する意思表示の規定として規律されていた。意思表示の到達については，上記の分析過程は，確かに隔地者間の意思表示において，典型的であり分かりやすいものではあるが，何も隔地者間のみに限らず，対話者間においても一般的に当てはまるものである。

　(ⅱ)　そこで，新法では，一般的な「意思表示の効力発生時期等」の問題として規律される。すなわち，第1項で「意思表示は，その通知が相手方に到達した時からその効力を生ずる。」とされる。ここで，意思表示の効力発生時期である「到達」の意味が重要であるが，これまでの判例法理で示されてきたところが維持されよう。すなわち，たとえば文書，郵便などが相手方の支配圏に入ること[8]である。「了知」までは必要とされない。支配圏に入れば，了知可能性が生ずるので，それで十分だとの考えに依拠するものである。

　(ⅲ)　問題は，相手方の受領拒絶等があって，到達が妨げられた場合[9]である。つまり，相手方が正当な理由がないのに意思表示の通知の到達を妨げた場合には，到達を擬制するのが，表意者と相手方との公平を考慮すると妥当である。そこで，第2項では「相手方が正当な理由なく意思表示の通知が到達することを妨げたときは，その通知は，通常到達すべきであった時に到達したものとみなす。」とされる。

　(ⅳ)　また，第3項に関しては，表意者が意思表示を発した後に，死亡，または行為能力を喪失したとしても意思表示の到達という客観的事実を変容させるものではない。この理は，行為能力の制限，意思能力の喪失においても異なることはないため，ここに加えられる。

---

(8)　最判昭和36年4月20日民集15巻4号774頁。
(9)　最判平成10年6月11日民集52巻4号1034頁。

> **ケース　97条**
>
> 　Aは，あちこちから借金を重ね，妻Bとの関係も悪化し，BはAとの住居である家屋・甲を出て別居することになった。Bの引越当日，甲から多くの家具等が引越業者Cのトラックに積み込まれていた。Bは，Cよりも一足先に引越先へと向かっていたが，その際甲の郵便受けをふさぐなどして，借金取立の請求書等郵便物が入らないようにして転居した。当日配達予定の請求書等を郵便配達人は宛先不明の郵便物として局に持ち帰った。Aへの借金返済請求書は到達したとみなされるか。
>
> 　　　　　　　　　　　　　　大判昭和11年12月14日民集15巻158頁

〈解釈〉　Bが，甲の郵便受けを郵便物が投入されないようにふさいだことには，正当な理由はないと思われる。Bは，自己宛の郵便物は転居先へと転送される手続きをとっていたかと思われるが，甲には依然としてAが居住しており，A宛の郵便物は引き続き，甲へと郵送されるわけである。したがって，Bの行為は，A宛の借金返済の請求書が甲に郵送されることを知りながら到達を妨げたときに当たる。そこで本来，請求書が配達されようとした時に到達したものとみなされる。

5　意思表示の受領能力

> 第98条の2　意思表示の相手方がその意思表示を受けた時に意思能力を有しなかったとき又は未成年者若しくは成年被後見人であったときは，その意思表示をもってその相手方に対抗することができない。ただし，次に掲げる者がその意思表示を知った後は，この限りでない。
> 　1　相手方の法定代理人
> 　2　意思能力を回復し，又は行為能力者となった相手方

(i)　前98条の2では，意思表示の受領能力を欠く，未成年者，成年被後見人に対してした意思表示は，その相手方に対抗することができないとして，受領能力を欠く者が保護されていた。この理は，意思能力を欠く者に対しても同様に当てはまるため，新法ではこの者が加えられる。

(ii)　また，その意思表示を知った後に，意思表示に対して適切な対応が可能

となるケースとして，前法では，法定代理人がいる場合のみが挙げられ，この場合には対抗することができるとされていたが，意思表示の相手方が，意思能力を回復した場合や行為能力者となった場合にも，自ら適切な対応が可能となるので，これらの者にも対抗できるとする例外規定が加えられる。

四　代　　　理

1　代理行為の瑕疵

> 第 101 条① 　代理人が相手方に対してした意思表示の効力が意思の不存在，錯誤，詐欺，強迫又はある事情を知っていたこと若しくは知らなかったことにつき過失があったことによって影響を受けるべき場合には，その事実の有無は，代理人について決するものとする。
> ② 　相手方が代理人に対してした意思表示の効力が意思表示を受けた者がある事情を知っていたこと又は知らなかったことにつき過失があったことによって影響を受けるべき場合には，その事実の有無は，代理人について決するものとする。
> ③ 　特定の法律行為をすることを委託された代理人がその行為をしたときは，本人は，自ら知っていた事情について代理人が知らなかったことを主張することができない。本人が過失によって知らなかった事情についても，同様とする。

（i）　代理行為に瑕疵がある場合，たとえば代理人が欺罔行為をされて意思表示をした場合に，その意思表示に瑕疵があるかどうかは，代理人について決するものとされる（前 101 条 1 項）。この理は，相手方の意思表示を代理人が受けた場合にも当てはまる。このことを明確にするため，第 2 項が新たに設けられる。

（ii）　前 101 条 1 項では，「意思の不存在，詐欺，強迫又はある事情を知っていたこと若しくは知らなかったことにつき過失があったことによって影響を受けるべき場合には，……」とされていた事項の中に，新法では「錯誤」が加えられる（第 101 条 1 項）。

（iii）　また第 101 条 3 項は，前 101 条 2 項で「代理人が本人の指図に従ってその行為をしたときは」とあったのを「代理人がその行為をしたときは」と「本

人の指図」の文言を落とすことによってその必要がない[10]ことを明確にした。

> **ケース 101条**
> 　Aは代理人Bに対して，自宅の応接間に飾る名画の購入を依頼した。Bは平山郁夫画伯の作品とされる絵画・甲を画商Cから購入しようと考え，そのことを本人Aに伝えた。BはCと絵画購入の交渉をするのは初めてであったが，Aは友人DがCから贋作を買わされたことがあることを知っていた。B自身は，そのような事実は全く知らず，結局Aはそのことを特にBに告げることなく，甲を購入したが，後に贋作であることが判明した。Aはこの法律行為を取り消すことができるか。

〈解釈〉　画商Cは，以前に贋作を他人に購入させたという経歴を持つ。それが，故意によるものなのか，過失によるものなのかは判然としないが，過去にそのような事実があったということがあれば，高額な絵画の購入ということであり慎重な対応が必要であろう。結局，今回も贋作であったということであり，例えば錯誤による取り消しということになれば，それは，代理人であるBが錯誤したかどうかで決まる。代理人Bは，このような事実を知らなかったのであるが，一般的には，知らなかったことに過失があったとまではいえないといえよう。本ケースでは，たまたまAの友人Dが贋作の被害に遭ったわけであるから，Aは偶然の事情でこのような事実を知ったというケースであろう。ただ，Aは，Cが過去に贋作を売ったという事実があることを知っていたのであるから，代理人Bにその事実を告げることもなく何の注意も払わずに，Cから甲を購入したということであれば，過失が認められる可能性がある。その場合には，第3項が適用され，Aは錯誤取消しを主張することができないということになる。

2　代理人の行為能力

> 第102条　制限行為能力者が代理人としてした行為は，行為能力の制限によっては取り消すことができない。ただし，制限行為能力者が他の制限行為能力者の法定代理人としてした行為については，この限りでない。

---

(10)　大判明治41年6月10日民録14輯665頁。

(ⅰ) 前102条の規定，「代理人は，行為能力者であることを要しない。」との趣旨は，代理人として制限行為能力者を選任した場合でも，その制限行為能力者が代理人としてした行為は，代理人が制限行為能力者であるということを理由として取り消すことができないということである。新法は，この点を明確にした。

(ⅱ) また，制限行為能力者が，他の制限行為能力者の法定代理人になりうる場合がある（第847条・876条の2第2項・876条の7第2項）が，この場合には，本人は自らが法定代理人を選んだわけではないのに，取り消せないことになってしまうため，本人保護のために，例外としてただし書を設けて，「制限行為能力者が他の制限行為能力者の法定代理人としてした行為については，この限りでない。」とされる。

(ⅲ) 本条との関係で，第13条1項10号に新たな規定が加えられる。第13条では，被保佐人がここに掲げられた一定の行為をするには，保佐人の同意を得なければならないとされる。第13条1項10号に「前各号に掲げる行為を制限行為能力者（未成年者，成年被後見人，被保佐人及び第17条第1項の審判を受けた被補助人をいう。以下同じ。）の法定代理人としてすること。」との規定が設けられる。つまり，第13条1項1号〜9号の行為を制限行為能力者が他の制限行為能力者の法定代理人としてした場合には，例外として，第13条4項により取り消すことができるとされる。

> **ケース** 102条
>
> 被保佐人Aは，被保佐人Bの法定代理人（保佐人）として選任された。Aは，Bの所有する土地・甲をBの代理人として土地開発業者Cに売却する行為をした。これを知ったAの保佐人Dは，このAの行為に対して同意をしていなかった。そこで，DはAのこの代理行為を取り消したい。認められるか。

〈解釈〉 Aは被保佐人という制限行為能力者であるが，同じく制限行為能力者（被保佐人）Bの代理人となることができる。しかし，法定代理人Aの行為は，被保佐人の行為であるから，第13条1項の3号に掲げられた行為をAの保佐

人Dの同意を得ないでしており，Dは第13条4項で取り消すことができる。

3 復代理人の選任

> 第104条 委任による代理人は，本人の許諾を得たとき，又はやむを得ない事由があるときでなければ，復代理人を選任することができない。
>
> 第105条 法定代理人は，自己の責任で復代理人を選任することができる。この場合において，やむを得ない事由があるときは，本人に対してその選任及び監督についての責任のみを負う。

(i) 代理人は，一定の場合に他の者に代理行為を行わせることができる。これを復代理といい，選任された代理人を復代理人という。代理関係は本人と復代理人間に生ずる。前105条では，任意代理人が復代理人を選任した場合は，その選任及び監督について責任を負い（1項），本人の指名に従った場合には責任を負わない（2項）とされており，委任契約上の債務不履行責任が一律に軽減されていた。

しかし，債務の履行に第三者を用いた場合には当該契約の性質，趣旨，内容等により債務不履行の一般原則に従って，当該債務者に帰責事由があるかどうかによってその責任の判断がなされるべきである。そこで，前105条は削除された。

新法では，任意代理人による復代理人の選任（第104条），と法定代理人による復代理人の選任（第105条）とが以下のように規律される。

(ii) 任意代理人による復代理人の選任（第104条）

本人の許諾を得ることが原則として必要である。またやむを得ない事由があるときも選任することができる。ここでの代理人の責任は，復代理人の行為が債務不履行の履行補助者の責任としてどのように判断されるかということに依拠することになる。

(iii) 法定代理人による復代理人の選任（第105条）

法定代理人は自由に復代理人を選任できるが，自己の責任でなされるのであり，復代理人の行為については，ここでも債務不履行の履行補助者の責任が認

められれば，原則として本人に対して責任を負うことになる。ただし，やむを得ない事由があるときは，その選任及び監督についての責任のみを負うと軽減される。

4　代理権の濫用

> 第107条　代理人が自己又は第三者の利益を図る目的で代理権の範囲内の行為をした場合において，相手方がその目的を知り，又は知ることができたときは，その行為は，代理権を有しない者がした行為とみなす。

　これは代理人が自己または第三者の利益を図る目的で代理権の範囲内の行為をした場合に関する規律であるが，前法では，代理権濫用に関する規定がないため，判例[11]においては心裡留保の規定を類推適用して，相手方が，代理人の目的を知りまたは知ることができたときは，その意思表示は無効とされている。これは心裡留保の規定を類推適用した結果であり，本来代理権濫用では，代理行為の効果を本人に帰属させる意思をもってその意思表示をしており，無効とすべきではない。そこで，本規定において，相手方がその目的を知り，又は知ることができたときは，その効果を無権代理とすることにより，無権代理の規律（第113～117条）を適用することができ，たとえば本人による追認（第113条）や無権代理人の責任追及（第117条）などによる柔軟な処理が可能となる。

> **ケース**　107条
>
> 　A会社の営業部主任Bは，商品の仕入れと販売の権限を有していた。Bは個人でやっていた金融投資に失敗し，多額の借金を抱えることとなった。その借金の返済のため，BはC会社からの原料の購入に際し，A会社名義で購入した原料を他に転売し，その金銭を着服した。Bと契約の交渉を担当していた者D（Cの従業員）は，交渉の過程で，金融投資に失敗したBのこのような意図を知った。C会社は，Aにその代金の支払を請求できるか。
> 　　　　　　　　　　　　　　　　最判昭和42年4月20日民集21巻3号697頁

　〈解釈〉　BはAの代理権の範囲内の行為としての商品の購入をした。そこで

---
(11)　最判昭和42年4月20日民集21巻3号697頁。

この代理行為の効果は，Aに帰属するのが原則である。しかし，相手方であるCは，Dを通じて代理人であるBが自己の利益を図る目的でこの行為をしていることを知っていたということになる。そこで，Aが相手方の悪意または過失を主張・立証することができれば，悪意の相手方Cの保護の必要性はないため，この行為は代理権を有しない者がした行為とみなされて，無権代理行為となる。したがって，この場合Cからの代金支払いの請求に対して，第113条1項で，追認をしないことによって，これを拒否することができる。

5　自己契約及び双方代理等

> 第108条①　同一の法律行為について，相手方の代理人として，又は当事者双方の代理人としてした行為は，代理権を有しない者がした行為とみなす。ただし，債務の履行及び本人があらかじめ許諾した行為については，この限りでない。
> ②　前項本文に規定するもののほか，代理人と本人との利益が相反する行為については，代理権を有しない者がした行為とみなす。ただし，本人があらかじめ許諾した行為については，この限りでない。

（i）　前108条では，「同一の法律行為については，相手方の代理人となり，又は当事者双方の代理人となることはできない。ただし，債務の履行及び本人があらかじめ許諾した行為については，この限りでない。」とされ，自己契約（自己を相手方とする代理行為），双方代理（当事者双方の代理人としてする行為）が，原則として禁止されていた。

判例では，民法108条に違反してなされた代理行為は，「本人による事前の承認または追認を得ないかぎり，無権代理行為として無効である[12]」とされる。この場合，新法では，「代理権を有しない者がした行為とみなす。」とされ，無権代理行為とみなされる。この結果，第113条〜第117条までの無権代理に関する規定が適用され，本人の追認（第113条）や相手方の催告（第114条），および無権代理人の責任追及（第117条）をすることができる。

（ii）　第2項で，本人と代理人との利益が相反する行為一般についての規定が新設される。これは，自己契約，双方代理には形式的には該当しないが，実質

---

(12)　最判昭和47年4月4日民集26巻3号373頁。

的には本人と代理人との利益が相反し，本人に不利益が及ぶというケースも存するため，これに対応できる規律が必要だからである。こうしたケースも判例[13]では，前108条の規律の範疇に属するとされ，反対の利害関係を有する相手方に代理人の選任を委託してなされる行為は，相手方が他の一方当事者の代理人として行為をするのと結果において大差なく，民法108条の趣旨に準拠して斯かる委任は無効である旨述べられており，第2項の規定は判例法理の明文化といえよう。

こうした利益相反行為の基準としては，「代理してなした行為自体を外形的客観的に考察して判定すべきであって」，代理行為者の「動機，意図をもって判定すべきでない[14]。」とされ，今後もこうした考えは基本的には維持されよう。

なお，第108条2項ただし書では，1項ただし書とは異なり，「債務の履行」は規定されず，「本人があらかじめ許諾した行為」についてのみ例外として入れられている。

ケース　108条

本人Bの代理人Aは，Aの債権者であるCに多額の貸金債務を負っていた。そこでAは，Bの代理人としてBの所有する土地・甲に，自己の債務を被担保債権とする抵当権設定契約を自己の債権者Cとの間で締結した。Aの行為はどう評価されるか。

〈解釈〉　代理人Aの行為は，自己契約，双方代理のいずれにも該当しない。代理人Aが，本人Bの土地・甲にAの債務を被担保債権として抵当権設定契約をBの代理人として締結する行為は，本人Bと代理人Aの利益相反行為となる。そこでもし，代理人Aが本人Bの事前の許諾なしにした行為であれば，代理権を有しない者がした行為とみなされ，無権代理行為ということになり，第113条～第117条の規定が適用される。つまり，本人の追認（第113条），相手方の催告権（第114条），無権代理人の責任追及（第117条）などが適用可能となる。

---

(13)　大判昭和7年6月6日民集11巻1115頁。
(14)　最判昭和42年4月18日民集21巻3号671頁。

6　代理権授与の表示による表見代理等

> 第109条①　第三者に対して他人に代理権を与えた旨を表示した者は，その代理権の範囲内においてその他人が第三者との間でした行為について，その責任を負う。ただし，第三者が，その他人が代理権を与えられていないことを知り，又は過失によって知らなかったときは，この限りでない。
> ②　第三者に対して他人に代理権を与えた旨を表示した者は，その代理権の範囲内においてその他人が第三者との間で行為をしたとすれば前項の規定によりその責任を負うべき場合において，その他人が第三者との間でその代理権の範囲外の行為をしたときは，第三者がその行為についてその他人の代理権があると信ずべき正当な理由があるときに限り，その行為についての責任を負う。

(i)　代理権授与表示があるが，基本代理権はなく，表示された代理権の範囲を超えて代理行為が行われたような場合には，判例では，「代理権があると信じ，かく信ずべき正当の事由があるならば，民法109条，110条によって…その責に任ずべきものである(15)。」とされ，前109条と前110条の重畳適用が認められていた。そこで，第109条2項において，この判例法理の明文化がなされる。

(ii)　代理権授与表示に関する代理権の証明責任に関しては，第109条1項で，第三者が悪意または有過失のときはこの限りでない旨規定されていることから，表見代理の成立を否定する本人が，相手方の悪意または過失を主張・立証しなければならない。そして2項では，第三者が，代理権があると信ずべき正当な理由があるときに限り，その行為についての責任を負う，とされていることから，第三者が正当な理由の存在を証明しなければならない。

> **ケース　109条**
>
> 　Aは，自己所有の土地・甲をZに売却した。そして，AはZに対し，Zへの甲の移転登記に必要な書類および白紙委任状を交付した。Zは，Bに登記名義の移転を委ね，必要書類をBに交付した。Bはこれらの書類をCに提示して，A・C間の土地交換契約を締結した。AはCに対して表見代理責任を負うか。
>
> 　　　　　　　　　　　　　最判昭和45年7月28日民集24巻7号1203頁

---

(15)　最判昭和45年7月28日民集24巻7号1203頁。

〈解釈〉 Bは，Aの代理人ではないが，Zに対して関係書類を交付しており，それがZからBに交付されていることから，本件土地・甲の売買の代理権を与えた旨表示したものといえる。本人Aがこれを否定したければ，相手方Cの悪意または過失を主張・立証しなければならない。Aがこれに成功せず，相手方Cに土地・甲の交換契約につき，代理権があると信ずべき正当の理由があれば，第109条2項により，Aは表見代理責任を負う。

7　代理権消滅後の表見代理等

> 第112条① 他人に代理権を与えた者は，代理権の消滅後にその代理権の範囲内においてその他人が第三者との間でした行為について，代理権の消滅の事実を知らなかった第三者に対してその責任を負う。ただし，第三者が過失によってその事実を知らなかったときは，この限りでない。
> ② 他人に代理権を与えた者は，代理権の消滅後に，その代理権の範囲内においてその他人が第三者との間で行為をしたとすれば前項の規定によりその責任を負うべき場合において，その他人が第三者との間でその代理権の範囲外の行為をしたときは，第三者がその行為についてその他人の代理権があると信ずべき正当な理由があるときに限り，その行為についての責任を負う。

(i) 代理権消滅後の表見代理に関して，これは，代理行為の時に代理権が存在していなかったことではなく，「以前存在した代理権が代理行為の時には消滅していたことを知らなかった」場合をいうというのが，判例[16]法理である。そこで第1項において，このことを明確にした。

(ii) 第110条は，ある行為について基本代理権を授与された代理人が，その権限外の代理行為をした場合に関する規定であるが，消滅した代理権を越えて代理行為がされた場合，判例では「代理権の消滅後従前の代理人がなお代理人と称して，従前の代理権の範囲に属しない行為をなした場合に，右代理権の消滅につき善意無過失の相手方において，自称代理人の行為につきその権限があると信ずべき正当の事由を有するときは，当該代理人と相手方との間になした行為につき，本人をしてその責に任ぜせしめるのを相当とする[17]」として前

---

[16] 最判昭和32年11月29日民集11巻12号1994頁。
[17] 前掲注(16)最判昭和32年11月29日。

109条・110条の重畳適用を認めていた。そこで第112条2項において，この判例法理の明文化がなされる。

(ⅲ) 証明責任に関しては，代理権が既に消滅した事実を知らなかったことの主張・立証については，表見代理を主張する第三者が負い，それに対する第三者の過失については，本人が負う。一方，表示された代理権の範囲内の行為であると信ずべき正当な理由があることについては，表見代理の成立を主張する第三者が主張・立証責任を負うことになる。

> **ケース　112条**
>
> 　A社は，その財務部部長Bに対して，融資を受ける代理権を与え，金融機関ZからAへの融資が行われた。その後，Bは財務部部長から人事部部長へと配置転換がなされた。Bは融資に関する代理権を失ったが，そのことを黙し，Cに対しA社の特別の資金調達のためと述べ，Aの土地をCへと売却する契約を締結した。AはCに対して表見代理責任を負うか。
>
> 　　　　　　　　　　　　　　大連判昭和19年12月22日民集23巻626頁
> 　　　　　　　　　　　　　　最判昭和32年11月29日民集11巻12号1994頁
> 　　　　　　　　　　　　　　最判昭和44年7月25日判時574号26頁

〈解釈〉　BはAから融資を受ける代理権を授与されていたが，社内における役職の変更に伴い，その代理権は消滅している。Bは資金調達のためとして，CにAの土地を売却する契約をしている。相手方Cとしては，Bの代理権消滅の事実を知らなかったということを主張・立証し，これに対してAとしては，Bの現在の役職を確認していなかった等と主張してCの過失を主張・立証することになる。さらにBには，Aの土地を売却する権限はないが，Bの代理権の範囲内の行為であると信ずべき正当な理由があることを，Cは主張・立証しなければならない。

8　無権代理人の責任

> **第117条①**　他人の代理人として契約をした者は，自己の代理権を証明したとき，又は本人の追認を得たときを除き，相手方の選択に従い，相手

方に対して履行又は損害賠償の責任を負う。
② 前項の規定は，次に掲げる場合には，適用しない。
1 他人の代理人として契約をした者が代理権を有しないことを相手方が知っていたとき。
2 他人の代理人として契約をした者が代理権を有しないことを相手方が過失によって知らなかったとき。ただし，他人の代理人として契約をした者が自己に代理権がないことを知っていたときは，この限りでない。
3 他人の代理人として契約をした者が行為能力の制限を受けていたとき。

(i) 第117条1項では，「他人の代理人として契約をした者は，自己の代理権を証明したとき，又は本人の追認を得たときを除き，相手方の選択に従い，相手方に対して履行又は損害賠償の責任を負う。」と規定される。これにより，前117条1項で相手方または代理人のいずれが立証責任を負うのか若干の議論があったが，代理人が，代理権の存在又は本人の追認があることの立証責任を負うことが明確化された。

(ii) 内容的に前規定と大きく異なるところは，第2項2号である。前117条2項では，「他人の代理人として契約をした者が代理権を有しないことを相手方が知っていたとき，若しくは過失によって知らなかったとき」には，第1項が適用とならず無権代理人の責任を負わないものとされていた。これは，無権代理人が無過失責任という重い責任を負わされていることとの関係で，相手方が，無権代理であることを知らなかったことにつき過失があるときには，無権代理人の責任を免れさせようとのバランスを考慮してのものであった。判例でも「相手方において代理権のないことを知っていたとき若しくはこれを知らなかったことにつき過失があるときは，同条の保護に値しないものとして，無権代理人の免責を認めたものと解される[18]」と明言されていた。

(iii) しかし，無権代理人が自己に代理権がないことを知っていたときは，相手方が過失によって知らなかったとしても，両者のバランスを考慮すると，無権代理人に無過失責任を負わせることには何ら矛盾はない。そこで，第2項2号にただし書が置かれた。

---

[18] 最判昭和62年7月7日民集41巻5号1133頁。

> **ケース** 117条
>
> Aの妻Bは遊興費を得るため，Aの代理人と称し，Cとの間で金銭消費貸借契約を締結した。CはAに対し，意思確認の電話をしたが，Aは不在であり，代わってBが間違いのない旨の説明をしていた。
>
> 最判昭和62年7月7日民集41巻5号1133頁

〈解釈〉　Aの妻Bは，Aから代理権を与えられていないのに，Cに対して代理権がある旨を表示して，Cとの間で金銭消費貸借契約を締結している。このようなBの無権代理行為は，相手方CにBを代理人であると信じさせる行為であり，取引安全，相手方の保護の目的から，法律が特別に無過失責任を認めたものである。本ケースの相手方Cがどのような者か（金融業者，一般市民）であるのかわからないが，Cが金融業者であれば，Aの意思の確認を怠っていることに過失が認められよう。しかし，相手方Cに過失があったとしても，Bは自己に代理権がないことを知って代理行為をしており，第117条2項2号ただし書により，Bは無過失責任を免れない。

五　無効及び取消し

1　原状回復の義務

> 第121条の2①　無効な行為に基づく債務の履行として給付を受けた者は，相手方を原状に復させる義務を負う。
> ②　前項の規定にかかわらず，無効な無償行為に基づく債務の履行として給付を受けた者は，給付を受けた当時その行為が無効であること（給付を受けた後に前条の規定により初めから無効であったものとみなされた行為にあっては，給付を受けた当時その行為が取り消すことができるものであること）を知らなかったときは，その行為によって現に利益を受けている限度において，返還の義務を負う。
> ③　第1項の規定にかかわらず，行為の時に意思能力を有しなかった者は，その行為によって現に利益を受けている限度において，返還の義務を負う。行為の時に制限行為能力者であった者についても，同様とする。

（ⅰ）法律行為がなされたが，それが無効であったり，取り消されたりした場合には，その法律行為には原因がなかったことになり，たとえば契約の場合に

は法律上の原因がないのになされた給付ということになり，両当事者はそれぞれがなした給付を不当利得として返還請求できるということになる。

(ii) 一般不当利得の規定として，第703条（不当利得の返還義務）および第704条（悪意の受益者の返還義務等）の定めがあるが，これらの規定は，主として当事者の一方が相手方に対して給付を行った場合が想定されたものである。また下級審では依然としてこの両条を用いた公平説に従った処理が確立しているが，学説では，侵害利得と給付利得の類型論が有力となっている。類型論に従うと，侵害利得では，第189条以下の規定が適用されるのに対して，給付利得では，契約解除の効果の規定（前545条）が，給付の巻き戻し清算規定として捉え得るところから，前545条が類推適用される。そこで，第121条の2第1項は，「無効な行為に基づく債務の履行として給付を受けた者は，相手方を原状に復させる義務を負う。」と，前545条1項の契約解除の場合の原状回復義務と同様の原状回復義務を規定した。

(iii) ここに原則として原状回復義務が規定されたことから，給付を受けたもの（原物）の返還か，それが不能となった場合の価額返還義務を解釈として認めることができる。このように全部返還義務が原則であるということは，第2項（無償行為），第3項（意思無能力者，制限行為能力者）の場合に現存利益返還の例外則が設けられていることとも整合的である。

> **ケース** 121条の2
>
> 　夫に先立たれた老婦人Aは，物忘れがひどくなり，時には自宅への帰り道がわからなくなって派出所に保護されたこともあった。Aは，死別した夫の弟Cの勧めで，D銀行と金銭消費貸借契約を締結して金を借り，その借入金の大半はCの事業のために使われ，一部は競馬で費消された。AとDとの契約の効果はどうなるか。
>
> 　　　　　　　　　　　　大判大正5年6月10日民録22輯1149頁
> 　　　　　　　　　　　　大判昭和5年10月23日民集9巻993頁
> 　　　　　　　　　　　　大判昭和7年10月26日民集11巻1920頁
> 　　　　　　　　　　　　大判昭和14年10月26日民集18巻1157頁
> 　　　　　　　　　　　　最判昭和50年6月27日金判485号20頁

〈解釈〉　A・D間の契約は，Aが意思能力を有しない（第3条の2）ことを理由として無効である（第119条）。そこでAは原状回復義務を負うが，意思能力を有しないため，現存利益の返還義務を負う（第121条の2第3項）。したがって，競馬で費消された額の返還の必要はなく，また，Aの財産として利益が現存しない他人の事業のために使われた額の返還義務もない。

2　追認の要件

> 第124条①　取り消すことができる行為の追認は，取消しの原因となっていた状況が消滅し，かつ，取消権を有することを知った後にしなければ，その効力を生じない。
> ②　次に掲げる場合には，前項の追認は，取消しの原因となっていた状況が消滅した後にすることを要しない。
> 　1　法定代理人又は制限行為能力者の保佐人若しくは補助人が追認をするとき。
> 　2　制限行為能力者（成年被後見人を除く。）が法定代理人，保佐人又は補助人の同意を得て追認をするとき。

(i)　前124条1項では，「追認は，取消しの原因となっていた状況が消滅した後にしなければ，その効力を生じない。」とされていたが，判例では，これに加えて「取消し得べき法律行為の追認は取消権の放棄を意味するものなれば，其の追認をなすには，法律行為の取消し得べきものなることを知り，且，取消権を放棄する意思あることを要す[19]」とされており，この判例法理が明文化され，「取消しの原因となっていた状況の消滅」に加え，「取消権を有することを知った後」という要件が加えられた。

(ii)　第2項では，この例外として，「取消しの原因となっていた状況が消滅した後」でなくても，追認の効果が生ずる場合が規定される。すなわち「法定代理人又は制限行為能力者の保佐人若しくは補助人が追認をするとき。」（1号），および「制限行為能力者（成年被後見人を除く。）が法定代理人，保佐人又は補助人の同意を得て追認するとき。」（2号）の規定が置かれる。これは制限行為能力者が行為能力を回復していない状態であっても，法定代理人等が取消しの

---
(19)　大判大正5年12月28日民録22輯2529頁。

要否を判断していることから，追認を認めてよいとするものである。これに対して，成年被後見人は，後見人の同意を得たとしても有効な法律行為をすることができないため，ここに除かれている（2号かっこ書）。

六　条件及び期限

1　条件成就の妨害等

> 第130条① 　条件が成就することによって不利益を受ける当事者が故意にその条件の成就を妨げたときは，相手方は，その条件が成就したものとみなすことができる。
> ② 　条件が成就することによって利益を受ける当事者が不正にその条件を成就させたときは，相手方は，その条件が成就しなかったものとみなすことができる。

（i）　前130条では，「条件が成就することによって不利益を受ける当事者が故意にその条件の成就を妨げたときは，相手方は，その条件が成就したものとみなすことができる。」とされていた。たとえば，Aが古くなった自宅・甲を売却したいので，知人のBに購入希望者を見つけてくれることを依頼した（もし，見つけてくれた場合には相当の謝礼を支払うことを約した）。BからCという人が関心を持っていることを電話で伝え聞いたAは，謝礼を支払うのが惜しくなり，直接Cと交渉して甲を売却したといったケースが考えられる。こうしたケースでは，故意に条件を妨げたとして，相手方は，その条件が成就したものとみなすことができる。

（ii）　これに対して，条件が成就することによって利益を受ける当事者が不正にその条件を成就させた場合についての規定はなかった。そこで，このような場合について，判例では，前130条の類推適用により，条件が成就していないものとみなすことができる[20]とされた。第130条2項でこの判例法理の明文化がなされ，「条件が成就することによって利益を受ける当事者が不正にその条件を成就させたときは，相手方は，その条件が成就しなかったものとみなすことができる。」との規定が新設された。これにより，条件を成就させたいのは，

---

[20]　最判平成6年5月31日民集48巻4号1029頁。

利益を受ける当事者の一般的心情であろうから第2項の適用の場面はかなり広がる可能性がある。したがって，本来の条件を付した趣旨に反し，不正に条件を成就させるといった信義則に反した行為であるのかどうかが基準として重要となろう。

七　時　効

1　時効の援用

> 第145条　時効は，当事者（消滅時効にあっては，保証人，物上保証人，第三取得者その他権利の消滅について正当な利益を有する者を含む。）が援用しなければ，裁判所がこれによって裁判をすることができない。

(i)　前145条では，「時効は，当事者が援用しなければ，裁判所がこれによって裁判をすることができない。」との簡単な規定を置くのみであった。そこで判例では，「当事者」の解釈として，「権利の消滅により直接利益を受ける者[21]」との基準を示し，具体的には保証人，連帯保証人，物上保証人，抵当不動産の第三取得者，売買予約の仮登記に後れる抵当権者，仮登記担保の設定された不動産の第三取得者，詐害行為の受益者などが，この「当事者」に該当すると判断され，一般債権者，後順位抵当権者などは，「当事者」に該当しないとされた。

(ii)　まず，前145条の文言の「当事者」に関して，保証人，物上保証人などの第三者が含まれるというところが問題であり，さらに判例の「当事者」の解釈基準である「権利の消滅により直接利益を受ける者」との表現からは，何が「直接」であり，「間接」とはどういう違いがあるのかが不明確であり，基準として機能していない。

(iii)　そこで，新法では，こうした点の改善を意図し，「当事者」という文言は残しながら，かっこ書で（消滅時効にあっては，保証人，物上保証人，第三取得者その他権利の消滅について正当な利益を有する者を含む。）と挿入され，時効の援用権者として，当事者が援用しなければならないという原則を示しながら，正当な利益を有する第三者も援用権者に含まれるということを明らかにしている。

---

(21)　最判昭和48年12月14日民集27巻11号1586頁。

2 裁判上の請求等による時効の完成猶予及び更新

> **第147条①** 次に掲げる事由がある場合には，その事由が終了する（確定判決又は確定判決と同一の効力を有するものによって権利が確定することなくその事由が終了した場合にあっては，その終了の時から6箇月を経過する）までの間は，時効は，完成しない。
> 1 裁判上の請求
> 2 支払督促
> 3 民事訴訟法第275条第1項の和解又は民事調停法（昭和26年法律第222号）若しくは家事事件手続法（平成23年法律第52号）による調停
> 4 破産手続参加，再生手続参加又は更生手続参加
> ② 前項の場合において，確定判決又は確定判決と同一の効力を有するものによって権利が確定したときは，時効は，同項各号に掲げる事由が終了した時から新たにその進行を始める。

(i) 前147条では，請求その他の事由によって時効が中断し，その中断の事由が終了した時から，新たにその進行を始める（前157条）とされていた。新法では，時効の「停止」が「完成猶予」に，「中断」が「更新」に変更され，基本的には，一定の手続きをとると完成猶予とされ，手続が終了すると更新となるとされた。

(ii) 第147条1項では，裁判上の請求（1号），支払督促（2号），民事訴訟法（第275条1項）の和解，民事調停法・家事事件手続法による調停（3号），破産手続参加・再生手続参加・更生手続参加（4号）の事由が終了するまでの間，または確定判決等により権利が確定することなくその事由が終了した場合には，その終了時から6箇月を経過するまでの間は，時効完成が猶予される旨定められた。

また，第2項において，確定判決等により権利が確定したときは，時効は1項の各号に掲げられた事由が終了した時から進行を始めるということ，すなわち，更新される旨規定される。

3 強制執行等による時効の完成猶予及び更新

> **第148条①** 次に掲げる事由がある場合には，その事由が終了する（申立て

> の取下げ又は法律の規定に従わないことによる取消しによってその事由が終了した場合にあっては，その終了の時から6箇月を経過する）までの間は，時効は，完成しない。
> 1　強制執行
> 2　担保権の実行
> 3　民事執行法（昭和54年法律第4号）第195条に規定する担保権の実行としての競売の例による競売
> 4　民事執行法第196条に規定する財産開示手続
> ②　前項の場合には，時効は，同項各号に掲げる事由が終了した時から新たにその進行を始める。ただし，申立ての取下げ又は法律の規定に従わないことによる取消しによってその事由が終了した場合は，この限りでない。

　第148条第1項において，強制執行等の事由のある場合には，その事由が終了するまでの間，または申立ての取下げ等によってその事由が終了した場合には，その終了の時から6箇月間，時効の完成が猶予される旨規定された。なお，強制執行（1号），担保権の実行（2号），民事執行法（195条）による形式的競売（3号），民事執行法（196条）による財産開示手続（4号）が第1項における「事由」とされる。

　第2項においては，第1項各号の事由が終了した時から，時効が進行を始めるということ，すなわち，更新される旨規定される。

4　仮差押え等による時効の完成猶予

> 第149条　次に掲げる事由がある場合には，その事由が終了した時から6箇月を経過するまでの間は，時効は，完成しない。
> 1　仮差押え
> 2　仮処分

　前147条第2号では，仮差押え・仮処分が時効中断事由とされていた。しかし，これらはその後に本案の訴え提起等が予定された民事保全処分であり，暫定的手続にすぎないものであることから，その事由が終了した時から6箇月間，時効は完成しないものであるということ，すなわち，時効完成猶予事由であるとされた。

5 催告による時効の完成猶予

> 第150条① 催告があったときは、その時から6箇月を経過するまでの間は、時効は、完成しない。
> ② 催告によって時効の完成が猶予されている間にされた再度の催告は、前項の規定による時効の完成猶予の効力を有しない。

前153条等に規定される催告は、確定的な時効中断の効力は持たず、時効が完成する前に一時的に時効の完成を阻止する効力しか持たないとされていたが、第150条第1項では、催告の効力が完成猶予とされた。

第2項では、催告により時効の完成が猶予されている間になされた再度の催告の効力について、時効完成猶予の効力を有しないものとされた。

6 協議を行う旨の合意による時効の完成猶予

> 第151条① 権利についての協議を行う旨の合意が書面でされたときは、次に掲げる時のいずれか早い時までの間は、時効は、完成しない。
> 　1　その合意があった時から1年を経過した時
> 　2　その合意において当事者が協議を行う期間（1年に満たないものに限る。）を定めたときは、その期間を経過した時
> 　3　当事者の一方から相手方に対して協議の続行を拒絶する旨の通知が書面でされたときは、その通知の時から6箇月を経過した時
> ② 前項の規定により時効の完成が猶予されている間にされた再度の同項の合意は、同項の規定による時効の完成猶予の効力を有する。ただし、その効力は、時効の完成が猶予されなかったとすれば時効が完成すべき時から通じて5年を超えることができない。
> ③ 催告によって時効の完成が猶予されている間にされた第1項の合意は、同項の規定による時効の完成猶予の効力を有しない。同行の規定により時効の完成が猶予されている間にされた催告についても、同様とする。
> ④ 第1項の合意がその内容を記録した電磁的記録（電子的方式、磁気的方式その他人の知覚によっては認識することができない方式で作られる記録であって、電子計算機による情報処理の用に供されるものをいう。以下同じ。）によってされたときは、その合意は、書面によってされたものとみなして、前3項の規定を適用する。
> ⑤ 前項の規定は、第1項第3号の通知について準用する。

(i) 前法では，当事者間で権利に関する協議の合意がなされた場合に，時効の完成を阻止する方法は定められていなかった。当事者間で紛争を解決するために協議が継続されていても，時効の完成が近づけば，その完成を阻止するために訴訟を提起するなどして時効の中断の措置をとらざるを得ないということがあった。

協議を継続しているということは，権利者は権利行使を怠っているものではなく，また義務者も協議により円満な解決を目指しているともいえ，「協議」を制度化する必要があった。

(ii) 第1項では，権利についての協議を行う旨の合意が書面でされたときに，時効の完成猶予が認められるとされる。協議がなされるということを明確にし，後の紛争の発生を防ぐということもあり，書面（電磁的記録によるものも書面によるものとみなされる（4項））によることが求められる。なお，時効の完成が猶予される期間については，次の1号から3号のいずれかが経過するまでの間である。

1　その合意があった時から1年を経過した時
2　その合意において当事者が協議を行う期間（1年に満たないものに限る。）を定めたときは，その期間を経過した時
3　当事者の一方から相手方に対して協議の続行を拒絶する旨の通知が書面でされたときは，その通知の時から6箇月を経過した時

(iii) 第2項では，協議の合意により時効の完成が猶予されている期間中の当事者による再度の協議の合意が，時効完成猶予の効力を有することを定める。ただし，その効力は，本来の時効期間の満了時から5年を超えることができないとされた。

(iv) 第150条2項では，催告によって時効の完成が猶予されている間にされた再度の催告は，時効完成猶予の効力を有しないとされる。そこで，催告によって時効の完成が猶予されている期間中に，さらに協議の合意を行ったとしても，この合意には時効完成猶予の効力は認められない。また協議の合意により時効の完成が猶予されている間にされた催告も時効完成猶予の効力は認められないとされた（3項）。

7　天災等による時効の完成猶予

> 第161条　時効の期間の満了の時に当たり，天災その他避けることのできない事変のため第147条第1項各号又は第148条第1項各号に掲げる事由に係る手続を行うことができないときは，その障害が消滅した時から3箇月を経過するまでの間は，時効は，完成しない。

　前158～161条において，権利者が時効の中断の措置を講じることが困難な事態において，時効の完成が一定の期間猶予される制度，すなわち，時効の停止制度が設けられていた。その多くが，「6箇月を経過するまでの間」時効は完成しないとするものであったが，天災等による時効の停止のみ，「障害が消滅した時から2週間を経過するまでの間」時効は完成しないとされており，著しく短期間に設定されていた。そこで，「障害が消滅した時から3箇月を経過するまでの間は，時効は，完成しない。」と従来よりも比較的長い期間に変更された。

8　債権等の消滅時効

> 第166条①　債権は，次に掲げる場合には，時効によって消滅する。
> 　1　債権者が権利を行使することができることを知った時から5年間行使しないとき。
> 　2　権利を行使することができる時から10年間行使しないとき。
> ②　債権又は所有権以外の財産権は，権利を行使することができる時から20年間行使しないときは，時効によって消滅する。
> ③　前2項の規定は，始期付権利又は停止条件付権利の目的物を占有する第三者のために，その占有の開始の時から取得時効が進行することを妨げない。ただし，権利者は，その時効を更新するため，いつでも占有者の承認を求めることができる。

（i）　債権の消滅時効に関して，前法の構成では，原則として10年間行使しないと消滅する（前167条1項）とされ，例外として，3年・2年・1年といった短期の消滅時効（前170～174条）が定められていた。さらに商法において商行為によって生じた債権に関して，5年の商事消滅時効（前商522条）が設け

られていた。そこで民法の原則である10年の時効期間が適用される債権としては、貸付債権、債務不履行に基づく損害賠償債権などのうち商事消滅時効が適用されないものや、不当利得返還債権などに限定されていた。特に職業別に3年・2年・1年と区分された短期消滅時効は、その区別の合理性に疑問があり、実務的にもそれをいちいち確認するのは煩瑣であるという問題があった。また、世界的な動向としても比較的短期の時効制度が一般的となってきており[22]、これと調和させる必要性もある。

 (ⅱ) そこで、短期消滅時効制度を廃止して、これまでより比較的短い統一的な時効制度を構築する方向が模索された。第166条1項2号においては、これまでと同様の「権利を行使することができる時から10年間」（客観的起算点に基づいたもの）という比較的長期の時効期間が維持されてはいるが、第1号で「債権者が権利を行使することができることを知った時から5年間行使しないとき」という主観的起算点が併用されている。これにより、契約に基づく債権の場合は、契約の時点において債権の成立・発生、権利行使可能時を認識できるのが一般的であるため、主観的起算点と客観的起算点とが基本的には一致し、主観的起算点から5年間の時効期間が適用されるのが、一般的なケースということになる。そこで実際の多くのケースでは、これまでの10年間から5年間というように消滅時効期間の短縮が実現される。

 (ⅲ) 契約に基づく一般的な債権とは異なり、不当利得返還債権や安全配慮義務違反に基づく損害賠償債権などの債権では、「権利を行使することができる時」という主観的起算点の判断がまず問題となる。「損害及び加害者を知った時」（第724条）に加え、義務違反、債務不履行に該当し権利行使の可能性を認識した時、ということになろう。もちろん、客観的起算点から10年間の枠内という制約は存する。

> **第724条** 不法行為による損害賠償の請求権は、次に掲げる場合には、時効によって消滅する。
> **1** 被害者又はその法定代理人が損害及び加害者を知った時から3年間行

---

[22] 統一法秩序では、債権の消滅時効は3年間とされている。たとえば、共通参照枠草案（DCFR: Ⅲ.-7: 201）、ユニドロワ国際商事契約原則（PICC: 10.2(1)）。なお、共通欧州売買法草案（CESL: 179(1)）では2年間とされている。

使しないとき。
　2　不法行為の時から20年間行使しないとき。

（i）　不法行為による消滅時効に関しては，前724条前段において「被害者又はその法定代理人が損害及び加害者を知った時から3年間行使しないときは，時効によって消滅する。」とされ，後段において「不法行為の時から20年を経過したときも，同様とする。」とされていた。前段は主観的起算点を示したものと解されるが，後段に関して判例(23)は，除斥期間を定めたものだと解していた。しかし，除斥期間とした場合，消滅時効とは異なり，一般的には中断や停止がなく，当事者の援用がなくても裁判所がその適用を判断することができるため，その援用は，基本的には信義則違反，権利濫用とはされない。つまり除斥期間とされると，信義則違反や権利濫用の主張をすることができず，被害者側にたとえ権利行使の何らかの困難があろうと，不法行為時から20年間経過すれば，損害賠償債権は消滅してしまい，被害者にとっては，正義・公平に反する結果となることも生じうる。

（ii）　そこで，判例(24)では，特段の事情を認めて，前158条（時効の停止）の法意に照らして前724条後段の効果は生じないと構成するなどして救済が図られた。

　こうした点を考慮し，新法では，「不法行為の時から20年間行使しないとき」（第724条2号）に「時効によって消滅する」（第724条柱書）ことを明示した。

9　人の生命又は身体の侵害による損害賠償請求権の消滅時効

> 第167条　人の生命又は身体の侵害による損害賠償請求権の消滅時効についての前条第1項第2号の規定の適用については，同号中「10年間」とあるのは，「20年間」とする。
>
> 第724条の2　人の生命又は身体を害する不法行為による損害賠償請求権の消滅時効についての前条第1号の規定の適用については，同号中「3年間」とあるのは，「5年間」とする。

---

(23)　最判平成元年12月21日民集43巻12号2209頁。
(24)　最判平成10年6月12日民集52巻4号1087頁。なお，最判平成21年4月28日民集63巻4号853頁も参照。

(i) 人の生命又は身体は，他の一般的財産とは比較できないほど保護されるべき価値の高いものである。これまで一般財産とは区別されていなかったが，消滅時効期間においてより保護されるべく規定が加えられた。

(ii) 第167条において，客観的起算点から20年間と時効期間が延ばされた。また第724条の2においては，人の生命又は身体を害する不法行為に関して，損害賠償請求権の消滅時効が主観的起算点から3年間だったのが5年間とされた。

この結果，生命・身体の侵害の場合には，債務不履行および不法行為に基づく損害賠償請求権の消滅時効が一致することになった。

10 定期金債権の消滅時効

> 第168条① 定期金の債権は，次に掲げる場合には，時効によって消滅する。
> 1 債権者が定期金の債権から生ずる金銭その他の物の給付を目的とする各債権を行使することができることを知った時から10年間行使しないとき。
> 2 前号に規定する各債権を行使することができる時から20年間行使しないとき。
> ② 定期金の債権者は，時効の更新の証拠を得るため，いつでも，その債務者に対して承認書の交付を求めることができる。

(i) 前168条1項では，定期金債権が長期間にわたって存続するという性質を持つものであることから，第1回の弁済期から20年間という長期の時効期間が定められていた。また，後段では，「最後の弁済期から10年間行使しないときも」時効消滅する旨規定されていたが，この場合，支分権もすべて発生しているわけであるから，あまり意味のある規定ではなかった。

(ii) 新法では，債権等の消滅時効（第166条）で主観的起算点と客観的起算点との併用が導入されたことに伴い，ここでもそれが導入される。主観的起算点に関しては，支分権の行使可能性を知らないと権利行使ができないので，「各債権を行使することができることを知った時」から10年間で時効消滅するとされた（第168条1項1号）。通常の債権の2倍の10年間とされたのは，そもそも定期金債権は，支分権を発生させながら長期間にわたって存続するという性質を有するものだからである。これは客観的起算点が「各債権を行使するこ

とができる時」から 20 年間で時効消滅する（第 168 条 1 項 2 号）とされ，通常の債権の 2 倍の期間とされていることとのバランスが考慮されたものである。

第2章 債権総則

一 債権の目的

1 特定物の引渡しの場合の注意義務

> 第400条 債権の目的が特定物の引渡しであるときは、債務者は、その引渡しをするまで、契約その他の債権の発生原因及び取引上の社会通念に照らして定まる善良な管理者の注意をもって、その物を保存しなければならない。

(i) 善良なる管理者の注意義務（善管注意義務）は、契約の種類、趣旨、目的、行為者の属性等から導かれる合理的注意義務であり、たとえば、その行為の専門家であるのか素人であるのかによってその注意義務の基準が変動する抽象的過失の基準として用いられてきた。

(ii) 新法では、「契約その他の債権の発生原因及び取引上の社会通念に照らして定まる」善管注意義務とされるので、契約債務において保存義務が、たとえば当事者間で不可抗力等の場合でなければ善管注意義務を果たしたとはされないとの合意がなされるケースも考えられる。また、たとえば物の売買における特定物の引渡しなどでは保存義務・引渡義務が、また賃貸借契約・寄託契約などでは保存義務・返還義務がそれぞれ一体となった契約が一般的であり、結局、引渡し・返還ができない場合、不可抗力等の免責事由がなければ、債務者は責任を負うことになる。つまり一般的には、善管注意義務違反≒過失といってよいが、論理的には、善管注意義務違反≠過失ということになる。

ケース 400条

Aは、Bと自己の所有する中古車・甲の売買契約を締結した。履行期（引渡し・登録と代金の支払い）は1週間後とされた。その間Aは自宅の車庫に鍵をかけ甲を保管した。甲の売買契約から3日後、甲は盗難に遭い、Aは売買契約を履行することができなくなった。Aは善管注意義務を果たした

として責任を免れることができるか。

〈解釈〉 Aは，特定物・甲を売買契約の債務者としてその引渡しをするまで「契約その他の債権の発生原因及び取引上の社会通念に照らして定まる」善管注意義務をもって甲を保管しなければならない。Aは保存に関して合理的注意義務を果たしたといえるかもしれないが，甲の引渡債務の履行ができなくなっており，結局のところ，Aは履行不能の原因が不可抗力等によるものであることを主張立証できなければ，損害賠償等の責任を免れることはできない。

2 法定利率

> 第404条① 利息を生ずべき債権について別段の意思表示がないときは，その利率は，その利息が生じた最初の時点における法定利率による。
> ② 法定利率は，年3パーセントとする。
> ③ 前項の規定にかかわらず，法定利率は，法務省令で定めるところにより，3年を一期とし，一期ごとに，次項の規定により変動するものとする。
> ④ 各期における法定利率は，この項の規定により法定利率に変動があった期のうち直近のもの（以下この項において「直近変動期」という。）における基準割合と当期における基準割合との差に相当する割合（その割合に1パーセント未満の端数があるときは，これを切り捨てる。）を直近変動期における法定利率に加算し，又は減算した割合とする。
> ⑤ 前項に規定する「基準割合」とは，法務省令で定めるところにより，各期の初日の属する年の6年前の年の1月から前々年の12月までの各月における短期貸付けの平均利率（当該各月において銀行が新たに行った貸付け（貸付期間が1年未満のものに限る。）に係る利率の平均をいう。）の合計を60で除して計算した割合（その割合に0.1パーセント未満の端数があるときは，これを切り捨てる。）として法務大臣が告示するものをいう。

(i) 前法でも新法でも，利息を生ずべき債権の利率に関して，利息制限法等の枠内で当事者が任意に定めることができるという点は変更がない。そうした定めがない場合，前法では，年5％という固定制を採用していたが，市中金利との乖離が生ずることがあり，ある程度市中の金利変動に対応できるように変動利率性が採用される。

(ii) まず，法改正時における法定利率を年3％として定める（第2項）。この

法定利率は3年を一期として3年ごとに変動する（第3項）。この法定利率の見直しは，過去5年間の平均利率を用いて（第5項），直近で法定利率に変動があった期の基準割合と比較して1％以上の変動があった場合に変更される（第4項）。

(iii) また，利息を生ずべき債権について別段の意思表示がないときは，その利率は，その利息が生じた最初の時点における法定利率による（第1項）とされ，市場金利の変動により法定利率の変更があったとしても，当初の法定利率が適用になる。

(iv) 前法の固定法定利率年5％と対応して，商事法定利率が年6％と定められていた（前商514条）が，変動制の法定利率が採用されたことにより，商法514条は削除され，商行為によって生じた債権の法定利率に関しても本条が適用になる。

3 不能による選択債権の特定

> 第410条　債権の目的である給付の中に不能のものがある場合において，その不能が選択権を有する者の過失によるものであるときは，債権は，その残存するものについて存在する。

(i) 前法では，原始的不能であれ後発的不能であれ，不能の給付の選択は認めないという原則（前410条第1項）を採用し，例外として，選択権者でない当事者の過失によって給付が不能となった場合には，その不能の給付を選択することを許容する（前410条第2項）構成となっていた。

(ii) 新法では，債権の目的である給付が不能であっても，選択権をできるだけ広く認めることが合理的であり，選択権者が不能の給付を選択したとしても特段の不利益はないと考えられることから，その不能が，選択権を有する者（第三者を含む）の過失による場合にのみ，債権がその残存するものに特定するとされる。

二　債権の効力

1　履行不能

> **第412条の2①**　債務の履行が契約その他の債務の発生原因及び取引上の社会通念に照らして不能であるときは，債権者は，その債務の履行を請求することができない。
> ②　契約に基づく債務の履行がその契約の成立の時に不能であったことは，第415条の規定によりその履行の不能によって生じた損害の賠償を請求することを妨げない。

①　第1項（履行不能）

（i）　前法では，債務の履行が不能である場合に，債権者がその債務の履行を請求することができないとする旨の明示規定を欠いていた（もっとも関連規定として，前民415・536・543条は存在した）。これに対し，判例・実務では，物理的不能に加え，社会通念上の不能といわれるもの，すなわち，法律的不能，経済的不能，事実的不能といった類型まで含めて「不能」として扱われていた。

（ii）　新法では，「債務の履行が契約その他の債務の発生原因及び取引上の社会通念に照らして不能であるときは，債権者は，その債務の履行を請求することができない。」とされ，物理的不能を含めこれまでの社会通念上の不能の中にすべての不能の類型を取り込んだような形となっている。これは決してこれまでの判例・実務に反することが意図されているわけではない。したがって，新法の下では，物理的不能，事実的不能，法律的不能，経済的不能といった類型化を図りながら対応すべきこととなろう。

なお，売買・請負の契約不適合の場合の追完も，この「履行」の特別のケースとしてその範疇に属し，「追完不能」であるときは「追完請求」することができないということになる。

②　第2項（原始的不能）

（i）　判例では，契約締結時にその契約上の債務の履行が不能であるときは，その契約は原始的に不能であって無効であるとされていた[1]。比較法的には，

（1）　最判昭和25年10月26日民集4巻10号497頁。

特に統一法秩序では，契約締結時に債務の履行が不能であったという事実のみで，契約の有効性は影響を受けないものとされている。さらに契約に関する財産を処分する権限を有していなかったという事実のみで，契約の有効性が影響を受けることがないことも加えられる。これは他人物売買等の法律的不能も社会通念上の不能ではあるが，契約の有効性に影響はないというものである。

(ii) 新法では，「契約に基づく債務の履行がその契約の成立の時に不能であったことは，第415条の規定によりその履行の不能によって生じた損害の賠償を請求することを妨げない。」とされる。これは，原始的不能の場合には，その効果として損害賠償請求権を認めるものであるが，「妨げない」とされているところから，一つの法的救済手段として損害賠償請求権も許容されるものであることを例示的に挙げているにすぎないと解釈すべきである。

(iii) 原始的不能の契約を締結してしまった被害当事者たる債権者が，損害賠償請求権を行使するのは一般的な形態だと思われるが，当然のことながら解除権を行使することができるし，さらには，社会通念上の不能の場合に，債務者からの履行の提供がなされる場合も考えられ，履行の実現の途も可能性として残されている。つまり，「原始的な不能の契約は有効である。」というのが，ここでの最も根幹を形成する理念であり，その効果の例示の一つとして「損害賠償」が挙げられているにすぎないと解釈すべきである。

> **ケース** 412条の2-1
> 　Bは，Aの所有するダイヤモンドの指輪・甲（時価500万円）を無償で貸してもらった（使用貸借：第593条）。Bは甲を東京湾クルーズのデート中に東京湾の真ん中で海に落としてしまった。Bの返還債務はどうなるか。

〈解釈〉　Bの甲返還債務は，物理的不能とはいえない。東京湾の水深はそれほど深くはないので，サルベージの専門業者であれば，甲の発見・引揚げは可能であるかもしれない。しかし，それに要する費用が，目的物の価値と比較して不相当に高いというような場合には，「契約その他の債務の発生原因及び取引上の社会通念に照らして不能である」との判断がなされることも考えられる。そのときにはAは甲の返還債務の履行請求ができない。

第2章 債権総則

> **ケース** 412条の2-2
>
> 　Cは，以前Aに見せてもらったダイヤモンドの指輪・甲（時価500万円）を欲しいと思うようになり，Aと甲の売買契約を締結した。しかし，AとCとの契約時には，甲はBにより既に東京湾の海のどこかに落ちてしまっていた。このことを伝え聞いたCは，甲をなかなかあきらめきれなくて損害賠償請求や契約の解除をしないでいたところ，Bから連絡を受けたAは，自己の信用を保ちたいためかサルベージ会社Dと契約し，数千万円の費用で甲を回収し，履行の提供をしてきた。この契約はどうなるか。

〈解釈〉　AとCとの売買契約時には，甲は東京湾の海のどこかに落ちてしまっており，これを回収することは，「契約その他債務の発生原因及び取引上の社会通念に照らして不能である」と考えられる。つまり，目的物が存在しない原始的不能の契約である。第412条の2第2項によると，第415条の規定により履行不能によって生じた損害の賠償を請求することを妨げないとされている。したがって第415条2項1号（債務の履行が不能であるとき）による損害賠償請求が認められ，Cはこれを行使することができる。しかし，Cが損害賠償請求権や契約解除権を行使する前に，Aが履行の提供をしてきた。この場合，「原始的不能な契約は，その効力を妨げられない。」という基本的前提があっての第412条の2第2項の損害賠償を妨げないという効果の規定なのであり，債権者Cが損害賠償請求や契約の解除をしていない段階であるから，依然として契約は有効なままの状態であって，履行の提供を受け入れることに何の妨げもないと解される。

2　受領遅滞

> 第413条①　債権者が債務の履行を受けることを拒み，又は受けることができない場合において，その債務の目的が特定物の引渡しであるときは，債務者は，履行の提供をした時からその引渡しをするまで，自己の財産に対するのと同一の注意をもって，その物を保存すれば足りる。
> ②　債権者が債務の履行を受けることを拒み，又は受けることができないことによって，その履行の費用が増加したときは，その増加額は，債権者の負担とする。

(i) これまで,「債権者は,履行の提供があった時から遅滞の責任を負う」(前413条)とされていたところ,新法ではこれが削除された。これまで抽象的に遅滞の責任を負うとされていたところに代えて,二つの具体的個別的効果の規定が設けられた。

一つは,受領遅滞といえる場合に履行の提供をした債務者の注意義務が提供時から自己の財産に対するのと同一の注意義務へと軽減されるところである(1項)。

(ii) もう一つは,受領遅滞によって履行の費用が増加したときは,その増加額を債権者が負担しなければならない(2項)というところである。前法下では,前485条(弁済の費用)ただし書の解釈により,その法意から,またはこれを類推適用して,債権者の受領遅滞によって増加した履行費用は,債権者の負担とされていた。これを明文化したものである。

(iii) なお,弁済の提供の効果だと考えられるもの,すなわち,債務者が弁済の提供をすれば,履行遅滞による債務不履行責任が発生しない旨の規定(第492条)は,債務者の行為に基づくものであるから,弁済の提供の効果として規定される。

(iv) 受領義務は一般的義務として債権総論におかれなかったが,むしろ,債権者・債務者間においては,当事者双方に相手方の債務の履行のために協力すべき一般的義務を認めることが比較法的潮流である。というのは,本来,債権者と債務者間には,特に契約関係がある場合はそれぞれが債権を有し債務を負うという関係が存するのであり,両当事者ともに自己の債務の実現を果たさねばならない。さらに両当事者は,主たる債務の他に様々な付随義務・保護義務等を付加されていることも多く,両当事者は互いに協力してそれらの義務を果たしながら誠実にそれぞれ負っている債務内容の実現を図っていくことが求められているのである。

ところが日本の法制は,債権者の権利の側面に過度に傾斜した法制であり,未だ債権・債務の本質的理解には至っていないと評価されても致し方のない段階にある。債権者も債務者と同じく反対債務の債務者であるわけであり,両当事者の権利・義務を等しく規律すべきである。したがって,両当事者には,債権総則の冒頭部あたりの「債権の効力」のところで,少なくとも,一般的「協

力義務」を解釈によって認め，これを債権・債務問題を解決する際の一つの基本的要素として据えておくべきものと考える。この債権者・債務者間の一般的協力義務から，一定の契約類型においては，受領義務を導くことができ一つの付随的義務の違反としての処理が可能となると考える。

> **ケース** 413条
>
> 　千葉県で農業を営むAは，畑で育てた野菜を都内のBスーパーと直販契約をして供給していたが，ある時，突然Bが受領を拒絶した。そこで，Aは再び倉庫にその野菜を保管しなければならなくなった。
> (1)　Aは，再度倉庫にその野菜を保管したが，出荷する時のいつもの室温設定のままにしていた。野菜は傷んでしまい，売り物にならなくなってしまった。Aの保管義務違反といえるか。
> (2)　Bが1週間後にやっと引き取ったので，その保管に余分の費用がかかった。この増加費用の請求はできるか。

〈解釈〉　(1)Aは野菜の収穫後，出荷までの比較的短時間倉庫に適切な温度で保管していたものと思われる。しかしBの受領拒絶によって，再度倉庫に保管しなければならなくなった。この場合，時間の経過を考えると野菜の傷みの進行を遅らせる温度設定が必要かと思われるが，Aはこれを怠っており，善管注意義務の違反とも考えられる。ところがAの注意義務は自己の財産に対するのと同一の注意義務へと軽減された注意をもって保存すれば足りるものとなっている。したがって，Aには保存義務違反はないとされることも考えられる。

(2)Bの受領遅滞によって生じた増加費用であり，余分にかかった増加費用は債権者が負担すべきものであり，AはBに請求できる。

3　履行遅滞中又は受領遅滞中の履行不能と帰責事由

> 第413条の2①　債務者がその債務について遅滞の責任を負っている間に当事者双方の責めに帰することができない事由によってその債務の履行が不能となったときは，その履行の不能は，債務者の責めに帰すべき事由によるものとみなす。
> ②　債権者が債務の履行を受けることを拒み，又は受けることができない

> 場合において，履行の提供があった時以後に当事者双方の責めに帰することができない事由によってその債務の履行が不能となったときは，その履行の不能は，債権者の責めに帰すべき事由によるものとみなす。

(i) 第1項は，債務者の履行遅滞中に両当事者に帰責事由がなく履行不能となった場合も，債務者の帰責事由ある債務不履行となるという判例[2]法理を明文化したものである。

(ii) 第2項は，債権者の受領遅滞中に両当事者に帰責事由なく履行不能となった場合に，履行の提供時から債権者に帰責事由があるものとみなされるというものである。履行の提供時から危険が債権者に移転するとは述べられていないが，他のところの条文（第536・543・567条等）との関連で意味を持つ。受領遅滞中に履行の提供があり，両当事者に帰責事由なく履行不能となったときには，債権者が危険を負担するということになる。

ケース　413条の2

家庭教師Aは，その生徒B宅に仕事（2時間の授業）に行ったが，Bが不在でその仕事ができなくてその時間を無駄にした。Aはその時間の報酬を請求できるか。

〈解釈〉　債務者であるAが弁済の提供をしたが，債権者Bが不在であるためこれは債権者の受領不能といえる。このためAの債務の履行は不能となっている。この場合，履行不能は債権者の責めに帰すべきものとみなされ，債権者Bが損害賠償請求（第415条）できないのは当然のこと，契約の解除もすることができない（第543条）。また債権者Bは，反対給付（報酬）の履行を拒むことができない（第536条2項）。

4　履行の強制

> 第414条①　債務者が任意に債務の履行をしないときは，債権者は，民事執行法その他強制履行の手続に関する法令の規定に従い，直接強制，代

---

(2) 大判明治39年10月29日民録12輯1358頁。

替執行，間接強制その他の方法による履行の強制を裁判所に請求することができる。ただし，債務の性質がこれを許さないときは，この限りでない。
② 前項の規定は，損害賠償の請求を妨げない。

(i) 前414条1項は，債権の実体的効力として，直接強制に限らず，債権者が国家の助力を得て強制的にその債権の内容を実現することができることを定めた規定であると解するのが一般的理解である。

そこで，この一般的理解を明文化するにあたり，新法では，前414条1項の「強制履行」という文言を「履行の強制」というように改め，「直接強制」に限らないということを明確にし，他に代替執行，間接強制その他の方法による履行の強制を裁判所にするよう求めることができることを明らかにした。

(ii) 1項ただし書の文言に変更はないが，「債務の性質がこれを許さないとき」とは，もちろん直接強制が許されないという意味ではなく，債務者の自由意思により履行されるべき債務であって，国家の強制力を用いるべきでない債務であり履行の強制になじまない債務がこれにあたる。

(iii) 前414条2・3項は，代替執行（民執171条）について定めたものであり，2項ただし書は，意思表示の擬制（民執174条）についての定めであり，強制執行の具体的方法については，民事執行法に規定するのが望ましいため，前414条2・3項は削除され，その内容は民事執行法（第171条）に規定される。

5 債務不履行による損害賠償

第415条① 債務者がその債務の本旨に従った履行をしないとき又は債務の履行が不能であるときは，債権者は，これによって生じた損害の賠償を請求することができる。ただし，その債務の不履行が契約その他の債務の発生原因及び取引上の社会通念に照らして債務者の責めに帰することができない事由によるものであるときは，この限りでない。
② 前項の規定により損害賠償の請求をすることができる場合において，債権者は，次に掲げるときは，債務の履行に代わる損害賠償の請求をすることができる。
1 債務の履行が不能であるとき。
2 債務者がその債務の履行を拒絶する意思を明確に表示したとき。

3　債務が契約によって生じたものである場合において，その契約が解除され，又は債務の不履行による契約の解除権が発生したとき。

(i)　第1項は，債務者にその帰責事由ある債務不履行があったとき，債権者が損害賠償請求できるということを規定している。現行法とほぼ同内容ではあるが，「帰責事由」に修飾語句が付されその内容がより明確化された。「契約その他の債務の発生原因及び取引上の社会通念に照らして」責めに帰すべき事由があるといえるかどうかが総合的に判断される。これにより，たとえば売買における目的物の引渡しのようないわゆる結果債務では，たとえ債務者に過失がなかったとしても，不可抗力等の免責事由がないと債務者は損害賠償責任を免れることができない。

(ii)　しかし，判例において前415条の損害賠償責任の対象はそのほとんどが安全配慮義務や診療債務等のいわゆる手段債務である。実務的には，結果債務の不可抗力免責の判断を要するといったものはほとんどなく，債務者の行為が合理的注意義務を果たしていたかどうかの「過失」認定の判断が求められるものが多い。

(iii)　これまでは，結果債務の場合には，債務者が免責は最初から難しいと判断してそうした主張をしなかったケースも多かったと思われるが，今後は結果債務においても債務者の抗弁がなされるケース[3]が増加することも予想される。いずれにせよ，「契約その他の債務の発生原因及び取引上の社会通念に照らして」，主観的要素・客観的要素の規範的総合判断がなされることになる。これは，これまで蓄積されてきた膨大な判例を引き継いでいくことを可能とする規定である。

(iv)　前415条後段では，債務者の責めに帰すべき事由による履行不能の場合に損害賠償請求をすることができる旨規定されていた。もっとも，それが履行に代わる損害賠償（填補賠償）であるのかは明示されていなかった。これに対し，判例[4]では，履行不能の場合に解除しないでも填補賠償請求できることが認められていた。

(v)　新法では，第2項1号の履行不能の場合に加えて，2号では「履行拒絶」

---

(3)　最判平成5年11月25日金法1395号49頁。
(4)　最判昭和30年4月19日民集9巻5号556頁。

が，3号では「契約の解除」が挙げられている。2号の「履行拒絶」に関しては，履行不能に匹敵するような履行拒絶の場合に，債務不履行に基づく填補賠償を認めようというものであり，債務者が絶対に債務を履行しないという確定的な履行拒絶の意思を表示した場合に限って認める趣旨の規定である。3号の「契約の解除」に関しては，3号後段部分の債務の不履行による契約の解除においては，解除権を行使しなくても，解除権が発生したときに填補賠償を認める。これは，法定解除が認められる債務不履行の場合なので，解除せずとも填補賠償を認めるものである。また，3号前段部分の「契約が解除され」というのは，解除権が発生していない場合の合意解除などが該当する。

ケース 415条-1

北海道産のジャガイモの特産品・甲の売主Aは，ある年度産の甲の一定量をBに売る契約をしていた。ところが，予想できないような極度の天候不順で甲の収穫量が例年比70％減となり，一部しか引き渡すことができなかった。そこで，Bは損害賠償請求したいが認められるか。

〈解釈〉 売主Aの債務は，種類債務，場合によっては制限種類債務といえようが，基本的には，売主Aは調達義務を負っている。甲の引渡しが制限種類債務であって，収穫量の絶対量がBへの引渡し量を下回っていたような場合には，「滅失」との評価もあり得る。そのときには不可抗力による履行不能とされることが考えられる。また，天候不順が合理的に予見できないようなものであったとすると不可抗力免責の可能性がある。

ケース 415条-2

Aは，リース業者Bとの間で，物品・甲のリース契約をした。Aは，販売店であるCの資金繰りに協力するため，甲が納入されたように装ってCの下に置いたままで，リース料は2年間支払っていた。一方，BはCの経営不振のためとして，甲をCから引き揚げこれを保管した。その後，Aは，甲の引渡しを受けていないとしてリース料の支払いを拒絶した。そこで，Bは契約を解除して残リース料の分の支払いを請求した。Aは抗弁としてB（債権者）の不履行を主張したいが，その場合免責は認められるか。

最判平成5年11月25日金法1395号49頁

〈解釈〉 債権者Bが甲を引き揚げたため，債務者Aが目的物・甲を使用することができなくなったことが，債権者・Bの責めに帰すべき事由による不履行であると認められれば，Bは契約を解除することができず（第543条），また損害賠償請求もすることができない（第415条1項ただし書）。したがって，結果債務においても，債権者の責めに帰すべき事由による不履行は，債務者の不可抗力免責の手段として有効に使うことのできる手段となろう。もっとも，本ケースでは，Aは自ら甲を占有すべき契約上の義務に違反しており，これが原因で使用不能となったものと考えられるので，Bの責めに帰すべき事由によるものとはいえず，免責は認められない。

6 損害賠償の範囲

> 第416条① 債務の不履行に対する損害賠償の請求は，これによって通常生ずべき損害の賠償をさせることをその目的とする。
> ② 特別の事情によって生じた損害であっても，当事者がその事情を予見すべきであったときは，債権者は，その賠償を請求することができる。

(i) 第416条1項は，前416条1項と同じ文言であり，債務不履行による損害賠償の請求において，通常生ずべき損害について損害賠償が当然に認められることが確認されたものである。

(ii) 第2項に関しては，前法と文言上異なるのは，「予見」に関しての部分であり，「当事者がその事情を予見し，又は予見することができたとき」が「予見すべきであったとき」と変更された。これは当事者が予見していたかどうかという事実の有無ではなく，予見すべきであったかどうかという規範的な評価の要素をより明確にするための変更である。たとえば，契約締結後に債権者が債務者に一定の事実を通知すれば必ず「予見」の範疇に入るというのではなく，債務者が予見すべきであったかどうかという規範的評価に服させることにより，2項の損害賠償の範囲に入るかどうかが決まる。

(iii) 他の点では条文の文言に変更はない。そこで，これまでの判例に従った

一般的理解による解釈が適当だといえよう。判例では、予見の主体については、債務者[5]とされ、予見の時期に関しては、不履行時[6]とされている。なお、予見の対象は、「損害」ではなく「事情」がこれまで通り維持されている。

> **ケース** 416条
>
> Aは、国外に勤務する知人Bから、転勤で数か月後に日本に戻ることになったため、適当な不動産を購入しておいてほしいが、不動産価格が緩やかに上昇している折でもあり、Aへの転売差額はお礼として差し上げるとの合意があった。Aは、売主Cから土地付き住宅・甲を5千万円で取得し、Bへの転売価格を5300万円とし、Bもそれに合意した。Aが甲を転売するという事実はCに告げられていた。ところが、Cは、甲を5500万円で、Dに売却し登記もDに移転した。Aは、Cに対してどのような損害賠償請求ができるか。

〈解釈〉 売主CはAとの甲の売買契約を、甲を第三者Dに二重譲渡することによって、社会通念上の不能、この場合は法律的不能に陥らせている。Aにとって甲の売買価格5000万円は、第1項の通常損害となり、Aにはこの通常損害の賠償請求は当然認められる。Bへの転売価格5300万円を損害賠償請求できるかどうかは、第2項の問題である。売主Cが不動産会社等の専門会社であれば、Aから転売の事実を告げられているCは、たとえ転売額がいくらかと聞いていなくても、甲が転売されるという「事情」を知っていたわけであるから、5300万円の損害を賠償しなければならない。また、Cが一般市民であった場合にも、一般的には転売額の損害が生じることを「予見すべきであった」との規範的評価を受けようが、転売するとしても、同額の5000万円で転売されると考えたことがもっともだといえる事情があったような場合には、特別の事情によって生じた損害の賠償請求が認められないということも例外的には考えられる。

（5） 最判昭和30年12月1日判タ54号21頁。
（6） 大判大正7年8月27日民録24輯1658頁。

7　中間利息の控除

> 第417条の2①　将来において取得すべき利益についての損害賠償の額を定める場合において，その利益を取得すべき時までの利息相当額を控除するときは，その損害賠償の請求権が生じた時点における法定利率により，これをする。
> ②　将来において負担すべき費用についての損害賠償の額を定める場合において，その費用を負担すべき時までの利息相当額を控除するときも，前項と同様とする。

(i)　将来において取得すべき利益，またはその負担すべき費用についての損害賠償の額を定める場合において，将来その利益を取得すべき時までの，またはその費用を負担すべき時までの利息相当額を控除するとき，すなわち，中間利息控除をするときに用いる利率は，損害賠償請求権が生じた時点における法定利率により行うこととされた。

判例では，法定利率により定めるとされていた[7]ところ，法定利率について変動制が採用された（第404条）ことから，いつの時点の法定利率によるのかが明確にされた。

(ii)　不法行為の場合には，不法行為時における法定利率が適用になる。安全配慮義務違反の場合には義務違反時であるが，一般的に債務不履行に基づく損害賠償請求に関しては，遅延損害金の算定には損害賠償請求時の法定利率が用いられ，中間利息控除には義務違反時点の法定利率が用いられる。

8　過失相殺

> 第418条　債務の不履行又はこれによる損害の発生若しくは拡大に関して債権者に過失があったときは，裁判所は，これを考慮して，損害賠償の責任及びその額を定める。

債務の不履行に加え，新法では，「損害の発生若しくは拡大」に関する債権者の「過失」も「過失相殺」の対象となる。そもそも「過失相殺」といわれているが，不法行為における「過失相殺」を含めて，人的には被害者側の過失に

（7）　最判平成17年6月14日民集59巻5号983頁。

まで拡大され，また「過失」を超えて債権者に起因する事情をも取り込んだ判例・実務の運用がみられる。つまり，債務者の債務不履行の場合に，その債務不履行およびその損害の発生・拡大に債権者の行為が起因する場合に，債権者の損害への「寄与度」が勘案される。「過失相殺」といいながら，債権者・債務者間のそれぞれの損害への寄与度に応じた損害額の配分がなされているのではないかと思われる。したがって，第418条の「過失相殺」においては，生じた損害の発生・拡大に，起因した債権者の行為の寄与度分が相殺される。

> **ケース** 418条
>
> 　Aは，B所有の建物・甲の１Fを店舗として借り入れ，ネットカフェ・乙としていた。甲は老朽化し，漏水等のトラブルが頻繁に生じており，数年後には建て替えが予定されていた。Aは２週間の予定でインドネシアのある地域の探検旅行に出かけたが，風土病に罹患し３か月間の滞在を余儀なくされた。帰国したところ，甲ビル全体に漏水があったということで，Bによってその処理は迅速になされていたが，乙内にあるAの「事務所」として重要なものが入っている部屋の鍵が，Aによって従前とは全く異なる種類の鍵に交換されていたため，Bは入ることができなかった。また，Aとも連絡が取れなかった。そこで，Aの「事務所」でも漏水等があり，重要な機器類が損傷し使い物にならなくなっていた。Aはその損害全額の賠償請求をすることができるか。
> 　　　　　　　　　　　　最判平成21年1月19日民集63巻1号97頁
> （ただし，本判例では，過失相殺ではなく，営業利益の損害は前416条1項の通常損害の賠償範囲には入らないとされた）

〈解釈〉　建物・甲の賃貸人である債務者Bは，建物の修繕義務を負っている。そこで，Bは乙を含めた甲の漏水等に関する処理をするが，乙内のAの「事務所」には，合鍵などが使えないような状態となっており，Aとも連絡が取れず，Aの「事務所」内の物も漏水等のため損傷した。これはBの修繕義務の履行をAが妨げたものと評価でき，こうした事情をAによる損害の発生若しくは拡大に関しての「過失」があったとして，Aの損害全額のうち，損害へのAの「寄与度」分が「過失相殺」により減額される。

9　金銭債務の特則

> 第419条①　金銭の給付を目的とする債務の不履行については，その損害賠償の額は，債務者が遅滞の責任を負った最初の時点における法定利率によって定める。ただし，約定利率が法定利率を超えるときは，約定利率による。
> ②　前項の損害賠償については，債権者は，損害の証明をすることを要しない。
> ③　第1項の損害賠償については，債務者は，不可抗力をもって抗弁とすることができない。

(i)　前法では，金銭債務の不履行についての損害賠償額は，法定利率によって定められること，そして約定利率が法定利率を超える場合には，約定利率によって定まるとされていた。新法でもこれは基本的には維持されるが，法定利率が変動制となったことから，いつの時点の法定利率にするのか明らかにしなければならない。それは，債務者が遅滞の責任を負った最初の時点における法定利率によるということが明示された。つまり，その後に法定利率が変更されたとしても，最初の時点に固定されており影響を受けない。

(ii)　債務者が遅滞の責任を負った最初の時点とは，一般的には金銭債務の弁済期であり，期限の定めのない金銭債務の場合には，履行請求時ということになる。特に債務不履行に基づく損害賠償請求の場合には，損害賠償請求時になる。不法行為の場合は，基本的には不法行為時における法定利率となる。

10　賠償額の予定

> 第420条①　当事者は，債務の不履行について損害賠償の額を予定することができる。
> ②　賠償額の予定は，履行の請求又は解除権の行使を妨げない。
> ③　違約金は，賠償額の予定と推定する。

(i)　前420条1項後段では，当事者が損害賠償額の予定をした場合に，「裁判所は，その額を増減することができない。」とされていた。これは比較法的にみて他に例をみない規律であり，実務的には不適当な規定としてその適用が

排除されていた。

(ⅱ) 新法では，この後段部分が削除され，当事者の損害賠償額の予定を裁判所が変更することができるようになるが，それは限定的であり，客観的規範的にその額が「過大」といえ，それが公序良俗に違反するような場合に限ってその減額が認められるにすぎないものと解すべきであろう。

11　代償請求権

> 第422条の2　債務者が，その債務の履行が不能となったのと同一の原因により債務の目的物の代償である権利又は利益を取得したときは，債権者は，その受けた損害の額の限度において，債務者に対し，その権利の移転又はその利益の償還を請求することができる。

(ⅰ) 債務の履行が不能であるときには，債権者は本来的履行請求権および法的救済としての履行請求権を行使することができない。しかし，履行不能を生じさせたのと同一の原因によって，債務者が履行の目的物に代わる権利・利益を取得した場合には，債権者にこの目的物に代わる権利・利益に対する請求権（代償請求権）を認めることも公平の観点からすると合理的なことである。

(ⅱ) この代償請求権を認めた最判[8]の原審[9]では，「一般に履行請求権を生ぜしめたと同一の原因によって債務者が履行の目的物の代償となるべき利益（例えば賠償又は賠償請求権或は保険金又は保険金請求権等）を取得した場合には，右履行請求権につき債務者の責に帰すべき事由の存しない限り，衡平の観念に基づき，債権者において債務者に対し右履行不能により蒙りたる損害の限度において，代償をなすべき権利を認めるのが相当である。」とこれを認める根拠が明確に述べられていた。最判は，この表現から「債務者の責に帰すべき事由の存しない限り」という文言を落としている。この最判の判時内容がそのまま明文化された。そこで，債務者に帰責事由が存する場合，すなわち債権者に損害賠償請求権が認められる場合にも，代償請求権が認められることになる。

(ⅲ) 本来であれば，債務者に帰責事由が存しない場合に代償請求権を認める

---

(8)　最判昭和41年12月23日民集20巻10号2211頁。
(9)　福岡高判昭和38年5月30日下民集14巻5号106頁。

ことが，「公平の観念」からは適当だといえようが，本規定からは，債務者の帰責事由に関わらず代償請求権を認めるのが素直な解釈であろう。というのは，債権者に填補賠償請求権が認められる場合に，代償請求権が併存的に認められるとしても，様々な場面で複数の請求権の選択適用を認める判例の立場からは何ら矛盾はなく，また，代償請求権を認めたとしても，「受けた損害の額の限度」で認められるものであり，債権者の保護という側面からも，債務者の帰責事由の存否に関わらず認められるべきものと考えられるからである。

> **ケース　422条の2**
>
> 売主Aは買主Bと那須の別荘・甲（価格3000万円）の売買契約を締結した（所有権は登記・引渡しと代金支払時に買主に移転するとされていた）。その後すぐに甲は山火事によって類焼した。Aは甲に火災保険をかけていた。BはAの保険金請求権に対し，Aにその引渡しを請求できるか。
>
> 　　　　　　　　　　　最判昭和41年12月23日民集20巻10号2211頁

〈解釈〉　AとBとの売買目的物が，売主Aの帰責事由なく滅失し履行不能となっている。Aに保険金がおりるとなると，その債務の履行が不能となったのと同一の原因によりAは利益を得ることになる。本ケースでは，Aには帰責事由はなく，Bには損害賠償請求権が認められない。そこで，BはAに対して代償請求権を行使して保険金請求権の引渡しを請求できる。

第 3 章　契　約　総　則

一　契約の成立

1　契約の締結及び内容の自由

> 第521条①　何人も，法令に特別の定めがある場合を除き，契約をするかどうかを自由に決定することができる。
> ②　契約の当事者は，法令の制限内において，契約の内容を自由に決定することができる。

(i)　私人たる個人は，自らの意思で自由に契約関係を形成することができる。これが意思自治・私的自治の原則から派生する契約自由の原則である。契約自由の原則は，近代民法の大原則であるが，前法ではこの原則を表す条文は存在しなかった。そこで，新法では第521条でこれが明記される。

(ii)　契約自由の原則には，次の4つの自由があるとされている。①契約締結の自由　②契約の相手方選択の自由　③契約内容決定の自由　④契約の方式の自由，である。第1項で①と②の内容が採り入れられる。すなわち，「何人も，法令に特別の定めがある場合を除き，契約をするかどうかを自由に決定することができる。」とされ，「契約をするかどうか自由に決定することができる」というところで，相手方選択の自由も包含される。これら自由は民法の大原則ではあるが，現代社会ではそれが修正を受ける部分も多くあり，「法令に特別の定めがある場合を除き」との制約がある。たとえば，当事者の一方が契約の締結を拒絶することができない場合である（道路運送法13条，鉄道営業法6条，ガス事業法16条1項，水道法15条1項，電気事業法17条1項，医師法19条1項等）。また，相手方選択の自由に関しても，法令に特別の定めがある場合に制約を受ける（男女雇用機会均等法5・7条，障害者雇用促進法37・43条）。

(iii)　第2項では，契約内容決定の自由が明文化される。当事者の合意を契約内容形成の根幹に据えようというものであるが，もちろん「法令の制限内において」との制約があり，公序良俗違反，強行規定に反するような部分に関して

はその効力が否定されたり，契約全体が無効となる場合がある。

なお，方式の自由は第522条2項に規定される。これも「法令に特別の定めがある場合」の制約がある（第446条2項：保証契約）。

2　契約の成立と方式

> 第522条①　契約は，契約の内容を示してその締結を申し入れる意思表示（以下「申込み」という。）に対して相手方が承諾をしたときに成立する。
> ②　契約の成立には，法令に特別の定めがある場合を除き，書面の作成その他の方式を具備することを要しない。

従来，民法典では，契約の成立として，隔地者間の契約を中心とした規定が置かれていて，しかも契約の成立に関する本質的な規定を欠いていた。そこで，ここに，契約は「申込み」とその「承諾」とによって成立するとの規定が置かれた。「申込み」の意思表示は，「契約の内容を示して」行い，これを受けた相手方が「承諾」することができるほどに主要な内容が確定したものでなければならない。したがって，その程度に至らないものは，「申込みの誘引」とされる。もっとも，契約成立の典型的例としては申込みと承諾によるものがあげられようが，契約成立の本質を捉えたものだとはいえない。今日，申込みと承諾による契約の成立では捕捉できないいわゆる練り上げ型の契約や高度に複雑な機器類による契約の成立も多く用いられるようになってきている。これらによる契約の成立では，単純な申込みと承諾による契約の成立に当てはめることが困難なものも多くなってきている。契約の成立の本質は，両当事者の合意である。申込みと承諾による契約の成立は，その一典型例であり，根底には，両当事者の合意に基礎を置いた解釈が重要となろう。

> **ケース　522条**
>
> 　Aは，ラーメン等麺類自動販売機で，天ぷらそば（温）を注文しようと思い，千円札を投入し，ランプが点灯しているそのボタンを押した。ところが，調理に必要な湯が不足していたため，自動販売機から天ぷらそばは出てこず，千円札は返還された。この契約はどうなるか。

第3章　契約総則

大阪地判平成15年7月30日金判1181号36頁

〈解釈〉　このケースを「申込み」・「承諾」・「申込みの誘引」の概念を用いて分析すると，自動販売機の設置は，不特定多数の相手方への広告のようなものであるから「申込みの誘引」と考えられる。Ａが自動販売機の点灯しているランプを押す行為が「申込み」であり，その申込みに対して，自動販売機は，製品の材料（湯）不足のため，これに応じることができなかった。つまり「承諾」はなかった。したがって，代金も返還されており，契約は成立しなかったということになろうか。あるいは，自動販売機の設置を「申込み」とみて，金銭を投入し，ボタンを押す行為を「承諾」と捉えることも可能かもしれない。その場合は，契約は成立するが，この契約は原始的不能の契約であり，第412条の2第2項の問題となるということになろうか。第522条の適用による解釈ではこのような結論が導けよう。しかし，自動販売機の設置を「申込み」とみることは適当であろうか。また，機械の不備・不調等を「承諾」しなかったと擬制するのは，そもそも意思表示の「意思」に対応するものをどのように考えてそうなるのか疑問である。このような機器類を用いた取引が急増している中，「申込み」と「承諾」といった単純型の契約の成立に当てはめるのは次第に困難となるケースが増えてくるのではないか。特別法における規律を含め，契約の成立の根底にある両当事者による合意の形成というところに基礎づけた解釈も今後必要となってこよう。

3　承諾の期間の定めのある申込み

> 第523条①　承諾の期間を定めてした申込みは，撤回することができない。ただし，申込者が撤回をする権利を留保したときは，この限りでない。
> ②　申込者が前項の申込みに対して同項の期間内に承諾の通知を受けなかったときは，その申込みは，その効力を失う。

前521条1項では，「承諾の期間を定めてした契約の申込みは，撤回することができない。」と規定されていた。これは申込みを受けた者が，申込者によって定められた承諾期間中には申込みの撤回はなされないということで，その間

は安心して承諾の可否に向けた調査や準備を行うことができるということを意味する。この趣旨からすると，あらかじめ申込みが撤回される可能性があるということが表示されていれば，相手方が不当な損害を被ることを防ぐことができる。そこで，第523条1項にただし書が加えられ，「申込者が撤回をする権利を留保したときは，この限りでない。」と撤回が可能であることが明記された。

4　承諾の期間の定めのない申込み

> 第525条①　承諾の期間を定めないでした申込みは，申込者が承諾の通知を受けるのに相当な期間を経過するまでは，撤回することができない。ただし，申込者が撤回をする権利を留保したときは，この限りでない。
> ②　対話者に対してした前項の申込みは，同項の規定にかかわらず，その対話が継続している間は，いつでも撤回することができる。
> ③　対話者に対してした第1項の申込みに対して対話が継続している間に申込者が承諾の通知を受けなかったときは，その申込みは，その効力を失う。ただし，申込者が対話の終了後もその申込みが効力を失わない旨を表示したときは，この限りでない。

(i)　前524条1項では，承諾期間の定めのない申込みに関して，「申込者が承諾の通知を受けるのに相当な期間を経過するまでは，撤回することができない。」とされており，これも承諾期間の定めのある申込みと同様に，申込みを受けた者が，承諾をするまでに諾否の可否に向けた調査や準備を行うことを可能にし，不当な損害を被らせないようにするための規定であり，第525条1項で基本的には維持される。

なお，前524条1項では，その対象が隔地者に対する申込みに限定されていたが，隔地者に限定する合理的根拠がなく，隔地者の文言は削除され，承諾期間の定めのない申込みに適用される一般規定とされた。

(ii)　承諾期間の定めのない申込みの場合であっても，撤回権の留保があらかじめ表示されていれば，相手方は不当な損害を被ることはないと考えられるので，第525条1項で「申込者が撤回をする権利を留保したときは，この限りでない。」とただし書が加えられた。

(iii)　第525条1項は，隔地者・対話者に限定されることのない一般的規定で

あるが，対話者間の契約の成立に関しては独自の規律を要するので特則が設けられた。申込みがあり対話が係属中である場合，互いの意思の交換がなされるわけであるから，それぞれ相手方の意見，反応，対応に応じてその内容が柔軟に変更されることが考えられる。また対話が継続されている間の承諾前の相手方の準備というのも困難であり，申込みの撤回によって不測の損害を被る事態も考えにくい。そこで相手方が承諾前であれば，対話継続中の申込みの撤回は認めるべきであり，これが2項で明文化される。

(iv) 承諾期間の定めのない申込みで，対話が継続している間に承諾の通知を受けないと，対話の終了とともに申込みの効力は失われるというのが一般的な考えだとされている。そこで，「申込者が対話の終了後もその申込みが効力を失わない旨を表示したとき」（3項ただし書）でない限り，申込みはその効力を失うこととされた（3項本文）。

5 申込者の死亡等

> 第526条　申込者が申込みの通知を発した後に死亡し，意思能力を有しない常況にある者となり，又は行為能力の制限を受けた場合において，申込者がその事実が生じたとすればその申込みは効力を有しない旨の意思を表示していたとき，又はその相手方が承諾の通知を発するまでにその事実が生じたことを知ったときは，その申込みは，その効力を有しない。

(i) 前525条では，申込者が，申込みの発信後に死亡した場合や行為能力を喪失した場合に，契約の成立を求めるというのは考え難いことから，意思表示一般について規律する前97条2項が，このような場合に意思表示の効力を妨げられないとしていたものの適用を排除し，申込みに関しては申込みの意思表示が効力を失うものとされていた。

(ii) 第526条では，この趣旨に沿って要件が整序される。すなわち，申込者が申込みの通知を発した後に「死亡し，意思能力を有しない常況にある者となり，又は行為能力の制限を受けた場合」というように，申込者が判断力を失う場合が列挙される。そして前525条で「申込者が反対の意思を表示した場合」が，新法では「申込者がその事実が生じたとすればその申込みは効力を有しない旨

の意思を表示していたとき」と敷衍され，相手方がその「事実を知っていた場合」は，新法では「その相手方が承諾の通知を発するまでにその事実を知ったとき」にその効力を有しないというように，相手方の契約の成立への信頼の利益を考慮して，承諾の発信までにそれら事実を知ったときというように明示された。

6 懸賞広告

> 第529条 ある行為をした者に一定の報酬を与える旨を公告した者（以下「懸賞広告者」という。）は，その行為をした者がその広告を知っていたかどうかにかかわらず，その者に対してその報酬を与える義務を負う。

前529条では，懸賞広告に関して，「その行為をした者に対してその報酬を与える義務を負う。」とされており，懸賞広告を知らないで指定行為をした者には報酬を与える必要がないとの解釈の生ずる余地があった。懸賞広告者としては，報酬の支払を約束して実際にその結果が実現された以上，その目的が達成されたのであり，行為者が懸賞広告を知っていたかどうかで区別をする合理的理由はなく，第529条で，行為者が「その広告を知っていたかどうかにかかわらず，その者に対してその報酬を与える義務を負う。」ことが明記された。

7 指定した行為をする期間の定めのある懸賞広告

> 第529条の2① 懸賞広告者は，その指定した行為をする期間を定めてした広告を撤回することができない。ただし，その広告において撤回をする権利を留保したときは，この限りでない。
> ② 前項の広告は，その期間内に指定した行為を完了する者がないときは，その効力を失う。

前530条3項では，「懸賞広告者がその指定した行為をする期間を定めたときは，その撤回をする権利を放棄したものと推定する。」とされ，3項は推定規定とされており，権利の放棄があったか否かをめぐり争われる余地があり，法的安定性を欠いていた。そこで第529条の2では，懸賞広告者が指定行為を

する期間を定めた場合には，その広告で撤回権を留保したときでない限り，広告の撤回ができないことが明記された。

8　懸賞広告の撤回の方法

> 第530条①　前の広告と同一の方法による広告の撤回は，これを知らない者に対しても，その効力を有する。
> ②　広告の撤回は，前の広告と異なる方法によっても，することができる。ただし，その撤回は，これを知った者に対してのみ，その効力を有する。

前530条2項では，前の広告と同一の方法で撤回することができない場合に限って，他の方法によって撤回をすることができ，その場合その撤回はこれを知った者に対してのみ効力を有する旨規定されていた。しかし，何も前の広告と同一の方法によってすることができない場合でなくても，撤回されたことを知った者に対してのみ効果が生じるのであるから，撤回の方法は広告者が任意に選択できるとしてもその影響はない。そこでこの点が修正される。

二　契約の効力

1　債務者の危険負担等

> 第536条①　当事者双方の責めに帰することができない事由によって債務を履行することができなくなったときは，債権者は，反対給付の履行を拒むことができる。
> ②　債権者の責めに帰すべき事由によって債務を履行することができなくなったときは，債権者は，反対給付の履行を拒むことができない。この場合において，債務者は，自己の債務を免れたことによって利益を得たときは，これを債権者に償還しなければならない。

(i)　前法では，特定物に関する物権の設定または移転を目的とする双務契約において，危険負担債権者主義を採用していた。これに対する批判は強く，目的物が債権者に引き渡される前に滅失・損傷した場合には，債権者は反対給付の債務を負わず，目的物に対する実質的な支配が債権者に移転した後に危険が移転するとの解釈論が有力に主張されていた。

(ii) 新法では、前534条が削除され、また前534条を前提として停止条件付双務契約における危険負担を定めていた前535条も、これに伴い削除された。

なお、売買目的物（売買の目的物として特定されたもの）の滅失・損傷に関する危険移転については、第567条に規定されている。

(iii) 危険負担債務者主義の原則を示す前536条では、当事者双方の責めに帰することができない事由によって債務が履行不能となったときは、債務者は、反対給付を受ける権利を有しない旨を定め、反対債務の自動消滅を認めていた。新法では、536条を存続させながらもその内容に重大な変更を加える。

(iv) 前法の契約の解除では、履行不能による解除権を規定した前543条において、履行の全部または一部が不能のときに、その債務の不履行が債務者の責めに帰することができない事由によるものであるときは、契約の解除をすることができない旨規定されていた。これに対して、新法では、債務者の帰責事由の存否に関わりなく契約の解除ができることになった（第542条）。そうなると危険負担における反対債務の自動消滅と契約の解除による反対債務の消滅とが併存することになる。

この問題の解決については、法制審でもなかなか結論が得られず、結局最終的には、危険負担制度において、債権者の反対債務を消滅させるものとしてではなく、債権者に反対債務の履行拒絶権を与えるものとして再構成された。これは、債権者が、債務者に対して自己の反対債務の履行を拒絶するとの抗弁を提起して、債務者からの反対債務の履行請求を拒絶するというものである。もちろん、債権者には、債務不履行に基づき契約を解除する権利があるので、これを行使して反対債務を確定的に消滅させることができる。

(v) 第2項では、債権者の責めに帰すべき事由によって履行不能となったときに、債権者が反対給付の履行を拒むことができない旨規定される。これは第1項の履行拒絶権構成と平仄を合わせたものである。前536条2項では、債権者の責めに帰すべき事由により履行不能となったときに「債務者は、反対給付を受ける権利を失わない。」とされていたため、雇用契約においては、使用者の責めに帰すべき事由によって債務者（被用者）の債務の履行が不能となった場合に、報酬請求権が認められていた[1]。

---

(1) 最判昭和62年7月17日民集41巻5号1350頁。

新法で「債権者は，反対給付の履行を拒むことができない」と文言が変更されているが，前法と同様の解釈をすることにより，債務者の報酬請求権を認めることができる。

> **ケース** 536条-1
>
> 家庭教師Aは，その生徒B宅に仕事（2時間の授業）に行ったが，Bが不在でその仕事ができなくてその時間を無駄にした。Aはその時間の報酬を請求できるか。

〈解釈〉 債務者Aは，債権者のB宅に仕事をしに行くことによりその債務の履行の提供をしている。しかし，債権者Bは不在であり，Aは債務の履行が不能となっている。この履行不能は債権者Bの不在という責めに帰すべき事由に基づくものである。したがって，第536条2項前段で，債権者Bは，反対給付（報酬）の履行を拒むことができず，Aには無駄となった2時間分の報酬請求権が認められる。

> **ケース** 536条-2
>
> 派遣労働者Aが，使用者Bの工場へと仕事に赴いたところ，Bがロックアウト（正当争議行為）をした結果，Aは工場が閉鎖されていたため働くことができなかった。Aはその間の賃金を請求できるか。
>
> 　　　　　　　　　　　　最判昭和50年4月25日民集29巻4号481頁
> 　　　　　　　　　　　　最判昭和62年7月17日民集41巻5号1283頁

〈解釈〉 債務者Aは，債権者の工場へ行って弁済の提供をしている。しかし，工場が閉鎖されており，Aの債務が履行不能となった。履行不能の原因であるBの工場閉鎖は，正当争議行為でありBに帰責事由はない。A・Bともに帰責事由なく履行が不能となっており，第536条1項が適用され，Bは反対給付の履行（賃金の支払い）を拒むことができ，Aはその間の賃金請求ができない。もっとも，特別法の労働基準法第26条が適用されると，そこでの使用者の責めに帰すべき事由は民法の基準より認定されやすく，帰責事由があるとされた場合，使用者は平均賃金の60％以上の賃金を支払わねばならない。

2 第三者のためにする契約

> 第537条① 契約により当事者の一方が第三者に対してある給付をすることを約したときは，その第三者は，債務者に対して直接にその給付を請求する権利を有する。
> ② 前項の契約は，その成立の時に第三者が現に存しない場合又は第三者が特定していない場合であっても，そのためにその効力を妨げられない。
> ③ 第1項の場合において，第三者の権利は，その第三者が債務者に対して同項の契約の利益を享受する意思を表示した時に発生する。

前537条では，第三者のためにする契約の要件として，契約締結時に受益者が存在していることや特定されていることを要するかについては，明示の規定を欠いていた。判例[2]では，胎児や設立中の法人のように現存せず将来の出現が予期された者を受益者とする第三者のためにする契約は有効であるとされていた。また，契約締結時に受益者が特定されていなくても第三者のためにする契約に当たるとされていた[3]。こうした判例法理が明文化されたものである。

3 第三者の権利の確定

> 第538条① 前条の規定により第三者の権利が発生した後は，当事者は，これを変更し，又は消滅させることができない。
> ② 前条の規定により第三者の権利が発生した後に，債務者がその第三者に対する債務を履行しない場合には，同条第1項の契約の相手方は，その第三者の承諾を得なければ，契約を解除することができない。

前538条（第538条1項と同文）では，受益者である第三者が，受益の意思表示をして権利が発生した後は，第三者のためにする契約の当事者である要約者と諾約者は，その発生した権利を変更・消滅させることができないとされており，これは新法にもそのまま引き継がれる。

それでは，債務者たる諾約者がその債務を履行しない場合，この契約の相手方たる要約者は，不履行を理由として契約の解除権行使が可能かとも思われる。

---

(2) 最判昭和37年6月26日民集16巻7号1397頁。
(3) 大判大正7年11月5日民録24輯2131頁。

しかし，それでは権利を取得した受益者から一方的に諾約者たる債務者に対する履行請求権を奪ってしまう結果となる。そこで，第三者たる受益者の承諾を得なければ，契約を解除することができないとされたものである。

三 契約上の地位の移転

> 第539条の2　契約当事者の一方が第三者との間で契約上の地位を譲渡する旨の合意をした場合において，その契約の相手方がその譲渡を承諾したときは，契約上の地位は，その第三者に移転する。

(i) 従来，契約上の地位の移転に関する規定はなかったが，契約の一方当事者（譲渡人）と第三者（譲受人）との間の合意で契約上の地位を移転することは認められていた。もちろん債権譲渡や債務引受けを組み合わせることで，債権債務を移転させることはできる。ただ契約上の地位の移転の場合は，解除権や取消権等の形成権も移転させることができるというところがその特長である。

(ii) 第539条の2の規定では，契約当事者の一方が，第三者との間で契約上の地位を譲渡する合意をすることができて，それを契約の相手方が承諾するということを要件として定める。そしてその効果として，契約上の地位はその第三者に移転する。これにより，譲渡人はその地位から離脱し，もはや契約の当事者ではなくなる。

(iii) 契約上の地位の移転は，特に継続的契約においては，当事者が変更されても契約の効力を存続させることができるため有用である。なお，賃貸借契約においては，本条の要件とは異なり，契約の相手方である賃借人の承諾を要しない旨の規定（第605条の2・605条の3）の特則が設けられている。

四 契約の解除

1 催告による解除

> 第541条　当事者の一方がその債務を履行しない場合において，相手方が相当の期間を定めてその履行の催告をし，その期間内に履行がないときは，相手方は，契約の解除をすることができる。ただし，その期間を経過した時における債務の不履行がその契約及び取引上の社会通念に照らして軽微

であるときは，この限りでない。

(ⅰ) まず，前法の契約解除の要件に関して，前543条ただし書において，履行不能の場合に「その債務の不履行が債務者の責めに帰することができない事由によるものであるとき」に契約の解除を認めない旨の規定が置かれていた。つまり，履行不能の場合の契約解除の要件として債務者の帰責事由が必要だとされており，これを受け，他の解除（前541・542条）においても帰責事由が必要だとの解釈が一般的に行われていた。

しかし，損害賠償責任制度において帰責事由が求められているのとは異なり，契約の解除というのは，契約に拘束され続けることが不当な当事者に当該契約からの解放を認める制度として構築されるべきものであり，帰責事由は不要であるとの理解が一般化してきた。

また，裁判実務においても，契約解除の場合に帰責事由はほとんどその機能を果たしておらず，契約解除において帰責事由を要件としなくてもその影響はほとんどないとされる。

そこで新法では，契約の解除全般にわたり，帰責事由を要件としないものとして再構成された。

(ⅱ) 第541条の催告解除は，これまでと同様に催告解除の原則を維持するものである。比較法的には，これまでの主流であった，①重大な不履行による解除を原則とし，履行遅延の場合に催告解除で補完する二元論と，最近有力となってきている，②催告解除（軽微な不履行の場合を除く）を原則とし，不適合の場合も催告解除に含め，重大な不履行の場合に無催告解除を認める二元論とがある[4]。新法は，②型の法制を採用した。

そして，ただし書で，催告期間を経過した時における債務の不履行が「その契約及び取引上の社会通念に照らして軽微であるとき」には，催告解除は認められないものと定められた。

(ⅲ) これまで判例では，不履行の程度が軽微な場合，たとえば，ごく一部の履行が不足しているにすぎない場合や契約の要素とはいえない付随的債務の不

（4） 石崎・前掲注(7)『新民法典成立への扉』275頁。

履行の場合に催告解除が認められていない[5]。こうした判例法理は今後も基本的には維持され，有益であるが，注意を要する点がある。それは，一般的には催告期間を定める際に「軽微」かどうかが問題とされるが，新法では，催告期間経過時の軽微性を問題とする。たとえば，催告した時点では軽微とはいえないが，催告期間中に債務者が債務の一部を履行したため軽微となるといったことが考えられる。

(iv) この催告解除制度は決して，催告により相当期間が経過することによって，契約違反が重大となったから解除を認めるという制度ではない。違反が重大でなくても解除を認めるという催告解除を原則とした制度である。

> **ケース　541条**
>
> 　Aは，製品・甲の製造のため，部品・乙を1000個Bから購入する契約をした。ところが，大地震の発生により，Bの工場が損傷し，納期に部品・乙を100個しか届けることができなかった。そこで，Aは履行のための相当期間を定めて催告した。Bは催告期間内に残りの部品のうち895個を給付することができたが，5個は期間内に間に合わなかった。しかし，一両日中には，残りの5個も納品できるという。Aの催告解除は認められるか。
> 　　　　　　　　　　　　　　　　　大判大正13年7月15日民集3巻362頁
> 　　　　　　　　　　　　　　　　　最判昭和29年12月21日民集8巻12号2211頁
> 　　　　　　　　　　　　　　　　　最判昭和37年2月15日民集16巻2号265頁
> 　　　　　　　　　　　　　　　　　最判昭和44年4月15日判時560号49頁

〈解釈〉　債務者Bは大地震で工場が損傷したため，乙を納期までにその一部しか履行することができなかった。その原因は大地震の発生によるものであり，Bには帰責事由がない。しかし，帰責事由は契約解除の要件ではないため，Aは相当期間を定めて履行の催告をしている。もし相当期間が経過し，その時に不履行が軽微でなければ，Aの解除が認められる。催告時点での違反は，給付すべき1000個のうち100個しか給付されておらず，「軽微」とはいえない。これに対して，Bはおそらく工場を修理するなどして，残りの乙を催告期間内に895個給付できた。そして，残りの5個も一両日中には間に合うという。本ケー

---

(5)　最判昭和36年11月21日民集15巻10号2507頁。なお，最判昭和43年2月23日民集22巻2号281頁も参照。

スでは、当該「契約および取引上の社会通念に照らして軽微である」とされ、催告解除が認められない可能性が高い。

2 催告によらない解除

> 第542条① 次に掲げる場合には、債権者は、前条の催告をすることなく、直ちに契約の解除をすることができる。
> 1 債務の全部の履行が不能であるとき。
> 2 債務者がその債務の全部の履行を拒絶する意思を明確に表示したとき。
> 3 債務の一部の履行が不能である場合又は債務者がその債務の一部の履行を拒絶する意思を明確に表示した場合において、残存する部分のみでは契約をした目的を達することができないとき。
> 4 契約の性質又は当事者の意思表示により、特定の日時又は一定の期間内に履行をしなければ契約をした目的を達することができない場合において、債務者が履行をしないでその時期を経過した時。
> 5 前各号に掲げる場合のほか、債務者がその債務の履行をせず、債権者が前条の催告をしても契約をした目的を達するのに足りる履行がされる見込みがないことが明らかであるとき。
> ② 次に掲げる場合には、債権者は、前条の催告をすることなく、直ちに契約の一部の解除をすることができる。
> 1 債務の一部の履行が不能であるとき。
> 2 債務者がその債務の一部の履行を拒絶する意思を明確に表示したとき。

(i) これまでは定期行為の履行遅滞による解除（前542条）、履行不能による解除（前543条）が、無催告解除が認められるものとして規定されていた。この無催告解除は、催告解除を原則とする中にあって、相当期間を定めて履行を催告しても契約の目的を達するような履行がなされることが期待できない場合に、例外的に無催告でも解除を認めようというものである。つまり、債権者の契約目的達成不能ということが、その本質である。そうすると定期行為や履行不能以外にもそれに該当するような類型が考えられ、ここに新たにそれらを加えて「催告によらない解除」（第542条）の規定が設けられた。

(ii) 無催告解除が認められる典型例である履行不能に関しては、債務の全部の履行不能（1項1号）の場合の全部解除、債務の一部の履行不能で残存する部分のみでは契約をした目的を達することができないとき（1項3号）の全部

解除，債務の一部の履行不能（2項1号）での一部解除が認められる。

(iii) 履行拒絶に関しては，「債務者がその債務の全部の履行を拒絶する意思を明確に表示したとき」に契約の解除をすることができる旨規定される（1項2号）。これは履行期前・後の拒絶とも含まれるが，履行不能に典型的に当てはまる「契約の目的達成不能」が無催告解除のメルクマールであることから，絶対的・確定的な拒絶であることが求められる。一部の履行拒絶で契約の一部解除が認められる（2項2号）場合も同様である。

(iv) 定期行為（1項4号）に関しては，前542条の内容が維持される。

(v) 第1項5号は，「債務者がその債務の履行をせず，債権者が前条の催告をしても契約をした目的を達するのに足りる履行がされる見込みがないことが明らかであるとき」に契約の解除を認めるものである。これは無催告解除のいわゆる受け皿規定である。無催告解除が認められる「契約の目的達成不能」というメルクマールをその要件として入れ，1～4号に該当しない類型をカバーしようというものである。たとえば，これまで賃貸借契約で信頼関係破壊の法理という判例[6]法理が形成されていたが，今後は，1項5号で解決されるケースも多くなるのではないかと思われる。

> **ケース** 542条-1
>
> 　婚約中のAは，新居として予定している家屋の建築契約を1月に請負人Bと締結した。建設は，3月1日に着工され6月末に完成される予定であったが，2月にBの事務所で労働争議の内紛があり，未だに解決されておらず，工事は開始されていない。現在6月10日であり，まだ履行期限には達していないが，期限までに完成される見込みはない。AはBとの契約を解除できるか。
>
> 　　　　　　　　　　　　　　大判大正15年11月25日民集5巻763頁

---

[6]　最判昭和39年7月28日民集18巻6号1220頁，最判昭和43年6月21日判時529号46頁，最判昭和43年11月21日民集22巻12号2741頁，最判昭和41年4月21日民集20巻4号720頁，最判昭和49年4月26日民集28巻3号467頁，最判昭和31年6月26日民集10巻6号730頁，最判昭和40年8月2日民集19巻6号1368頁，最判昭和47年11月16日民集26巻9号1603頁，最判昭和50年2月20日民集29巻2号99頁，最判昭和27年4月25日民集6巻4号451頁。

〈解釈〉 まだ履行期には達していないので、履行期まで待たねばならないかとも思えるが、たとえ、これから工事が開始され、工事を急いだとしても、残り20日間では期限までに間に合わないであろう。また、実際のところ現段階では工事開始のめども立っていない。そのような場合、Bがその債務を履行せず、Aが「催告をしても契約をした目的を達するのに足りる履行がされる見込みがないことが明らかであるとき」に該当する可能性がある。その場合、第1項5号による解除権行使が認められる。

> **ケース　542条-2**
>
> Aは、Bにオーダーメードの服の注文をした。今回が2回目の注文である。第1回目の注文の服をAは受領したが、期限が過ぎ催告しても代金を支払わない。第2回目の注文の服も完成したが、Bは第2回目の契約を解除したい。可能か。
>
> 　　　　　　　最判昭和49年4月26日民集28巻3号527頁（賃料不払い）

〈解釈〉 注文者Aは注文した服を受け取った後、その代金を支払わない。Bとしては代金を支払うよう催告しておりまだ解除権の行使はしていない。第2回目の服を完成させたが、これを引き渡しても、代金が支払われるとは思えない。その場合、第1回目の催告にも応じていないAに対して今回催告しても履行がされる見込みがないことが明らかであるときに該当するとされることがあろう。その場合第1項5号による解除ができる。

3　債権者の責めに帰すべき事由による場合

> **第543条**　債務の不履行が債権者の責めに帰すべき事由によるものであるときは、債権者は、前2条の規定による契約の解除をすることができない。

（i）　前543条「履行不能による解除権」の規定に代え、「債権者の責めに帰すべき事由による」場合に、債権者が解除権を行使することができない旨の規定が置かれる。債務者の債務不履行があった場合に、その原因が主として債権者にあって債務の不履行が生じる場合があり、そうした場合、特に帰責事由が

あって債務不履行を生じさせた債権者に，履行請求権や契約解除権の権利行使を認めることは適当ではない。これは根源的には，債権者も反対債務の債務者であって，契約の両当事者は互いに契約内容の実現に向けてそれぞれの主たる債務，付随的債務を誠実に実現していく関係を築いているところに帰する。

(ⅱ) 統一法秩序のように，債務の不履行の原因が債権者にある場合に解除権行使を認めないという「原因主義」の構成も考えられるが，新法は法体系の全般において「帰責事由主義」を採用しており（たとえば第536条），ここでも，債権者に帰責事由があるときには契約の解除が認められない。もっとも，ここでの「帰責事由」は，債権者が契約の拘束からの解放が認められないための要件であることから，帰責事由が「もっぱら」債権者にある場合に限定して解釈すべきである。他に地震などの自然力や債務者の行為が不履行の原因の一部をなしている場合もある。そのような場合に，債権者の解除権行使が排除されるのは，その原因の帰責事由が「主として」債権者にある場合に限定される。

しかし，帰責事由に関し債権者の解除権行使の排除と損害賠償請求とは区別して考えねばならない。損害賠償責任における「帰責事由」は，契約の拘束力からの解放が問題となるのではない。損害というリスク負担を債務者が負うことを正当化するだけの責任が存するかどうかが問題なのである。

(ⅲ) さらにまた，これと区別して考えねばならないのが，第418条の「過失相殺」である。そこでは，実質的には「過失相殺」という文言を離れて，債権者，債務者間のリスク配分が問題となっており，「損害の発生・拡大」への「寄与度」が，それぞれどれぐらいあるのかが考量され，たとえば，債権者の「寄与度」が20％だとすると，生じた損害から20％の過失相殺がなされる。

(ⅳ) 本条の債権者の帰責事由であるが，もっぱら債権者に帰責事由があるというのは，たとえば80％以上あることを要するというように決めることができるかという問題がある。それに関しては，ここでもその債務の不履行が「契約その他の債務の発生原因及び取引上の社会通念に照らして」債権者の責めに帰する事由によるものかどうかが判断されるべきであり，ケースによって異なると解すべきである。

> **ケース　543条-1**
> 　Aは，Bに特注のクリスマスアイスケーキの注文をし，12月24日の午後5時に自宅に届けるよう注文をした。ところが，Aが誤って以前住んでいた住所と電話番号を告げていたため，当日Bの従業員の配達人・Cが当該ケーキをアイスボックスから出した状態で探し回り，午後6時半にケーキは溶けた状態でAの自宅に届けられた。Aはこの契約を解除したいが，認められるか。

〈解釈〉　Bの債務不履行の原因は，主としてAが誤った住所・電話番号をBに対して示したことにある。Aには帰責事由があるが，Bも，Bの履行補助者であるCが目的物の保存義務を果たしていないことなどに帰責事由が認められる。しかし，不履行の主たる原因は，そもそもAが住所を間違えた帰責事由ある行為にあり，Aは解除することはできないと解される。

> **ケース　543条-2**
> 　Aはその所有する邸宅に防犯用のビデオカメラ等のセキュリティシステムの設置をBに依頼した。Bはシステムを設置し，代金も支払われたが，システムは完全には機能しなかった。そこで，Bは修理を申し出たが，Aは，Bへの信頼を失ったとしてBが邸宅内に入ることを許さなかった。Aはこの契約を解除したい。Aの解除は認められるか。

〈解釈〉　Bのセキュリティシステムの設置は，そのシステムが完全には機能しなかったことから，契約の内容に適合しないものであったといえる（第559・562条）。いずれにせよ，Aには，相当の期間を定めて履行の追完請求をすることができる（第562条）し，相当期間経過後の不適合が軽微でなければ契約の解除もできる（第541条）。これに対し，Bは履行の追完方法の一つである「修補（修理）」を申し出ており，修補がAに不相当な負担を課するものでないときには，たとえAが代替物の引渡しを求めた場合でも修補が認められる。ところが，Aは，Bへの信頼を失ったとして，Bが邸内に入って修補をすることを妨げている。この結果，Bの追完（履行）の不履行を生じさせており，もっぱらAの帰責事由に基づき債務の不履行を生じさせたといえる。したがっ

第3章　契約総則

て，Aは解除権を行使することはできない。

4　解除の効果

> 第545条①　当事者の一方がその解除権を行使したときは，各当事者は，その相手方を原状に復させる義務を負う。ただし，第三者の権利を害することはできない。
> ②　前項本文の場合において，金銭を返還するときは，その受領の時から利息を付さなければならない。
> ③　第1項本文の場合において，金銭以外の物を返還するときは，その受領の時以後に生じた果実をも返還しなければならない。
> ④　解除権の行使は，損害賠償の請求を妨げない。

(i) 新設される規定は第3項のみである。第1項はこれまでと変わらず，解除権が行使された場合に，両当事者が原状回復義務を負うことを定める。第2項でもこれまでと同様に，この原状回復の場合に，金銭返還のときには受領時から利息を付さねばならないことが定められている。第3項で，金銭以外の物を返還するときは，その受領時以後に生じた果実を返還しなければならないとし，金銭と同様の扱いとなることが定められた。

(ii) 判例では，この原状回復義務の内容として，使用利益の返還をしなければならないとするものがある[7]が，使用利益に関しても，金銭，金銭以外の物の返還と同様の処理をすべきものと思われる。ただ，その「使用利益」の内容に関しては，場合によっては価値の減耗分とするなどの解釈が必要となってこよう。

ケース　545条

Aは中古車・甲を100万円でBに売却した。Bは甲を道路で走行させて1年が経過したが，走行時の不具合が次第に顕著となってきたので，検査に出したところ，パワーステアリングポンプ部分他に欠陥があることがわかった。この欠陥のため甲の価値としては60万円だとされた。そこで，Bはこの売買契約を解除した。その直後，大地震のため甲は，Bの車庫で

---

[7] 最判昭和51年2月13日民集30巻1号1頁。

滅失した。A・B間の原状回復関係はどうなるか。
最判昭和51年2月13日民集30巻1号1頁

〈解釈〉　契約が解除されたことにより，両当事者は原状回復義務を負う（1項）。AはBから受領した100万円の金銭の返還を1年分の利息を付して返還する義務を負う（2項）。Bは甲の現物返還ができないため，その価額分の60万円の返還義務があるが，さらに甲の受領時以後に生じた「果実」も返還しなければならない（3項）。この「果実」が何に当たるかは，「契約その他の債務の発生原因及び取引上の社会通念に照らして」解釈され，本ケースでは，甲の減価分・αを60万円に加えて返還すべきだと解される。もちろん実際には，Aが返還すべき100万円との相殺がなされよう。

5　解除権者の故意による目的物の損傷等による解除権の消滅

> 第548条　解除権を有する者が故意若しくは過失によって契約の目的物を著しく損傷し，若しくは返還することができなくなったとき，又は加工若しくは改造によってこれを他の種類の物に変えたときは，解除権は，消滅する。ただし，解除権を有する者がその解除権を有することを知らなかったときは，この限りでない。

（i）　前548条1項では，解除権者が自己の行為若しくは過失によって契約の目的物を著しく損傷し，若しくは返還することができなくなったとき，又は加工若しくは改造によってこれを他の種類の物に変えたときは，解除権が消滅する旨を定めていた。これは，解除権者のこうした行為は，解除権を黙示的に放棄する行為だと評価できるという点と，このような行為によって原状回復として目的物を従前の状態で返還することができなくなっており，当事者間の公平から解除権を認めるべきでないと考えられたことによる。なお，新法では「行為若しくは過失」が「故意若しくは過失」に変更されている。

（ii）　しかし，解除権を有する者が解除権を有することを知らないで加工・改造をすることを黙示の放棄をしたものと評価するのは適当ではなく，また解除権行使の場合の原状回復では，金銭による価額返還を認めれば公平を害すると

まではいえない。

そこで，新法では，ただし書で，解除権を有する者がその解除権を有することを知らなかったときは，解除権は消滅しない旨の規定が置かれ，第1項の解除権が消滅するのは，解除権者が解除権を行使できることを知っていた場合に限定された。

> **ケース**　548条-1
>
> 　　AはBから掛け軸・甲を歴史的に著名な作家Cの作品だと思い購入した。しかし，甲はよくできた模写作品であり価値の低いものであった。Aはこれに気づかずに自宅の応接間に飾っていたところ，玄関の鍵のかけ忘れ等のせいもあり盗難に遭った。その後，甲が真作ではなかったことがわかり，Aはこの契約を解除したいが，認められるか。

〈解釈〉　Aは，錯誤取消しの主張も可能かと思われるが，ここでは契約の解除権を行使したいと考えている。しかしAの過失によって甲を盗まれてしまっており，甲の返還ができなくなっている。Aは甲が盗難に遭った時点では，真作だと思っており，解除権を有することを知らなかったわけであるから，第548条ただし書で解除権行使も可能である。

> **ケース**　548条-2
>
> 　　AはBから中古のバイク・甲を購入した。甲には構造上重大な欠陥があり，契約を解除することも可能なものであったが，Aはそのことに気づかず，マフラー他の大改造をした。その後，甲を走行させたところ異常を感じたので，甲を検査に出したところ，重大な欠陥が見つかった。Aはこの契約を解除したいが，認められるか。

〈解釈〉　Aは購入した甲に重大な欠陥があることに気づかず，甲を改造しており，その解除権は消滅するかのように思われる。しかし，解除権を有するAは解除権を有することを知らなかったのであり，Aは解除権を行使できる。

五　定型約款

1　定型約款の合意

> 第548条の2 ①　定型取引（ある特定の者が不特定多数の者を相手方として行う取引であって，その内容の全部又は一部が画一的であることがその双方にとって合理的なものをいう。以下同じ。）を行うことの合意（次条において「定型取引合意」という。）をした者は，次に掲げる場合には，定型約款（定型取引において，契約の内容とすることを目的としてその特定の者により準備された条項の総体をいう。以下同じ。）の個別の条項についても合意をしたものとみなす。
> 1　定型約款を契約の内容とする旨の合意をしたとき。
> 2　定型約款を準備した者（以下「定型約款準備者」という。）があらかじめその定型約款を契約の内容とする旨を相手方に表示していたとき。
> ②　前項の規定にかかわらず，同項の条項のうち，相手方の権利を制限し，又は相手方の義務を加重する条項であって，その定型取引の態様及びその実情並びに取引上の社会通念に照らして第1条第2項に規定する基本原則に反して相手方の利益を一方的に害すると認められるものについては，合意をしなかったものとみなす。

(i)　現代社会の日常生活の多くの領域で，事業者が作成して定式化された契約条項群，すなわち「約款」を用いた大量の定型的取引が行われている。たとえば，旅行，宿泊，保険，運送，預金等において約款は広く用いられている。約款は事業者が迅速かつ効率的な取引を目的として用いるものであるため，その取引の相手方は，契約条件について個別に交渉する余地がなく，その内容を一方的に受け入れることを余儀なくされる側面もある。このように個別の条項についての当事者の合意がないのに約款が相手方に対して拘束力を有するとするには，約款を契約に組み入れるとの当事者の合意（組み入れ合意）に根拠づける必要がある。

新法では，約款規定の導入に対して否定的な立場があることをも考慮して，約款の中で，特に「定型約款」のみが規律された。

(ii)　定型約款とは，定型取引（ある特定の者が不特定多数の者を相手方として行う取引であって，その内容の全部又は一部が画一的であることがその双方にとっ

て合理的なものをいう）において，契約の内容とすることを目的としてその特定の者により準備された条項の総体であるとされる（1項柱書）。そこで，定型約款といえるためには，以下の点を充たさねばならない。

① ある特定の者が不特定多数の者を相手方として行う取引において用いられる条項群であること。

そこで，相手方の個性に着目した取引，たとえば労働契約は，相手方の個性に着目して行われる契約であるから，この要件を充たさない。また，一定の集団に属する者との間で行う取引でも，相手方の個性に着目せずに行う取引であれば，この要件を充たす。

② 取引の内容の全部または一部が画一的であることがその双方にとって合理的なものであること。

取引の客観的態様や取引の一般的な認識を考慮して，多数の人々にとって生活上有用性のある財やサービスが平等な基準で提供される場合等，相手方が交渉を行わないで一方当事者が準備した契約条項の総体をそのまま受け入れて契約を締結することが合理的であるといえなければならない。したがって，取引内容を画一的に定めることが，一方当事者にとってのみ「合理的」といえる場合はここに含まれない。

③ 契約の内容とすることを目的としてその特定の者により準備された条項の総体であること。

これは組入要件によって合意があったものとみなされて契約内容となる契約条項群でなければならず，契約当事者が契約条項の内容を認識・検討したうえで契約を締結するような場合や個別交渉を予定した基本合意書の契約条項などは，この要件を充たさない。なお，条項の総体とは，条項の集まりといった意味である。

(iii) 定型約款の組入要件（みなし合意）

① 定型約款を契約の内容とする旨の合意をしたとき

定型約款を用いる契約では，相手方が個別の契約条項の内容を認識・了解していなくても，特定の定型約款によることの合意があれば，その約款条項が契約の内容となる。もちろんこの前提として，特定の定型約款が契約締結時に作成されて存在している必要がある。なお，合意には黙示の合意も含まれる。

② 定型約款準備者があらかじめその定型約款を契約の内容とする旨を相手方に表示していたとき

定型約款準備者があらかじめその定型約款を契約の内容とする旨を相手方に表示した場合において，定型取引合意がなされた場合には，個別の約款条項の内容を認識・了解していなくても，その定型約款条項が契約の内容となる。

③ 公共性の高い取引であり，かつ，定型約款による契約内容の補充の必要性が高い取引に用いられる定型約款

鉄道・軌道・航空・バス等による旅客運送に係る取引，高速道路等の通行に係る取引，電気通信役務の提供に係る取引その他一定の取引については，取引自体の公共性が高く，かつ定型約款による契約内容の補充の必要性が高く，「表示」をするのに困難な場合もあり，整備法において「表示」までしなくても「公表」で足りるとする特則が設けられた（鉄道営業法18条の2，軌道法27条の2，海上運送法32条の2，道路運送法87条，航空法134条の3，道路整備特別措置法55条の2，電気通信事業法167条の2）。

(iv) 定型的約款の効力制限（みなし合意除外規定）

第2項では，次の①と②とを充たす定型約款の条項は，合意をしなかったものとみなされ，契約の内容とはならない。

① 相手方の権利を制限し，または相手方の義務を加重する条項であること
② 当該定型取引の態様およびその実情ならびに取引上の社会通念に照らして第1条2項に規定する基本原則に反して相手方の利益を一方的に害すると認められるものであること

①（2項前段）の要件は，定型約款準備者が一方的に作成するものであることから，その内容の合理性が担保されないおそれがある。そこで，約款取引の相手方の保護を目的としている。また，本条項は，付随的条項，中心条項を区別することなく適用されるものであり，不意打ち条項規制と不当条項規制に関する規定を一本化したものである。

②（2項後段）に関しては，「その定型取引の態様及びその実情並びに取引上の社会通念」が，民法1項2項の信義則違反の判断をする際の基準となる要素として例示列挙される。「定型取引の態様及びその実情」は，契約内容を具体的に認識しなくても定型約款の個別条項について合意したものとみなされると

いう定型約款の特殊性に鑑みて、その適用の実態を含めてそれが考慮事由とされるということを意味する。そして、当該約款条項の規定内容を中心に取引上の社会通念などすべての事情を総合的に考慮して、信義則に反するものであるかどうかが判断される。ここで用いられる判断基準は、合意の成立を認定した上で公序良俗違反かどうかが判断されるというのではなく、また消費者契約法10条の様に同法の趣旨を認定した上で信義則違反かどうか判断されるものとは質の異なるものである。

一方、その効果は「合意をしなかったものとみなす」とされており、当該約款条項は、組入れ対象から除外され、契約内容とはならず、法的効力が否定される。

消費者契約法が適用になる契約（事業者と消費者との契約）で、定型約款が用いられた場合に、相手方である消費者は、定型約款準備者である事業者に対して、消費者契約法10条に基づく不当条項の効力否定の主張ができるが、この主張と第548条の2第2項に基づく不当条項の効力否定の主張とは、請求権競合として選択適用をすることができると解される。

2 定型約款の内容の表示

> 第548条の3① 定型取引を行い、又は行おうとする定型約款準備者は、定型取引合意の前又は定型取引合意の後相当の期間内に相手方から請求があった場合には、遅滞なく、相当な方法でその定型約款の内容を示さなければならない。ただし、定型約款準備者が既に相手方に対して定型約款を記載した書面を交付し、又はこれを記録した電磁的記録を提供していたときは、この限りでない。
> ② 定型約款準備者が定型取引合意の前において前項の請求を拒んだときは、前条の規定は、適用しない。ただし、一時的な通信障害が発生した場合その他正当な事由がある場合は、この限りでない。

（i）定型約款準備者が約款内容の開示義務を負うのは、①定型取引合意の前に ②定型取引合意の後相当期間内に、相手方から請求があった場合、の二つに限定される。

これは、定型約款を用いて契約を締結するような場合には、相手方は定型約

款の中身をいちいち確認しようとはしないことが一般的であり，また常に相手方に対して事前にその内容を開示しなければ契約内容とはならないとしたのでは煩雑にすぎる。一方，相手方が契約の内容を確認することができるようにしておくことも必要である。そこで，相手方から請求があった一定の場合（①と②）に限って，定型約款準備者は定型約款の内容を示さなければならないとされた（1項本文）。

ここでの開示義務は約款の一般理論とは異なり，開示は約款の拘束力（契約内容となること）を認めるための要件とはなっていない。そして開示義務違反があった場合には，それによって生じた損害の賠償義務を負う。

もっとも，定型約款準備者が，定型取引合意の前に定型約款を記載した書面を交付し，またはこれを記載した電磁的記録（CD・DVDの交付・メールでのPDFファイルの送信など）を提供した場合は，相手方には内容の確認の機会が与えられているわけであるから，合意前，合意後の開示義務はない（1項ただし書）。

(ii) 定型約款準備者が，定型取引合意の前に，正当な事由なく本条1項の開示請求を拒んだときは，第548条の2の組入規定は適用されない（2項本文）。つまり，約款条項の契約内容への組入れは認められず，当該約款は契約内容とはならない。もっとも，一時的な通信障害が発生した場合その他正当な事由がある場合は除かれる（2項ただし書）。

3　定款約款の変更

> 第548条の4①　定型約款準備者は，次に掲げる場合には，定型約款の変更をすることにより，変更後の定型約款の条項について合意があったものとみなし，個別に相手方と合意をすることなく契約の内容を変更することができる。
> 1　定型約款の変更が，相手方の一般の利益に適合するとき。
> 2　定型約款の変更が，契約をした目的に反せず，かつ，変更の必要性，変更後の内容の相当性，この条の規定により定型約款の変更をすることがある旨の定めの有無及びその内容その他の変更に係る事情に照らして合理的なものであるとき。
> ②　定型約款準備者は，前項の規定による定型約款の変更をするときは，そ

> の効力発生時期を定め，かつ，定型約款を変更する旨及び変更後の定型約款の内容並びにその効力発生時期をインターネットの利用その他の適切な方法により周知しなければならない。
> ③　第1項第2号の規定による定型約款の変更は，前項の効力発生時期が到来するまでに同項の規定による周知をしなければ，その効力を生じない。
> ④　第548条の2第2項の規定は，第1項の規定による定型約款の変更については，適用しない。

（i）定型約款を用いて多数の相手方と取引をした場合，定型約款準備者にとって，契約の継続中に約款の条項の内容を変更する必要が生ずることがあるが，個別に同意を得ることには困難がある。そこで，個別に相手方の同意を得ないで，約款の内容を変更できれば，定型約款準備者には都合がよい。

これに対して，契約の一般原則に照らすと，既に成立している契約の内容を当事者の一方が自由に変更できるとすることは許されない。もし，約款の内容を個別に相手方の同意を得ないで変更すれば，その変更は無効とすべきことになってしまう。

そこで，定型約款準備者が契約の締結後に約款内容を適法に変更することができる要件を定めて調整を図ることが必要である。

（ii）新法では，次の①，②のいずれかの要件を充たす場合に個別に相手方と合意することなく，定型約款の変更をすることにより，契約内容を変更することができるとされた（1項）。

①定型約款の変更が，相手方の一般の利益に適合するとき。

②定型約款の変更が，契約をした目的に反せず，かつ，変更の必要性，変更後の内容の相当性，この条の規定により定型約款の変更をすることがある旨の定めの有無及びその内容その他の変更に係る事情に照らして合理的なものであるとき。

①については，定型約款準備者の一方的な行為によって，既存の契約内容が変更されることになるわけであるから，それが相手方の一般の利益に適合すれば認められるとされてよい。

②は，定型約款変更は合理的な場合に限って認められるが，その際のその判断基準を示すものである。合理性判断の際の考慮要素として，まずそれが契約

をした目的に反しないものでなければならない。それと同時に，変更の必要性，変更後の内容の相当性，変更の特約の有無・その内容，その他変更に係る事情が例示列挙されているが，いずれにせよ，約款変更に係る全ての事情が総合的に考慮されて，約款変更の合理性が判断される。

(iii) 定型約款変更の手続として，定型約款準備者には，変更する旨，内容，発生時期の周知義務が課され，その方法はインターネットの利用その他適切な方法による（2項）。この周知は，変更後の定型約款の効力発生時期が到来するまでにしなければ，その効力を生じない（3項）。また，第548条の2第2項の規定は，定型約款の変更については適用されず（4項），より厳格で考慮要素も異なる第548条の4第1項の規定によることになる。

第4章　契約各則

一　贈　与

1　贈　与

> 第549条　贈与は，当事者の一方がある財産を無償で相手方に与える意思を表示し，相手方が受諾をすることによって，その効力を生ずる。

　前549条では，「自己の財産」を無償で相手方に与える…とされていたのが，「ある財産」を無償で相手方に与える意思を表示し，と変更された（第549条）。前法の規定だと，他人物贈与は有効には成立しないものと解されるような規定となっていたが，判例[1]では，他人の財産を目的とする贈与も有効に成立し，贈与者は，他人の財産を取得してこれを受贈者に移転する義務を負うと解されていた。そこで，この判例法理が明文化された。

2　贈与者の引渡義務等

> 第551条①　贈与者は，贈与の目的である物又は権利を，贈与の目的として特定した時の状態で引き渡し，又は移転することを約したものと推定する。
> ②　負担付贈与については，贈与者は，その負担の限度において，売主と同じく担保の責任を負う。

　前551条1項では，「贈与の目的である物又は権利の瑕疵又は不存在について」責任を負わないとされ，贈与の無償性に鑑み，贈与者は担保責任を負わないとされていた。これに関しても，当該贈与「契約その他の債務の発生原因及び取引上の社会通念に照らして」，どのような給付義務を負うかということが判断されねばならない。したがって贈与は無償契約であることが勘案された給付義務内容を有するものとなる。この内容が第1項で明文化される。すなわち，「贈

（1）　最判昭和44年1月31日判時552号50頁。

与者は、贈与の目的である物又は権利を、贈与の目的として特定した時の状態で引き渡し、又は移転することを約したものと推定する。」(第551条1項)。つまり、贈与目的物の特定後であれば、目的物に契約不適合があっても、履行義務を果たしたことになる。もちろん、種類物贈与で特定後に契約不適合が生じた場合には、契約に適合した物を引き渡さねばならない。

二　売　買

1　手　付

> 第557条①　買主が売主に手付を交付したときは、買主はその手付を放棄し、売主はその倍額を現実に提供して、契約の解除をすることができる。ただし、その相手方が契約の履行に着手した後は、この限りでない。
> ②　第545条第4項の規定は、前項の場合には、適用しない。

(i)　前557条では、「当事者の一方が契約の履行に着手するまでは」契約の解除ができる旨の規定となっていた。判例[2]では、相手方から契約が解除されると、履行に着手した当事者は不測の損害を被ることになってしまうので、履行に着手した当事者を保護するために設けられたものと解されている。そこで、この判例法理が明文化され、第1項にただし書が置かれ「その相手方が契約の履行に着手した後は」手付解除が認められない旨規定される。なお、履行の着手とは、判例では、「客観的に外部から認識し得るような形で履行行為の一部をなし、または履行の提供のために欠くことのできない前提行為をした」[3]ことをいうとされる。

(ii)　また売主の手付倍戻しによる解除に関し、その倍額を償還して、契約の解除をすることができるとされていたが、判例[4]では、現実の払渡しまでは要さず、倍額の現実の提供でよいと解されており、この判例法理が明文化された。

（2）　最判昭和40年11月24日民集19巻8号2019頁。
（3）　前掲注（2）　最判昭和40年11月24日。
（4）　最判平成6年3月22日民集48巻3号859頁。

第4章　契約各則

> **ケース**　557条
>
> 　AはBからその所有する家屋・甲（価格：5000万円）を購入するため，500万円の手付金を支払った（10月1日）。そして残代金は11月1日に支払うこととされた。しかし，その後，BのもとにCが現れ，5600万円で甲を購入したいと申し出た。Aは，履行期に残代金を弁済するため，金融機関等からその一部の調達（3000万円）をした（10月25日）。BはAから受け取った500万円に500万円を加え，つまり倍額の1000万円をAに返還する（手付倍戻し）と口頭の提供をして，契約の解除の意思表示をした（10月30日）。Bの手付解除は認められるか。

〈解釈〉　買主が売主に手付を交付したときでも，売主はその倍額を現実に提供して契約の解除をすることができる。Aが500万円の手付を支払っているので，Bはその倍額の1000万円を現実に提供すれば，手付解除は可能であるが，相手方Aが契約の履行に着手した後だと解除できない。そこで，Aの弁済のための一部の金銭の調達行為がその「履行の着手」に当たるかであるが，履行の着手があったといえるかについては，行為の態様，債務の内容，履行期が定められた趣旨・目的などを総合勘案して判断される[5]。一部であっても弁済すべき金銭の調達行為がなされており，履行の着手にあたると認められる[6]可能性が高い。

　また，売主は倍額を現実に提供することが必要で，言語上の提供（口頭の提供）では解除は認められない。したがって，Bの手付解除は認められない。

2　権利移転の対抗要件に係る売主の義務

> **第560条**　売主は，買主に対し，登記，登録その他の売買の目的である権利の移転についての対抗要件を備えさせる義務を負う。

　売買契約において，売主はその目的物の財産権を移転する義務を負う。その一つとして，判例・通説でも当然のこととして認められてきた対抗要件を具備

---

[5]　最判平成5年3月16日民集47巻4号3005頁。
[6]　最判昭和33年6月5日民集12巻9号1359頁，最判昭和41年1月21日民集20巻1号65頁参照。

させる義務がある。これは，売主が買主に対して，不動産であれば登記（第177条）を備えさせ，自動車等では登録をし，動産の場合には引渡し（第178条）をし，債権では確定日付のある証書により債権譲渡通知（第467条）をして，売買の目的物である権利の移転について対抗要件を備えさせる義務を負う旨を明文化したものである。

3　他人の権利の売買における売主の義務

> 第561条　他人の権利（権利の一部が他人に属する場合におけるその権利の一部を含む。）を売買の目的としたときは，売主は，その権利を取得して買主に移転する義務を負う。

(i)　前560条では，「他人の権利を売買の目的としたときは，売主は，その権利を取得して買主に移転する義務を負う。」とされ，他人物売買が有効な契約であることを規定していた。これは，原始的に不能な契約を有効なものだとする構成と同様な思考で，他人物売買を無効な契約だと構成するのではなく有効なものだとしたものであった。

(ii)　新法は，これに加えて，前561条（他人の権利の売買における売主の担保責任），前563条（権利の一部が他人に属する場合における売主の担保責任）の規律をここに取り込みこれを整序して示したものである。

4　買主の追完請求権

> 第562条①　引き渡された目的物が種類，品質又は数量に関して契約の内容に適合しないものであるときは，買主は，売主に対し，目的物の修補，代替物の引渡し又は不足分の引渡しによる履行の追完を請求することができる。ただし，売主は，買主に不相当な負担を課するものでないときは，買主が請求した方法と異なる方法による履行の追完をすることができる。
> ②　前項の不適合が買主の責めに帰すべき事由によるものであるときは，買主は，同項の規定による履行の追完の請求をすることができない。

(i)　第562条は，従来用いられてきた「瑕疵」概念に代えて，「契約の内容に適合しない」（以下，契約不適合と呼ぶ）ものという概念が用いられる。これは，

履行遅滞や履行不能といった一般的債務不履行に対し，目的物が「種類，品質又は数量」に関しての不履行である場合に用いられる用語である。一般的債務不履行の場合には，法的救済としての履行請求権が認められるが，契約不適合の場合には，本条にその特則として，履行請求権の変容形態である追完請求権が設けられた。

(ii)　この契約不適合の内容であるが，「契約の内容に適合しない」ものであるということは，基本的には従来の瑕疵概念である，主観的瑕疵概念（契約において予定されていた品質，性状等を欠いていること）＋客観的瑕疵概念（目的物が通常有すべき性状を欠いていること）と同様に捉えられる。つまり，ここでも当該売買「契約の内容及び取引上の社会通念に照らして」総合的に判断され，具体的には，特定の目的が示されていた（明示的または黙示的）場合には，その目的からの逸脱を当該売買契約の内容及び取引通念に照らして規範的に判断され，特定の目的が示されていないときには，通常の使用目的への適合性が，当該売買契約の内容及び取引上の社会通念に照らして規範的に判断され，そして見本又はひな形がある場合には，それとの品質の一致が規範的に判断される[7]。

もちろん契約不適合は，特定物・種類物の区別なく適用されるが，ただ，その効果として，修補，代替物の引渡し，不足分の引渡しのうち，特に不代替的特定物の場合は，修補に限定されることが通常であろう。

(iii)　新法では，このように契約不適合という概念を基底に据えるので，売主は当該契約から導かれるなすべき債務を履行するということが求められる。契約不適合を買主が知っていたまたは知るべきであったからといって，売主が債務不履行責任を免れるべきではない。そこで，契約不適合は「隠れた」ものである必要はなく，新法では「隠れた」という用語は削除される。また，数量不足に関して，前565条（数量指示売買）の規定は，権利の瑕疵に属するものであったが，むしろ物理的な数量不足という不適合だと捉えるのが適当であり，契約不適合の範疇に入れられた。法律上の瑕疵（不適合）については，判例では物の瑕疵に含まれるとしたもの[8]があるが，それは原告が前570条の権利を主

（7）　石崎・前掲注(7)『新民法典成立への扉』279頁。
（8）　最判昭和41年4月14日民集20巻4号649頁。

張したことに対してそれを是認したというものであり，積極的に物の瑕疵に分類すべきだとの判断を示したものだとはいえまい。競売のケースでは，権利の瑕疵とされ，前568・前566条が適用されたもの[9]があり，法律上の不適合は，権利の不適合に分類すべきである。

なお，契約不適合の判断時期は，目的物が引き渡された時まで不適合がないということが重要であり，引渡時が基準時となる。

(iv) 追完請求権は，債務不履行の中で目的物の契約不適合の場合に適用される履行請求権の特則であり，その内容は，修補，代替物の引渡し，不足分の引渡しとなる。債務不履行の一般原則と同様に，追完が履行不能（第412条の2）であれば，追完請求権を行使できない。またここでの追完不能も当然，社会通念上の不能として捉えられる。

追完請求権は，物の契約不適合，権利の契約不適合に対して適用になり，当然のことながら，売主の帰責事由は必要とされない。また契約不適合が買主の責めに帰すべき事由によるものであるときは，追完請求できない（第562条2項）。これは，債権者に帰責事由がある場合の危険負担に関する規定（第536条2項），債権者に帰責事由がある場合の契約の解除に関する規定（第543条），そして買主の代金減額請求権（第563条3項）と共通する思考によるものである。

(v) 契約不適合の被害者である買主には，追完請求権のいかなる方法を選択するかの第一次的選択権が認められる。ただ，契約不適合の履行をした売主にも「買主に不相当な負担を課するものでないときは，買主が請求した方法と異なる方法による履行の追完をする」ことが認められている（第562条1項ただし書）。ここでの「不相当な負担」という部分の解釈が今後問題ともなり得ようが，契約不適合の履行という被害を被ったのは，買主であるということを根底において解釈しなければならないであろう。

> **ケース** 562条-1
>
> 防犯用インターフォン・甲の買主Aは，甲をBから購入したが，画像が乱れ不鮮明になることが頻繁に生じるので，AはBの民法上の責任を追及したい。どのような請求が認められるか。

（9）　最判平成8年1月26日民集50巻1号155頁。

最判昭和 36 年 12 月 15 日民集 15 巻 11 号 2852 頁

〈解釈〉　特別法を除いた一般民法上の解決方法としては，買主が，引き渡された売買目的物が契約の内容に適ったものではないと考える場合，まず購入した目的物が契約不適合だといえなければならない。当該売買「契約の内容及び取引上の社会通念に照らして」契約不適合であるかどうかが判断される。その際，①特定の目的への適合性　②通常の使用目的への適合性　③見本又はひな形との品質の一致，という基準が有用であるが，本ケースでは，目的物が防犯用インターフォンということであるから，特定の目的が示されていなかったとしても，画像が乱れ不鮮明になるということでは，通常の使用目的への契約適合性はない。そこでAとしては，目的達成不能を理由として第542条の要件を充たす場合には，無催告での解除ができるし，無催告での代金減額請求（第563条2項）も可能である。しかし基本的には原則として，AはBに対して相当期間を定めた履行の追完の催告をしなければならない（第562条1項）。ここでは，Aは修補請求または代替物の引渡しを請求することになる。そこで，たとえばAの代替物の引渡しという履行の追完請求に対して，売主は買主に不相当な負担を課するものでないときは，修補の方法による履行の追完をすることができる（第562条1項ただし書）。Bには目的物の在庫が十分にあるのに修補を選択し，それに不相当な時間を費やしその間Aに長期にわたり目的物を利用できないという不便を与える場合には，修補は認められないということもあろう。また，追完が不奏功の場合には，Aは代金減額請求（第563条1項），損害賠償請求及び解除権の行使（第564条）をすることになろうが，代金減額請求や解除権の行使には，売主Bの帰責事由は必要とされないのに対し，損害賠償請求をする場合には，Bは不可抗力等の免責事由を主張・立証することにより，帰責事由がないとして損害賠償責任を免れることができる（第415条1項ただし書）。もっとも買主Aが，Bの適切な使用法の提示にもかかわらず，自ら不適切な使用方法を用いたりして，契約不適合が買主の帰責事由による場合には，Aは追完の請求ができず（第562条2項），代金減額請求もできず（第563条3項），解除権の行使もできず（第543条），そして損害賠償請求も排除される（第415条1項ただし書）。

> **ケース 562条-2**
> AはBと、ある精密機械の購入の契約をした。Aのもとに目的物が届けられたが、とうてい当該機械の水準を満たすものではなかった。報道などによると、会社ぐるみで組織的にデータの数字の書き換えなどの偽装が行われたということが判明した。Bは追完すると申し出ているが、Aはもはやこのような会社とは取引をしたくない。Aはどのような請求ができるか。

〈解釈〉 Aが購入した目的物は精密機械であり、それが会社ぐるみの組織的データの改ざんがあって、契約不適合のものが給付されている。Aは原則として追完を優先させねばならない（第562条）が、このようなデータの偽装を行うようなBへの信頼を喪失しており、「催告しても履行の追完を受ける見込みがないことが明らかである」（第563条2項4号）の解釈により、催告なしの代金減額請求や、「契約をした目的を達するのに足りる履行がされる見込みがないことが明らかであるとき」（第542条1項5号）の解釈により無催告解除も認められる可能性がある。

5 買主の代金減額請求権

> 第563条① 前条第1項本文に規定する場合において、買主が相当の期間を定めて履行の追完の催告をし、その期間内に履行の追完がないときは、買主は、その不適合の程度に応じて代金の減額を請求することができる。
> ② 前項の規定にかかわらず、次に掲げる場合には、買主は、同項の催告をすることなく、直ちに代金の減額を請求することができる。
> 1 履行の追完が不能であるとき。
> 2 売主が履行の追完を拒絶する意思を明確に表示したとき。
> 3 契約の性質又は当事者の意思表示により、特定の日時又は一定の期間内に履行をしなければ契約をした目的を達することができない場合において、売主が履行の追完をしないでその時期を経過したとき。
> 4 前3号に掲げる場合のほか、買主が前項の催告をしても履行の追完を受ける見込みがないことが明らかであるとき。
> ③ 第1項の不適合が買主の責めに帰すべき事由によるものであるときは、買主は、前2項の規定による代金の減額の請求をすることができない。

(i) 前法では、代金減額請求権については、前563条（権利の一部が他人に

属する場合における売主の担保責任)，前565条(数量の不足又は物の一部滅失の場合における売主の担保責任)においてのみ規定が設けられていた。物の瑕疵に関しては，瑕疵による価値の減少分の金額の算定が困難であるとして，損害賠償で処理することとされた(前570・566条)経緯がある。しかし，売買契約における両当事者の対価的均衡を維持するという目的にとって，売主の帰責事由の存否に関わらない代金減額という法的救済手段はきわめて有効なものである。

(ii) 代金減額請求権は，契約の一部解除の側面を有するため，契約の解除と同様の規律に服する。すなわち，原則として，売主に対して相当の期間を定めて履行の追完の催告をして，その相当の期間内に履行の追完がなされないときにはじめて代金の減額を請求することができる(第563条1項)。

これは，新法の法体系が，特に第541条の規定において催告解除を原則とし，これまでの瑕疵担保解除(目的達成不能の解除)と異なり，契約不適合の場合にも催告解除を原則として適用し，まず履行(追完)を優先させる制度を採用したことによる。不履行(または契約不適合)があった場合に，まずは債務者による履行(または追完)を優先させ，それが奏功しない場合に解除や代金減額という法的救済手段を認めようというものである。

したがって，履行の追完の催告が無意味な場合には，無催告解除(催告によらない解除：第542条)と同様に催告は不要である(第563条2項)。すなわち，①履行の追完が不能であるとき　②売主が履行の追完を拒絶する意思を明確に表示したとき　③定期行為の場合において，売主が履行の追完をしないでその時期を経過したとき　④買主が催告をしても履行の追完を受ける見込みがないことが明らかであるとき，である。ここでも契約の解除のときと同様に④号で無催告減額の受け皿規定が設けられている。

(iii) 代金減額請求権は，契約を有効に維持したうえで行使する権利である。売主が契約不適合に対して，かつての判例の表現を借用すれば，これを「履行として認容」して代金減額請求権を行使するものだともいえる。そこで，契約に適合した履行を求める追完請求権や履行利益を求める損害賠償請求権および契約の解除権とは両立しない権利だといえる。

> **ケース　563条**
>
> 　Aは，Bから中古住宅・甲を居住目的で購入した。しかし，甲には床下部分の柱の一部にシロアリによる損傷があった。Aは，Bに対して柱の損傷の修復（補強）とシロアリ駆除を求めて，相当期間を定めて催告したが，Bはその期間内に追完しなかった。そこで，Aは代金減額請求権を行使し，併せて損害賠償請求権を行使したいが認められるか。

〈解釈〉　売買目的物・甲にはシロアリによる契約不適合があった。Aはこの契約を維持して相当期間を定めた追完請求をしている。追完が期間内になされなかったので，Aは代金減額請求権を行使している。この代金減額請求には，Bの帰責事由は不要であり，この請求は認められるものと思われる。もちろん填補賠償等の損害賠償請求権は，たとえBに帰責事由があったとしても，代金減額請求と同時に請求することは認められないが，Bの帰責事由を前提として，例えば代金減額ではカバーされなかった，その他の費用や履行遅滞による損害等の損害賠償請求は認められよう。

6　買主の損害賠償請求及び解除権の行使

> 第564条　前2条の規定は，第415条の規定による損害賠償の請求並びに第541条及び第542条の規定による解除権の行使を妨げない。

（i）　新法では，売買目的物が契約不適合であった場合に，損害賠償請求権および契約の解除権の行使が，債務不履行による損害賠償（第415条），債務不履行の場合の契約の解除（第541条・542条）といった債務不履行の一般原則に従って行われる旨規定される。

（ii）　損害賠償請求に関しては，前570条（前566条準用）において，帰責事由を要しない無過失責任であり，その損害賠償の範囲については，履行利益までは認められず信頼利益の範囲に限られると一般的に理解されていた。これが新法では，物の契約不適合および権利の契約不適合はともに債務不履行であり，その損害賠償請求については債務不履行の一般原則に従う。したがって，債務者たる売主の契約不適合に帰責事由があれば損害賠償責任を負うということに

なり，その損害賠償の範囲は，履行利益にまで及ぶことになる。さらには拡大損害の賠償もその射程に含まれる。またここでの債務は売買目的物の引渡しであり，基本的には結果債務といえるので，売主は自己に帰責事由がないということの主張・立証に際して不可抗力等の免責事由を挙げねばならない。

(ⅲ) 解除権の行使に関しては，前法では基本的には，契約目的達成不能の場合に解除が認められていた。すなわち，「契約をした目的を達することができないとき」（前566・570条），および「残存する部分のみであれば買主がこれを買い受けなかったとき」（前563条2項・565条）に無催告解除が認められた。これが新法では，物の契約不適合および権利の契約不適合ともに，原則として買主は催告解除（第541条）をしなければならない。もちろん契約不適合のため契約目的達成不能という第542条の要件が満たされる場合には無催告解除ができる。催告解除が原則であることは，新法が採用する履行（ここでは追完）優先の法体系と関連する。

(ⅳ) 契約不適合が軽微でない限り，相当期間を定めて履行の追完を催告し，その期間が徒過して初めて解除権を行使することができる。つまり，債務者たる売主に対して契約履行実現のための機会を付与し，追完により履行を実現させる履行優先の法体系を採用した。これは統一法秩序で近年まで有力であった，①重大な不履行解除を原則とし，付加期間解除で補完する解除権構成，を採用するのではなく，②催告解除を原則とし，例外的に無催告解除を認める，近時の世界的動向と軌を一にする[10]。

> **ケース** 564条
>
> Aは自宅でチワワ犬・甲（価格：17万円相当）を飼っていたが，甲の遊び相手として，もう一匹飼いたいと思い，ペットショップ・Bからチワワ犬・乙を18万円で購入した。二匹を一緒に遊ばせていたところ乙の様子がおかしいので，まずBに問い合わせて持って行ったところ，病気かもしれないということだった。そこで，AはBに乙を預け1週間で乙を健康な状態にして返してくれるように頼んだ。その後，Aのところで飼われていた甲が突然死亡した。これは，Bが乙を動物病院・Cで検査してもらって

---

(10) 石崎・前掲注(7)「新民法典成立への扉」275頁。

判明したことであるが，乙は重篤な症状を引き起こす感染症に罹患しており，甲は乙から感染して死亡したのであった。AはBに対してどのような請求ができるか。

〈解釈〉　AはBに相当期間（1週間）を定めて売買目的物乙を健康な状態にするように催告しており，これは履行の追完請求（第562条1項）に当たると解される。もし，乙の追完が奏功しなかった場合には，この売買契約の解除（第541条），もしくは無催告解除（第543条）もあり得よう。またBの帰責事由を前提として損害賠償請求も認められよう。Aのところにもとから飼われていた甲に感染して甲が死亡したことは拡大損害に当たる。もしBに帰責事由が認められ，BがAのもとに他の犬がいることを知っていた場合もしくは知り得べき場合には，乙が感染症に罹患していればほかの犬に感染するということの予見可能性があるので，損害賠償の範囲（第416条2項）に含まれると解される。

7　移転した権利が契約の内容に適合しない場合における売主の担保責任

> 第565条　前3条の規定は，売主が買主に移転した権利が契約の内容に適合しないものである場合（権利の一部が他人に属する場合においてその権利の一部を移転しないときを含む。）について準用する。

（ⅰ）　売買目的の移転すべき権利が契約不適合の場合に，物の契約不適合の場合と同様に債務不履行として債務不履行の一般原則に従い，追完請求（第562条），代金減額請求（第563条），損害賠償請求・解除権の行使（第564条）の規定が準用され，契約不適合の統一要件のもとに処理される。

（ⅱ）　また，前561条（他人の権利の売買における売主の担保責任），前563条（権利の一部が他人に属する場合における売主の担保責任）3項，前566条（地上権等がある場合等における売主の担保責任）1項前段では，権利の瑕疵に基づいて善意・悪意という買主の主観的要素が，損害賠償請求および契約の解除の要件とされていたが，これらは削除された。買主が悪意であるといった主観的要件を問題とするのではなく，売主・買主間でいかなる内容の権利移転義務を負うことと

されていたかということを確定して，これを基に買主の権利行使を認めることが適当だからである。

8　目的物の種類又は品質に関する担保責任の期間の制限

> 第566条　売主が種類又は品質に関して契約の内容に適合しない目的物を買主に引き渡した場合において，買主がその不適合を知った時から1年以内にその旨を売主に通知しないときは，買主は，その不適合を理由として，履行の追完の請求，代金の減額の請求，損害賠償の請求及び契約の解除をすることができない。ただし，売主が引渡しの時にその不適合を知り，又は重大な過失によって知らなかったときは，この限りでない。

(i)　前法（566条3項・570条）の瑕疵担保責任に基づく解除・損害賠償請求に関しては，紛争の早期解決を目的とし，買主が瑕疵を知った時から1年以内に行使しなければならないとされていた（前565・564・563条の数量の不足又は物の一部滅失の場合における売主の担保責任においても同様）。その権利行使の内容については，判例[11]では「売主に対し，具体的に瑕疵の内容とそれに基づく損害賠償請求をする旨を表明し，請求する損害額の算定の根拠を示すなどして，売主の担保責任を問う意思を明確に告げる必要がある」とされていた。もっとも，裁判上の権利行使をするまでの必要はなく，売主の担保責任を問う意思を裁判外で明確に告げることをもって足りるとされていた。そして，この1年の短期期間制限は除斥期間であり，短期期間制限とは別に，目的物の引渡時を起点とする10年の一般的債権の消滅時効（前167条1項）に服する[12]とされていた。

(ii)　新法では，種類又は品質に関する契約不適合の場合に，その不適合を知った時から1年以内にその旨を売主に通知しなければ，売主への責任追及（追完請求，代金減額請求，損害賠償請求および契約の解除権の行使）をすることができなくなる旨が規定される（第566条）。これまでの判例法理とは異なり，契約不適合の事実の通知で足りる。これにより買主の権利が保護されるが，これまでと同様に引渡時を起点とする消滅時効の一般規定（主観的起算点から5年，客

---

(11)　最判平成4年10月20日民集46巻7号1129頁。
(12)　最判平成13年11月27日民集55巻6号1311頁。

観的起算点から10年）に服する。ただし，売主が引渡時に契約不適合に関して悪意または重過失がある場合には，履行が終了したとの売主の期待を保護する必要がなく，一般の消滅時効の規定が適用される（第566条ただし書）。

(iii) これに対して，数量の契約不適合，権利移転義務（一部が移転されない場合を含む）の契約不適合では，外形から不適合は明らかであるとして，期間制限は消滅時効の一般規定（主観的起算点から5年，客観的起算点から10年）に服することになる。

> **ケース　566条**
>
> 　Aは，Bからその所有する土地・甲および家庭・乙をそれぞれ購入した。すぐに甲を実測したところ，面積に不足があることが判明した。しかし，AはそのことをBに告げることなくそのままにしていた。また，乙のドアや引き戸などの開閉がうまくいかず，一度丸い物を落としたときに一方向に転がっていくことに気づいたが，たいしたことではないと思いそのままにしていた。契約から7年後，中程度の地震があり，通常だと家屋が半壊するような規模の地震ではなかったが，乙は半壊した。実は乙は基礎工事に問題があり，契約時からすでに乙は傾いた状態にありそれが半壊の原因であった。この段階で，AはBに対して，甲・乙の契約不適合を理由として権利行使をしようと思い立った。Aの請求は認められるか。
>
> 　　　　　最判平成4年10月20日民集46巻7号1129頁
> 　　　　　最判平成13年11月27日民集55巻6号1311頁

〈解釈〉　買主Aは，購入した土地・甲の面積に不足があることに気づいている。しかし，わずかな不足だったのか，そのことを売主Bに通知していない。これは数量の契約不適合であり，第566条は適用とはならず，消滅時効の一般規定に服する。Aは権利行使をすることができることを知った時から5年内に権利行使をしていないので時効消滅している（第166条1項1号）。一方，乙の契約不適合に関しては，不適合を知った時から1年内にその旨を通知しなければならないが，ドアの開閉等の問題があったのにそれを通知することを怠っている。ただ，本ケースでAが不適合を知ったのは，乙が半壊して初めてその原因が基礎工事にあったということがわかったということであれば，その時点と

いうことになる。その場合は，基礎工事の不備といった契約不適合を通知することにより，履行の追完請求，代金減額請求，損害賠償請求および契約解除権の権利行使ができる。

9 目的物の滅失等についての危険の移転

> 第567条① 売主が買主に目的物（売買の目的として特定したものに限る。以下この条において同じ。）を引き渡した場合において，その引渡しがあった時以後にその目的物が当事者双方の責めに帰することができない事由によって滅失し，又は損傷したときは，買主は，その滅失又は損傷を理由として，履行の追完の請求，代金の減額の請求，損害賠償の請求及び契約の解除をすることができない。この場合において，買主は，代金の支払を拒むことができない。
> ② 売主が契約の内容に適合する目的物をもって，その引渡しの債務の履行を提供したにもかかわらず，買主がその履行を受けることを拒み，又は受けることができない場合において，その履行の提供があった時以後に当事者双方の責めに帰することができない事由によってその目的物が滅失し，又は損傷したときも，前項と同様とする。

（ⅰ）前534条1項では，「特定物に関する物権の設定又は移転を双務契約の目的とした場合において，その物が債務者の責めに帰することができない事由によって滅失し，又は損傷したときは，その滅失又は損傷は，債権者の負担に帰する。」とされ，危険負担債権者主義が採用されていた。しかし，売買契約の特定物が，引き渡された時に目的物の滅失等の危険が売主から買主に移転するというのが実務的にも一般的理解であり，これを明文化する必要があった。

（ⅱ）第567条1項では，売買目的物（特定物・特定された種類物）が引き渡された時以後に，両当事者の責めに帰することができない事由によって滅失または損傷したときは，その滅失または損傷を理由として，履行の追完の請求，代金減額請求，損害賠償の請求および契約の解除をすることができず，さらに代金の支払いを拒むことができない旨規定される。これは，引渡時危険移転の原則を採用したものである。もちろん引渡しには，現実の引渡し（第182条1項），簡易の引渡し（第182条2項），占有改定（第183条），指図による占有移転（第184条）の各方法が含まれる。

(iii) 引き渡された目的物が契約不適合である場合，または履行が遅滞した場合にも，目的物の引渡しは行われているわけであるから，引渡時に危険は移転する。もちろん売主は，契約不適合を理由とする履行の追完等の責任を負うし，引渡後の目的物の滅失・損傷が売主の責めに帰すべき事由による場合には，買主は履行の追完請求のほか，代金減額請求，契約の解除，損害賠償の請求をすることができる。

(iv) 第567条2項では，受領遅滞による危険負担の原則が示される。売主が契約適合物の提供をした場合に，買主が履行を受けることを拒み（受領拒絶）または受けることができない（受領不能）場合に，履行の提供時以後に両当事者の帰責事由なしに目的物が滅失・損傷したときに，履行の追完請求，代金減額請求，損害賠償の請求および契約の解除をすることができず，さらに代金の支払いを拒むことができないものとされる。もっとも，当然のことながら，危険が移転する前の段階で，目的物が滅失・損傷したとしても売主はその責任を免れることはできない。

ケース　567条-1

Aは，那須の別荘・甲を東京に在住のBに3000万円で売却した（4月1日）。契約時に代金の一部が支払われ，その後，残代金の支払いと甲の引渡し・登記の移転が同時になされる予定（4月20日）であったが，Aが交換した甲の鍵の古い方を間違えて持ってきたために，代金支払い及びBへの甲の所有権移転登記は，4月20日になされ，鍵の引渡し予定は翌4月21日と変更された。しかし，4月20日の夜，甲の引渡し前に山火事によって甲は類焼した。甲滅失の危険をBは負うか。

〈解釈〉　甲の登記はAからBへと移転している。しかし，その引渡しはまだなされていない。不動産の登記の移転も，売主から買主への実質的支配の移転と考えれば，危険が移転することになる。第567条1項の引渡時危険移転の根拠は，買主の目的物に対する実質的管理可能性である。買主は引渡しにより目的物を直接的・間接的に占有することにより，管理可能性を取得する。「登記」の移転では，権利取得の対抗要件が備わるにすぎない。したがって，危険はま

だBに移転しておらず，Aがその代金債務の危険を負担すると解すべきである。

> **ケース** 567条-2
>
> Aは，BとBの所有するある原料の売買契約を締結した（10月1日）。Aはその倉庫に所蔵する原料の中から，Bに引き渡す分を分別し，引き渡す準備ができたことを通知した（10月3日）。これに対し，Bは10月4日に受け取りに行くと連絡した。10月3日の夜に倉庫内の原料はすべて盗難に遭った。A・B間の法律関係はどうなるか。なお，Aの敷地の門扉・倉庫には通常通り鍵がかかっていた。
>
> 最判昭和30年10月18日民集9巻11号1642頁

〈解釈〉 Bは種類物である原料を倉庫に保管しており，そこからBに引渡しをする分を分別して引き渡す準備をしたことを10月3日に通知している。これにより特定がなされ，口頭の提供もなされている。受領予定日は10月4日であるから，この場合Bは，10月4日を徒過してしまうと受領遅滞となる。Aは保管義務を果たしており，盗難に遭い履行不能となったのは，不可抗力だと思われるが，危険は受領遅滞によって移転するので，危険はまだAからBへと移転しておらず，売主Aが危険を負担すべきものと解される。

10　競売における担保責任等

> 第568条① 民事執行法その他の法律の規定に基づく競売（以下この条において単に「競売」という。）における買受人は，第541条及び第542条の規定並びに第563条（第565条において準用する場合を含む。）の規定により，債務者に対し，契約の解除をし，又は代金の減額を請求することができる。
> ② 前項の場合において，債務者が無資力であるときは，買受人は，代金の配当を受けた債権者に対し，その代金の全部又は一部の返還を請求することができる。
> ③ 前2項の場合において，債務者が物若しくは権利の不存在を知りながら申し出なかったとき，又は債権者がこれを知りながら競売を請求したときは，買受人は，これらの者に対し，損害賠償の請求をすることができる。
> ④ 前3項の規定は，競売の目的物の種類又は品質に関する不適合につい

> ては，適用しない。

　強制執行や担保権の実行としての競売など，民事執行法その他の法律の規定に基づく競売の買受人が，目的物に権利の不存在・権利の不適合，数量不足，物の不存在があった場合に，債務者に対し，契約の解除（第541・542条）または代金の減額（第563・565条）の請求ができるとされた（1項）。

　代金減額請求，契約の解除の請求をする場合には，原則として催告を要するが，この競売においては，債務者による履行の追完は観念することができないので，催告は不要である。また競売では，目的物にある程度の不適合があるのが一般的であり，目的物に不適合があっても，買受人に不適合を理由とする救済手段を認めることは，競売手続上もその進行が妨げられるおそれもあり，競売目的物の種類または品質に関する不適合については，契約の解除や代金減額の請求は認められない（4項）。

11　権利を取得することができない等のおそれがある場合の買主による代金の支払の拒絶

> 第576条　売買の目的について権利を主張する者があることその他の事由により，買主がその買い受けた権利の全部若しくは一部を取得することができず，又は失うおそれがあるときは，買主は，その危険の程度に応じて，代金の全部又は一部の支払を拒むことができる。ただし，売主が相当の担保を供したときは，この限りでない。

(i)　前576条では，売買の目的について権利を主張する者があるために買主がその買い受けた権利の全部または一部を失うおそれがあるときは，代金の支払を拒むことができる旨規定されていた。ここで，権利を主張する者とは，所有権を主張する第三者に加えて，用益物権を主張する第三者，さらには，債権売買において債務者が債務の存在を否定した場合にも類推適用されると解されていた。また買主が権利を取得することができないおそれがある場合にも適用があると解されていた。

(ii)　新法では，「権利を主張する者があること」に「その他の事由により」

を加え，さらに，権利の全部もしくは一部を「失うおそれ」に，「取得することができないおそれがある」場合も加えて，これらの場合を広く捕捉できるように拡大された。なおこの「おそれ」に関しては，権利を失いまたは権利を取得できない客観的かつ合理的な理由のあることを要するとされている。

12　買戻しの特約

> **第579条**　不動産の売主は，売買契約と同時にした買戻しの特約により，買主が支払った代金（別段の合意をした場合にあっては，その合意により定めた金額。第583条第1項において同じ。）及び契約の費用を返還して，売買の解除をすることができる。この場合において，当事者が別段の意思を表示しなかったときは，不動産の果実と代金の利息とは相殺したものとみなす。

前579条では，売主が買戻権を行使する際に，売主が返還しなければならない金銭の範囲について「買主が支払った代金及び契約の費用」とされ，これは強行規定と解されていた。こうした規定の適用を回避するため，実際には再売買の予約が用いられており，買戻制度を使いやすくするために，売主が返還すべき金銭の範囲について任意規定化する必要があるとされ，別段の合意をした場合には，当事者が合意で定めた金額を支払えばよい旨のかっこ書が加えられた。

第 2 部
民法新規定と比較法

　第 2 部では，改正民法が採用する新しい法体系が，比較法，特に統一法秩序・モデル規範とは，いかなる関係にあるのかを探り，現在の世界的な学術的到達点ともいえる統一法秩序・モデル規範を参考としながら，民法新規定の採るべき解釈の方向を示したい。

第1章　本来的履行請求権と法的救済としての履行請求権

一　本来的履行請求権と法的救済としての履行請求権

　現行民法典では，第3編「債権」第1章「総則」において，第1節「債権の目的」第2節「債権の効力」としての規定群が設けられており，これは「平成29年　法律第44号　民法の一部を改正する法律」（以下，改正法と略称する）でも同様である。ここでは，債権または債務とは何かという根本的な内容がわかるような規定は欠如している。また，「債権の効力」の節でも，債権の効力としてどのような内容が認められるのかといった本質的な内容を示す明示的な規定はない。しかし，412条3項において，「債務の履行について期限を定めなかったときは，債務者は，履行の請求を受けた時から遅滞の責任を負う。」との規定がある。ここでの「履行の請求」は，「不履行」が生じる前の時点のものなのであるから，本来的履行請求権であるといえよう。また改正法において，第412条の2第1項において「債務の履行が契約その他の債務の発生原因及び取引上の社会通念に照らして不能であるときは，債権者は，その債務の履行を請求することができない。」とされ，「履行不能」の場合に「履行請求権」の行使が排除されることが示されている。これが，本来的履行請求権か法的救済としての履行請求権かは明らかではない。いずれも，第1款「債務不履行の責任等」の規定群に置かれてはいるが，それは2004年の民法口語化に際して挿入されたものでもあり，第1節「債権の目的」，第2節「債権の効力」の全体を通じて，本来的履行請求権が，法的救済としての履行請求権とはっきりと意識的には区別されないで，その存在が当然の前提とされているように思われる。

　債権・債務の関係から本来的履行請求権を認める法制は，大陸ヨーロッパ法秩序においてみられるが，その代表例であるドイツ民法241条1項では，「債務関係により，債権者は債務者に履行を請求することができる。履行は不作為でもよい。」と明記されている。ここでは，債権・債務関係の成立に基づいて，そこから債権の効力として，本来的履行請求権が生ずることが認められている。

大陸ヨーロッパ法を継承する日本の現行法・改正法も，明示的な規定は欠くものの，債権・債務関係から本来的履行請求権が発生するということを前提としているように思われる。

次に，こうした大陸法にみられる債権・債務関係から本来的履行請求権を認める構成は，統一法秩序においてはどのように扱われているのかみることにする。現代統一法秩序の嚆矢ともいえるウィーン国連売買条約（国際物品売買契約に関する国際連合条約：CISG）[1] は，基本的には本来的履行請求権を認めている（30-44条・53-59条）[2]。

ヨーロッパ契約法原則（PECL）[3]，ユニドロワ国際商事契約原則（PICC）[4] においても同様に本来的履行請求権が認められている。これに対して，共通欧州売買法草案（CESL）[5] は，本来的履行請求権を認めていない[6]。これは共通欧州売買法草案がモデルとしたのが，コモン・ローだからだとされる[7]。そして，共通欧州売買法草案は，ヨーロッパ大陸法とコモン・ローとの妥協の産物として[8] または第三の途として[9]，法的救済としての履行請求権（これを本来的履行請求権と区別する意味で追履行請求権と呼称することもある）のみを認めた[10] ものだとされる。共通欧州売買法草案のこうした構成は，本来的履行請求権を認める法制に属する国の者からは，失敗だとも評価されている[11]。

あらゆる統一法秩序では，不履行（または契約違反）があった場合に，法的

---

(1) United Nations Convention of Contracts for the International Sale of Goods, 1980. なお，CISG の裁判例に関しては，〈www. unilex. info/〉を参照。
(2) U. Magnus, Performance and Breach of Contract (Chapter 17), in: Matteo/Jansen/Magnus/Schulze (ed.), International Sales Law, 2016, at 470.
(3) Lando/Beale, Principles of European Contract Law, Parts Ⅰ & Ⅱ, 2000. なおこの翻訳，潮見佳男ほか監訳『ヨーロッパ契約法原則Ⅰ・Ⅱ』（法律文化社，2006年）も参照。
(4) Unidroit Principles of International Commercial Contracts, 2010. なお，この翻訳，内田貴ほか訳『UNIDROIT国際商事契約原則 2010』（商事法務，2013年）も参照。
(5) Proposal for a REGURATION OF THE EUROPEAN PARLIAMENT AND OF THE COUNCIL on a Common European Sales Law, 2011. なお，この翻訳，内田貴（監訳）『共通欧州売買法（草案）』別冊NBL No.140（商事法務，2012年）も参照。
(6) Shulze/Zoll, European Contract Law, 2016, at 244.
(7) S.Bucher, Gewährleistungsrecht im Gemeinsamen Europäischen Kaufrecht, 2016, S.23.
(8) Bucher, a.a.O., Fn.7, S.23.
(9) Shulze/Zoll, supra note 6, at 246.
(10) Ibid., Bucher, a.a.O., Fn.7, S.23.
(11) Stürner, Die Grenzen der Primärleistungspflicht im Europäischen Vertragsrecht, ERPL 2011, 169 (180), Lorenz, Das Kaufrecht und die Dienstverträge im CESL, AcP 212 (2012), 702 (758).

救済としての履行請求権が他の法的救済手段（たとえば，契約の解除権，損害賠償請求権）とともに規定されている。また，ドイツ民法では，原則として履行請求権は危険の移転の前・後においてともに認められ，危険が移転すると履行請求権の修正があり，履行請求権は追完請求権へと変容するとされる[12]。これは危険移転を指標として履行請求権の追完請求権への変容を認めるものである。

　日本法においても，契約によって当初の予定された履行がなされないとき，これを履行障害と呼ぶが，この場合の「不履行」には，履行遅滞・履行不能・不完全履行・履行拒絶（履行期前の拒絶を含む）等あらゆる履行障害の形態が含まれる。ここでは，本来的履行請求権は，「不履行」という事実を経ることにより，その内容は，法的救済としての履行請求権（追履行請求権）という形へと変容している。履行遅滞の場合に遅れて履行がなされたとしても，それは本来的履行請求権に基づいた履行ではない。法的救済としてのものであり，一般的には追履行（遅れた履行＋遅延賠償）という形へとその姿を変容させている[13]。これが契約不適合の場合には，本来的履行請求権は，追完請求権（修補・代替物の引渡し・不足分の引渡し）へと変容することになる。

　したがって，統一法秩序においては共通欧州売買法草案（CESL）のように本来的履行請求権を認めない例外的なものを除くと，基本的には，本来的履行請求権の存在をそのうちに認めながら，主眼は，不履行があった場合の法的救済としての履行請求権に置かれており，他の法的救済手段とともに履行請求権（追履行請求権）の詳細な規定を置くという構成を採用している。そして，法的救済としての履行請求権は，ヨーロッパ契約法原則（PECL）等では，他の法的救済手段と比較して，ドイツ法で認められているような履行請求権の優位性はとられていない[14]とする評価もあるが，ウィーン国連売買条約（CISG）においては，法的救済としての履行請求権の優先の原則が，その第48・49条と

---

[12]　MacQueen/Dauner-Lieb/Tettinger, Specific Performance and Rigt to Cure, in: Dannemann/Vogenauer, The Common European Sales Law in Contract, 2013, at 625.

[13]　石崎泰雄「損害賠償額算定の基準時に関する最高裁判例にみる統一基準」判例時報2074号（2010年）3頁。これは後に，石崎泰雄『新民法典成立への道――法制審議会の議論から中間試案へ――』（信山社，2013年）138頁以下に所収される。

[14]　Schmidt-Kessel, Remedies for Breach of Contract in European Private Law, in: R.Schuze (ed.), New Features in Contract Law, 2007, at 193.

の関係においても示されており(15)，法的救済としての履行請求権が他の法的救済の権利（解除・減額・損害賠償）よりも優先するとされている(16)。

またＥＣ消費者商品売買指令(17)では，第２条［契約に適合すること］という根幹的規定の第１項において「売主は，売買契約に適合した消費者商品を消費者に提供しなければならない」とされ，こうした姿勢はEC消費者権利指令(18)にも継承される。これらのＥＣ指令では，消費者保護の理念のもと，契約解除の付加的要件として重大な不履行の概念を採用せず，催告解除モデルが採用されている(19)。これにより，軽微な不履行の場合を除き，一般的に不履行の場合に付加期間が与えられ，これが徒過すると解除が認められる。これにより解除の機会が拡大されるが，逆に売主（債務者）は，付加期間の間は解除されることがなく，その間に契約不適合の追完をすれば履行を実現したことになる。つまり，売主（債務者）は追完権が与えられるわけではないが，追完の機会が与えられる（CSD3(5)，CRD18(2)）ことにより，履行請求権が優先されているといえよう。このようなＥＣ指令の方向とも相まって，一部の例外(20)を除き，統一法秩序では，債務者に追完の機会を与えることにより，履行請求権の優位性を確保して，履行を実現させる法制を採用しているが，まさしくそれが望ましい方向ではないかと考える。次に，共通参照枠草案における履行・追完に焦点を当て，その内容をみることにする。

---

(15) Müller-Chen, Comentary on the UN Convention on the International Sale of Goods (CISG) 4th ed. (ed. Schwenzer), 2016, at 737.
(16) MacQueen/Dauner-Lieb/Tettinger, *supra* note 12, at 614.
(17) DIRECTIVE 1999/44EC OF THE EUROPEAN PARLIAMENT AND OF THE COUNCIL of 25 May 1999. 以下，CSD 〇〇の如く引用する。なお，この条文訳として，今西康人「消費者商品の売買および品質保証に関するＥＵ指令(1)」関西大学法学論集50巻１号（2000年）61頁も参照。
(18) Directive 2011/83/EU of the European Parliament and of the Concil of 25 October 2011 on consumer rights, amending Council Directive 93/13/EEC and Directive 1999/44/EC of the European Parliament and of the Council and repealing Council Directive 85/577/EEC and Directive 99/7EC of the European Parliament and of the Council. 以下，CRD 〇〇の如く引用する。なお，この条文訳として，Web 資料〈http://studylaw.web.fc 2. Com/2011/83EU_EJ.htm〉和久井理子「EU Consumer Rights Directive EJ 欧州消費者の権利指令」も参照。
(19) Schulze/Zoll, *supra* note 6, at 255.
(20) CESL: 106(3)(a) では，消費者買主が売主の追完権を排除することが認められている。

二　共通参照枠草案（DCFR）[21]における履行・追完

共通参照枠草案（DCFR）においては「第Ⅲ編　第1章　総則」において，「(1)債務とは，法律関係の当事者の一方（債務者）が相手方（債権者）に対して負う履行義務をいう。(2)債務の履行とは，債務者が，当該債務の下で行うべきことを行うこと又は行ってはならないことを行わないことをいう。」（Ⅲ.-1: 102）とされ，「第2章　履行」において，履行場所，履行期以下の規定が設けられており，本来的履行請求権を有するものとなっている。

そして「第3章　不履行に対する救済手段」の「第1節　総則」において不履行一般の場合の法的救済としての履行請求権（追履行請求権）が存することが示され，「第3節　履行を強制する権利」において，法的救済としての履行請求権の強制的実現に関する規定が置かれる。「第2節　債務者による不適合履行の追完」では，不適合の場合の追完に関する規定群が置かれている。そこで，まず非金銭債務の履行の強制（Ⅲ.-3: 302）の規定からみていくことにする。

1　非金銭債務の履行の強制（Ⅲ.-3: 302）[22]

(1)　法的救済としての履行請求権と裁判所の強制による履行の実現の確保

共通参照枠草案は，ヨーロッパ大陸法を継承し，債権・債務の内容から債権

---

(21)　von Bar/Clive, Principles, definitions and model rules of European private law: draft common frame of reference (DCFR), 2009, at 812 et seq. なお，この翻訳，窪田充見ほか監訳『ヨーロッパ私法の原則・定義・モデル準則――共通参照枠草案（DCFR）――』（法律文化社，2013年）も参照。

(22)　Ⅲ.-3: 302　非金銭債務の履行の強制
  (1)　債権者は，金銭債務以外の債務の履行を強制する権利を有する。
  (2)　履行を強制することには，債務の内容に適合しない履行を無償で追完することを求めることが含まれる。
  (3)　(1)及び(2)の定めに関わらず，次の各号のいずれかに該当する場合には，履行を強制することができない。
    (a)　履行が違法または不可能である場合
    (b)　履行が債務者に不合理な負担または不合理なほどに多額の費用を要する場合
    (c)　履行が一身専属的な性質を有しているため，強制することが不合理である場合
  (4)　債権者は，不履行を知り，又は知ることを合理的に期待された時から合理的な期間内に履行を請求しないときは，履行を強制する権利を失う。
  (5)　債権者が，過分の努力又は費用を要することなく合理的な代替取引をすることができた状況において，履行を強制する権利を不合理に行使したことにより，損害額または予定賠償金の支払額が増加したときは，債権者は，当該増加額の限度で，損害賠償または予定賠償金の支払を請求することができない。

者は債務者による履行の実質的な権利である本来的履行請求権を有する。そしてその不履行の場合に法的救済手段としての履行請求権（追履行請求権）が認められ，裁判所の命令や判決によりその権利を強制させる法的救済手段を有する。たとえば，一定の行為をする債務，意思表示をする債務，物を引き渡す債務，さらには履行を受領する債務をもカバーする。場合によっては，債務者による履行に代えて裁判所の命令自体もこれに含まれることがある。

> **設例 1**
> 当初自己の不動産をＢに賃貸し，後にＢにこれを売却することに合意したＡが，Ｂへの所有権移転を拒絶した。3項が適用されない場合には，ＢはＡに所有権を移転せよとの裁判所命令を得ることができ，国によっては履行の代替判決を得ることができる。

1項において，法的救済としての履行請求権が規定されており，2項においては，不適合に対する法的救済としての追完請求権が規定されている。履行請求権にせよ追完請求権にせよ，裁判所の強制によりその履行の実現が担保されるが，その実質的意義は次の点にあるとされる。第一に，特定の救済手段を通じて，債権者はできうる限り，本来得るべきものを得る。第二に，損害を算定する際の困難が回避される。第三に，債務の拘束力が強調される。履行を強制する権利は，特に不代替的特定物を目的とするケースや時間がないときに有益であるとされている。

不適合履行の救済である追完請求権に関しては，債権者は，追完請求権を行使することによって，本来得るべきであったものを得ることができ，債務者としても反対債務等から解放され，債務を果たす人としての評判を維持することができ，両当事者にとってメリットのあるものである。

こうした債権者の法的救済としての履行請求権・追完請求権には，3項から5項に示される一定の制限があり，次にそれをみることにする。

(2) 履行請求権（およびその強制）の排除

(a) 不可能，違法

ある行為を現実にすることができない，つまり不可能（不能）だといえる場合，

または法律によって禁止されており、これを為すことが違法とされる場合，さらに債務の対象に対して第三者が優先権を取得した場合には，履行の請求・強制は認められない。

(b) 不合理な負担，不合理な費用

債務者にとって履行が不合理なほど負担となるかまたは不合理なほど多額の費用を要する場合には，履行請求権は排除される。それは経済的負担のみにとどまらず，それよりも広く，不相当な努力，苦痛・苦悩・不便の原因となったものを含む。

> **設例 2**
>
> 　Aは自己の農場を掘削会社Bに露天掘りのために5年間賃貸した。Bは賃借料を支払うことに加え，採掘作業の完了後，土地を原状回復することを約束した。一方で，AはBから返還を受けた後，その土地を戦車隊員用の訓練地として利用するために陸軍に賃貸することを決意する。もし，Bが土地を原状回復するために多額の金銭を支出しなければならず，それによる土地の価値の増加がわずかな場合には，その原状回復は不合理な負担である。

履行が不合理な負担・費用となるかどうか決定する際には，債権者が容易に他の供給源から履行を得，その費用を債務者に請求するということができるかどうか考慮することが重要である。

> **設例 4**
>
> 　会社Aは，会社Bに1台の機械を売却し引き渡す。引渡しの際にBは機械の調整に不具合があることに気づく。その不具合は有能な技師により容易に追完できるものである。AにはBの営業所から300km圏内に技師はいない。自分のところの技師を地方で仕事をさせるために送ることは，Aに不合理な出費をさせることになる。Aは地方の技師によりなされる調整のための支払いを提供する。Bが調整をするための地方の会社を容易に得ることができる場合，BはAに調整するよう要求することはできない。

(c) 一身専属的な性質

ある種の債務の履行が債務者の一身専属的な性質を有するものであり，履行

を強制することが債務者の人格を侵害するような場合には，履行を強制できない。その基準は，強制的な履行が債務者の人権と基本的自由に照らして不合理であるかどうかである。たとえば，債務者に外科的処置を含んだ治験に参加する債務は強制されるべきではないが，専門のケアラーが個人的なケアサービスを提供する契約の履行を強制すべきでない理由はない。

> **設例 5**
> 工場所有者を相続する 6 人の者が，相続した事業を引き継ぐために有限責任会社を設立する正式な形式の契約を締結する。後に，相続人の一人であるＡは，会社の経営権を引き受ける予定のない者であったが，会社の設立への協力を拒否する。他の相続人は契約の下Ａの債務の履行を強制できる。その合意がすべての共同経営者が積極的な役割を果たすことになるパートナーシップを創設するものである場合には，結論は異なり得る。

ここにおける履行請求・強制の排除の理由は，もし強制されるとその仕事やサービスが，債権者にとって満足のいくものとはなり得ないかもしれないということではない。たとえば，肖像画を描く債務の芸術家による履行の強制を求めることが勧められるものであるかどうかは，債権者が決定すべきものである。そのような債務の履行の強制を債権者が望み，そしてそうすることが全く合理的であるという状況（例えば，型通りの背景の作業を除いて，肖像の部分はほとんど完了している場合，芸術家による完成と署名は，絵画の価値を大いに高めよう）もあり得よう。債権者が履行を強制したらひどい肖像画となるだろうと考える他の状況もあり得よう。それは債権者が決定すべき問題である。

(d) 合理的な期間内の履行請求

履行請求は合理的な期間内になされなければならない（4項）。これは債権者による遅い履行請求の結果生じる困難から債務者を守るよう意図されたものである。合理的な期間の長さは，ルールの目的の観点から決定される。

(e) 救済手段の濫用についての制限

債権者が他で容易に履行を得ることができるのに，債務者による履行を不合理に主張することにより，債権者が債務者による不履行に対して支払わせる損害賠償額を増加させるという危険がある。このような濫用に対するコントロー

ルの一つに，救済手段は信義則に従って行使しなければならないという一般条項がある。ここ5項にはもう一つのコントロール手段が示されている。すなわち，債権者が合理的に他から履行を得ることが期待できた場合に，履行を不合理に主張することによって，債権者が支払額，損害賠償額を増価させた範囲で不履行に対する損害賠償額や予定賠償金の支払いの請求を妨げようというものである。

2 債務者による不適合履行の追完
(1) 概　論
一般的に債務者に不履行があると，法的救済としての履行請求権（追履行請求権）が債権者に認められる。その不履行が不適合履行（債務の内容に適合しない履行）といえる場合に認められるのが，追完請求権である。

たとえば，売買目的物が契約内容に適合しない場合や請負契約で仕事が契約内容に適合しない場合である。こうした債権者の追完請求権の存在を前提として，共通参照枠草案（DCFR）の第3章第2節で規定されるのは，債務者に不適合履行を追完する機会を与えようというものである。債務者に追完の合理的な機会を認めることは，信義則により導き得ることであり，またできるだけ契約関係を維持させ，追完という履行をすることにより債権者利益の実現という目的に資するものだといえよう。しかし，同時に不履行の責めがあるのは債務者であるわけであるから，追完に関し何らかの疑念の存する場合には，責めのない債権者の有利に解決されねばならない。

共通参照枠草案における追完に関するルールは，ヨーロッパ契約法原則（PECL: 8: 104）よりも範囲が広い[23]とされる。というのは，ヨーロッパ契約法原則は履行の提供が不適合の故に受領されなかったときにのみ適用され，結局，PECLの準則は，契約関係を解消する権利の制限としてのみ機能する。たとえば売買契約で目的物の市場価格が下落しているときには，買主は契約から解放される理由として不適合を利用したい動機を有する。

これに対して，ＥＣ消費者商品売買指令では，買主が代金減額や契約を解除

---

(23) Phillipe, The Draft Common Frame of Reference: national and comparative perspectives, Sagaert/Storme/Terryn (ed.), 2012 at 43.

することができる前に，売主が商品の修補や代替品給付の機会を持つことが予定されている（CSD3条）。つまり PECL と比較して売主の追完の機会がかなり拡大されている。

(2) 債務者による追完（Ⅲ.-3: 202）[24]
(a) 期限前の不適合履行
債務者は履行のために定められた期限が満了する前に不適合な履行をして，期限内に新たな適合した履行をすることが認められる。

> **設例**
>
> 　5月に日用品の小売業者であるSは，一定量のココアをBに売り，9月1日までに配達するという契約をする。6月中旬にSはBにココアを引き渡したが，それが到達した時ココアは契約に適合していなかったとしてBにより合法的に拒絶された。Sは9月1日までに契約に適合した新たなココアを引き渡さなければならない。

(b) 不適合履行の一般的場合
履行期限後に，不適合履行の追完の提供がなされる一般的場合においては，債務者は不適合な履行を追完するために迅速な提供をすることができる。これに対して債権者は，債務者が追完をするための合理的な機会を得るまで，反対債務の履行を停止することを除いて，不履行に対する他のいかなる救済手段も行使することができない。一見すると債務者に有利だと思われる本規定は，次条の規定で重要な制限に服する。

---

(24) Ⅲ.-3: 202　債務者による追完に関する一般規定
　(1) 債務者は，履行のために付与された期間内に可能なときは，適合した新たな履行の提供をすることができる。
　(2) 債務者が，履行のために付与された期間内に新たに適合した履行を提供することができない場合において，不適合の通知を受けた後直ちに，合理的な期間内に債務者の費用でその不適合を追完することを申し出たときは，債権者は，その不適合を追完するための合理的な期間が経過するまでは，自らの債務の履行を停止することを除き，不履行に対するいかなる救済手段も利用することができない。
　(3) (2)の規定は，次条の規定に従う。

(3) 債権者が債務者に追完の機会を与える必要がない場合（Ⅲ.-3: 203）[25]

本条において，不適合履行の追完をする機会を与えられる債務者の権利に対して，いくつかの重要な制限が課されるが，これにより債権者の合理的な利益が保護される。

(a) 遅延が重大な不履行に当たる場合

履行が遅延し，その遅延が重大な不履行に当たる場合には，追完の機会は与えられない。遅延が重大な不履行に至らないと，債務者には追完の機会が認められる可能性が残される。ここで重大な不履行の内容を確認しておくと，ⅰ）履行の全部またはある部分に関して，債権者が当該契約に基づいて正当に期待することができたものが，不履行によって実質的に奪われる場合である。ただし，契約の締結時において債務者がそのような結果を予見せず，かつ予見したことを合理的に期待されない場合を除く。ⅱ）不履行が故意または故意に準ずる重過失によるものであり，そのために債権者において，債務者の将来の履行を期待することができないと信じる理由がある場合である。

> **設例 1**
>
> 5月に日用品の販売人であるSは，Bに一定量のココアを売ってこれを9月1日までに配達するという契約をする。それは9月2日までに到達せず，当日Bは拒絶する（この種の日用品の商事売買では通常のことである）。配達のいかなる遅滞も重大な不履行に至るものだとすると，Sが新たな適合した履行を提供するには遅すぎる。

> **設例 2**
>
> AはBのために3月1日までに家を建てることに合意する。その時点までには，作業のいくつかの重要な項目が未了のままである。この種の軽微

---

(25) Ⅲ.-3:203 債権者が債務者に追完の機会を与える必要がない場合
債権者は，次の各号のいずれかに該当する場合には，前条(2)の定めにより債務者に追完のための期間を付与することを要しない。
(a) 履行のために付与された期間内に契約上の債務を履行しないことが，重大な不履行に当たる場合
(b) 債権者において，債務者の履行が不適合を知りながら行われたものであり，信義誠実及び取引の公正に反するものであると信じる理由がある場合
(c) 債権者において，債務者が債権者に重大な不便を与えることなく，その他債権者の正当な利益を害することなく，合理的な期間内に追完することができないと信じる理由がある場合
(d) 追完が不適当となる事情がある場合

な遅延は，通常は建築契約の重大な不履行とはならないので，Aは遅延が重大な不履行となる前の時点で，たとえば履行のための特別の期間を付与する通知を与えることにより仕事を完成させることができる。

(b) 信義則に反する債務者

債務者が不適合を知っていて，不適合履行をなすのに信義則に従わないで行為したと信じる理由がある場合には，債権者は債務者に追完の機会を与える必要はない。追完制度の危険性の一つとして，債務者がもし通知を受けるとなおも追完の機会があるということを知った上で，不適合履行で機会を得ようという誘因ともなり得るため，これは重要である。本条の背後にある信義誠実の原則および取引の公正の原則は，信義則に反する行為をするご都合主義の債務者に何らの恩恵も与えない。

(c) 追完の不奏功を信じる理由がある場合

債権者において，債務者が債権者に重大な不便を与えることなくまたはその他債権者の正当な利益を害することなく合理的な期間内に追完をすることができないと信じる理由がある場合にも，債権者は債務者に追完の機会を与える必要はない。

(d) 追完が不適当となる事情がある場合

追完が不適当となる事情があれば，債権者は追完の機会を与える必要はない。これは，予測できない状況や，(a)〜(c)号で捕捉できないような状況をカバーするために設けられた受け皿規定である。不履行をした債務者よりも非のない債権者を保護しようという観点に依拠するものである。

(4) 債務者に追完の機会が与えられた場合の効果（Ⅲ.-3: 204）[26]

債務者に追完の機会を与えた債権者に対する効果は，追完のために付与した

---

(26) Ⅲ.-3: 204 債務者に追完の機会が与えられた場合の効果
  (1) 債権者は，追完のために付与した期間内は，牽連関係にある自己の債務の履行を停止することができるが，その他の救済手段を利用することはできない。
  (2) 付与された期間内に債務者が追完をしないときは，債権者は，利用可能なすべての救済手段を利用することができる。
  (3) 債務者が付与された期間内に追完をしたときでも，債権者は，債務者の当初の不履行若しくはその後の不履行によって生じた損害又は追完の過程で生じた損害の賠償を請求することができる。

第 1 章　本来的履行請求権と法的救済としての履行請求権

期間内は，債権者は，反対債務の履行を停止できる他は，その他の救済手段を行使することができない。特に，債権者は重大な不履行を理由に解除することができない。債務者が付与された期間内に追完しないときは，債権者は利用可能なすべての救済手段を行使することができる。たとえ債務者が付与された期間内に不適合を追完する場合でも，債権者は，債務者の当初の不履行若しくはその後の不履行によって生じた損害，または追完の過程で生じた損害の賠償を請求する権利を保持する。これは追完の際に一時的に利用できなかったことによる不便や結果的損失の賠償を含みうる。

3　売買契約における物品の適合性　(Ⅳ.A.-2: 301)[27]

共通参照枠草案（DCFR）では，売買に関しては第Ⅳ編 A 部「売買」で規律される。売買も，債権・債務をその主要な要素とするものであるから，第Ⅲ編「債務及びこれに対応する権利」の下で「債権総論」的規律に服する。したがって，売買の不履行も，第Ⅲ編第 3 章「不履行に対する救済手段」の一般的救済制度に従う。ただし，売買には，当事者として「消費者」「事業者」の相違を顧慮した規定が設けられ，特に救済手段として第 4 章「救済手段」の特別規定に従うことになる。ここ売買契約において，売主の債務として重要なのは，物品が契約に適合することを保証しなければならない（Ⅳ.A.-2: 101(d)）ということである。

設例 1

　A は B からテレビを賃借した。B は，A がこのテレビを完全に購入できるということに合意する。A が購入権を行使した場合，物品が契約に適合するということを保証する B の債務は，A が既にテレビを保持しているため引き渡す必要がなくても適用になる。

---

(27)　Ⅳ.A.-2: 301　契約適合性
　　　物品は，次に掲げる要件のすべてを満たさない限り，契約に適合しない。
　　　(a)　契約に定める数量，品質及び種類に適合すること
　　　(b)　契約に定める方法で収納され，又は包装されていること
　　　(c)　契約に定める付属品，取付説明書その他の説明書とともに供給されること
　　　(d)　この節の次条以下の規定に従うこと

(1) 数量，品質，種類への適合性

(a)号によると，売主は物品が契約により求められる数量，品質および種類であることを保証しなければならない。たとえば，売主が契約で合意された500本のタイヤではなく，400本のタイヤを引き渡した場合には，不適合だとされる。もちろん全く引き渡さない場合には，引渡債務の不履行として第Ⅲ編第3章の一般的不履行の法的救済に従う。

> **設例 2**
>
> Aは，箱に詰めた500匹の食用カタツムリをBに売ることに合意するが，400匹しか引き渡さない。Aが引き渡す500匹のカタツムリのうち，100匹の品質が不適合であるか，500匹全部が不適合であるかは，適用される制度上の相違はない。いずれも適合性を欠いたものだとのルールが適用される。

売主が合意よりも多く引き渡す場合は，特別の規定より処理される（Ⅳ.A.-3:105：期限前の引渡し及び数量超過の引渡し）。

(2) 付随的な事柄についての適合性（b・c号）

両当事者は，契約において特別なやり方で，物品を収納・包装し，説明書を引き渡し，目的物の修理用具等付属品を供給することを合意することがある。こうした付随的事項の債務の履行を懈怠した売主は，契約に適合した物品を引き渡したことにはならない。

(3) 異種物

不適合給付から異種物給付を排除する法制度もあるが，ここでは，完全に異なった物品も不適合給付とされる。

> **設例 3**
>
> AとBは，イタリアのある地域産の赤ワインに関する売買契約を締結する。Aが，(a)白ワイン，(b)スペイン産赤ワイン，(c)赤ワイン酢を引き渡すと，これらはすべて契約を逸脱するものであり，全く異なった履行といえる。これらはすべて不適合履行といえる。

4 目的，品質，包装等に関する適合性 (Ⅳ.A.-2: 302)[28]

(1) 概　論

両当事者が特段の定めなしに合意した場合に重要となるのが，本条であり，そのような定めがない場合に，物品が一定の水準および期待に適うものであることを保証するものである。本条の下での債務は，買主が通常期待するであろうということを反映するものである。このように適合性概念の基準の標準を示すものであるから，もし当事者が，本条(a)～(f)号の要件の一つの適用を排除したければ，これを売買契約の中に記載しなければならない。特に重要な要素は，いかに物品を表現・説明するかである。買主は説明された物品が，通常使用される目的に適合することを期待することができる。たとえば，人の食料として売られた物品は通常，人が消費するのに適したものでなければならず，靴は履くのに適していなければならず，自動車は道路を走行できるものでなければならない。しかし，もし売主のために提供した物品の説明が，物品が標準以下のものであることを明確にしていたら，物品は，その水準以下の物品が一般的に使用される目的に適合するものであればよい。

>**設例　1**
>
>　自動車販売人が，個人の自動車運転者に中古車の販売の申込みをした。その自動車は事故車であり，安全でない結果へと至るようなシャシーについての重大な問題がある。当該自動車は，自動車が通常使用される目的に適合せず，契約に適合しない。

---

(28)　Ⅳ.A.-2: 302　目的，品質及び包装等に関する適合性
　　　物品は，次に掲げる要件のすべてを満たすものでなければならない。
　　(a)　契約の締結時に売主に知らされていた特定の目的に適したものであること。ただし，状況からみて，買主が売主の技能及び判断を信頼せず，又は信頼することが不合理であったときは，この限りでない。
　　(b)　同種の物品が通常使用される目的に適合したものであること
　　(c)　売主が買主に対して見本又はひな形として示した物品と同じ性質を有するものであること
　　(d)　同種の物品にとって通常の方法により，又はこのような方法がない場合にはその物品の保存及び保護に適した方法により，収納され，または包装されていること
　　(e)　買主が受け取ることを合理的に期待することのできる付属品，取付説明書その他の説明書とともに供給されること
　　(f)　買主が合理的に期待することのできる品質及び性能を有するものであること

> **設例 2**
> 売主は，当該自動車を「ガラクタ」・「部品としてのみ」売却する。シャシーの欠陥があっても，当該自動車が契約に適合しないものではない。というのは運転には適さないものとして説明されているからである。

(2) 標準的適合性のルール

(a) 特定の目的への適合性

物品が，ある特定の目的，たとえば物品の通常でない使用に適合するものでなければならないということがある。しかしそのようなケースでは，第一に買主が契約締結時に特定の目的を売主に知らせていて，第二に，買主が，売主の専門技術に依拠しなければならず，かつそうすることが合理的であるという二つの条件を充たすときにのみ，売主は責任を負う。

(b) 通常使用される目的への適合性

より一般的には，売却される物品は，その通常の目的，すなわちその説明がなされた物品が通常使用されるためのものでなければならない。

> **設例 3**
> AはノートパソコンをBから購入する。もし，それが通常の作業，すなわちオフィス環境での仕事ができないと，それは適合性を欠くものである。それをもし通常でない使用，たとえば熱帯雨林での研究に使用するが，そこでは稼働しないとすると，Aがこの特定の目的を売主に知らせているときにのみBは責任を負う。買主が売主の技術および判断に（合理的には）依拠することはできないということ，たとえば，売主はそのノートパソコンがスーパーで纏め売りされていたようなものであることを証明することによって責任をなお免れることができる。

(c) 見本又はひな形と同じ品質

契約締結時に見本またはひな形が買主に対して示された場合，買主は引き渡された物品が，購入の決定をする見本やひな形と同じ品質を示すものであるという事実に依拠することができる。

(d) 収納・包装

売主は，基本的には同種の物品にとって通常の方法で包装しなければならな

い。もし，そのような通常の方法がない場合には，その物品の保存および保護に適した方法により，収納・包装されなければならない。

(e) 付属品・説明書

買主が受け取ることを合理的に期待することのできる付属品，取付説明書その他の説明書に関しても，売主は引き渡さなければならない。たとえば，売買目的物が自動車であるとき，自動車に加えて，スペアタイヤ・修理工具などは，もしそれらが価格に含まれることが慣行となっていて，合理的に期待できれば受け取ることができる。また，技術的な機器類は非常に複雑な場合があり，それを使用するための説明書を必要とする場合がある。

> **設例 4**
>
> 消費者であるAが，EU加盟国の通常の店舗でミシンを購入する。帰宅してみると，説明書が中国語でしか書かれていないことに気づく。これは明らかに買主が合理的に期待できるものとはいえず，したがって，買主は不適合を理由とする法的救済手段を行使することができる。

(f) 買主が合理的に期待することのできる品質・性能

物品は，買主が合理的に期待することのできる品質および性能を有するものでなければならない。これは，他の号でカバーされないものの一般的受け皿規定として機能する。しかし，買主の主観的な期待すべてが包摂されるわけではない。

> **設例 5**
>
> AはBからヨットを購入する。Aは，当該ヨットが以前のこの種のすべてのヨットと同様に，ある国で生産されたものであるということを前提としていた。しかしながら，それは他の国で建造されたものであり，ヨットの市場価値を低下させるという事実が判明する。当該ヨットは契約への適合性を欠いている。というのは，買主の合理的な期待に適ったものではないからである。

5　不適合に対する買主の救済手段の修正

不適合履行の場合の救済手段一般については，既に「2」においてみたが，その若干の修正が「売買」の箇所でみられる。その修正の根幹にあるのが，当

事者が「消費者」か「事業者」であるのかの相違である。ここでは消費者保護の要請が強くみられ，特に消費者買主が不適合を理由として契約を解消する場合の特別規定が設けられている。

これは先述したＥＣ消費者商品売買指令（CSD3条）およびＥＣ消費者権利指令（CRD18条2項）に依拠するものである。これらの法制は，不適合履行の場合に追完が優先するシステムを採用しており，その意味では，法的救済としての履行請求権の変容した追完請求権を優先するものである。

(1) 不適合を理由とする消費者による契約の解消（Ⅳ.A.-4: 201）[29]

消費者売買契約においては，不適合の場合に買主は不適合が軽微であるときを除き，第Ⅲ編第3章第5節「契約の解消」の規定により不履行を理由として契約関係を解消することができる。その権利が本条によって消費者に対して拡大されており，その結果，消費者売買契約では，買主は不適合が軽微でない限り，いかなる不適合に対しても解除することができる。これは重大な不履行による解除の要件を著しく緩和するものである。もちろん売主に付与された追完のための期間内は，買主は直ちには解除できない（Ⅲ.-3: 202(2)・Ⅲ.-3: 204(1)(2)）。

(2) 軽微な不適合

一般的に，軽微な不適合性の入り口は，重大な不適合性のそれより低い。軽微な不適合は，重要性の低い不適合や製品全体との価値との関係で相対的に小さな欠陥を意味する。たとえば小さなひっかき傷やその他の純然たる表面上の欠陥は，通常は軽微だとされる。さらに買主にとって何ら重要でない技術的機器のわずかな不具合は，一般的には解除を生じさせない。原則として，価値や使用可能性が問題となっている不適合によりどのような影響を受けるかは，各個別ケースで決定されねばならない。使用可能性が大きく影響を受ける場合には，たとえ不具合が価値のわずかな減少しか構成しなくても，解除の基準は充たされる。軽微な不適合以上であることに反対する事実は，わずかな努力で使

---

[29] Ⅳ.A.-4:201　不適合を理由とする消費者による契約の解消
　　消費者売買契約において不適合が認められる場合には，買主は，不適合が軽微なものであるときを除き，第Ⅲ編第3章第5節（契約の解消）の規定により不履行を理由として契約関係を解消することができる。

用可能性が回復できるときである。一般的にあまり重要でない不適合自体は，回復が困難な場合には，軽微でないものとなろう。もし，売主が明確な理由なしにⅢ.-3: 202（債務者による追完：一般規定）の下で，不適合の法的救済を拒絶したという事実があれば，それは軽微な不適合か否かの問題に影響しよう。というのは，売主はそのとき既に契約関係の解消を回避する機会を与えられていたからである。

三　ウィーン国連売買条約（国際物品売買契約に関する国際連合条約：CISG）における履行・追完

既述したように，ウィーン国連売買条約（CISG）は，大陸法を継承し，本来的履行請求権を維持（30〜44・53〜59条）し，契約違反があると法的救済としての履行請求権を認める（46・62条）というシステムを採用した。もっとも現実の履行の強制に関しては，28条の規定により，本条約が規律しない類似の売買契約について自国の法によるときにも，裁判所は履行判決の発令を拒絶することが許されており，これはコモン・ローが適用される国の裁判官が，履行請求を拒否できるということを意味している[30]。

いずれにせよ，法的救済としての履行請求権（46条1項），追完請求権（46条2項・3項）の規定を備えており，まずは，46条[31]が争われた裁判例からみていく。

1　履行請求・追完請求の要件（合理的期間内の不適合の通知）

売主（債務者）の履行の提供があり，買主（債権者）が目的物を受領すると，

---

[30]　H.Kötz, Europäisches Vertragsrecht (2Aufl.), 2015, S.301.
[31]　CISG: 46
　(1)　買主は，売主に対してその義務の履行を請求することができる。ただし，買主がその請求と両立しない救済を求めた場合は，この限りでない。
　(2)　買主は，物品が契約に適合しない場合には，代替品の引渡しを請求することができる。ただし，その不適合が重大な契約違反となり，かつ，その請求を第39条に規定する通知の際に又はその後の合理的な期間内に行う場合に限る。
　(3)　買主は，物品が契約に適合しない場合には，すべての状況に照らして不合理であるときを除くほか，売主に対し，その不適合を修補によって追完することを請求することができる。その請求は，第39条に規定する通知の際に又はその後の合理的な期間内に行わなければならない。

買主は，目的物を検査し（38条），その目的物に不適合があった場合，合理的な期間内に不適合の通知をしなければならない。こうした前提で買主は，売主に対して追完請求をすることができる（46条(2)(3)）。

① 2000年3月27日　スペイン（Audiencia Provincial de Navarra）[32]

【事実】　アメリカの売主とスペインの買主が，オフィス用の水の自動販売機の売買契約を59.878,85英ポンドで締結した。物品は引き渡されたが，代金は支払われなかった。そこで売主は支払いを求めて訴訟を提起したが，買主は物品の不適合およびその修補費用の請求を主張して反対訴訟を提起した。

【判決】　判決では，物品は1997年秋に引き渡されたが，売主が代金の支払いを求めて訴訟を提起する1998年5月までに，物品の不適合について，買主は売主に通知しなかった。また買主の反対訴訟を斥けるが，その理由は，買主が不適合を売主に知らせることなく自己修補し，不適合を保証する債務の履行請求をしていないからだとする。この修補の追完請求をするには，不適合を発見してから合理的な期間内に通知をすることが必要で，1997年秋から1998年5月までの期間は合理的でないとされた。

② 2004年10月26日　フランス（Cour d'Appel de Poitiers）[33]

【事実】　スペインの売主とフランスの買主が，技術機器の売買契約を締結した。物品は引き渡されたが，買主は，物品の引渡しの遅延と不適合を理由に代金の支払いを拒否し，加えて，不履行の結果被った損害と代金との相殺を主張した。第1審売主勝訴。

【判決】　判決では，引渡しの遅滞についての買主の主張が認められなかったことに加え，不適合に関し，次のように判示された。すなわち，買主は38・39条に従って合理的期間内に通知をしていない。また，たとえ買主が物品に欠陥があるとの証明に成功したとしても，最終請求書の発行から13か月後の不適合の通知は適時になされたものとはいえないとされた。

③ 2009年2月26日　イタリア（Tribunale di Forlì）[34]

【事実】　1999年，イタリアの会社が4台の給水タンクとその関連付属品を

---

[32]　Audiencia Provincial de Navarra (Spain), 27.03.2000.
[33]　Cour d'Appel de Poitiers (France), 26.10.2004.
[34]　Tribunale di Forlì (Italy), 26.02.2009.

エジプトの会社に供給・引き渡すことに合意した。買主は，設備の一部が不適合であると主張した。

【判決】　判決では，目的物の引渡しの13か月後になされた買主による不適合の通知は，39条に従うと合理的ではないとされた。

④　1994年11月9日　ドイツ（Landesgericht Oldenburg）[35]

【事実】　ドイツの買主は，イタリアの会社からトラックを据えるための6個の台を購入した。その台のうち5個が契約に適合しておらず，修理のために売主に戻された。修理がなされ買主に引き渡されたが，代金が支払われなかった。そこで売主が代金とその利息の支払いを求めて提訴した。買主は修理が不奏功であったとの抗弁を提起した。

【判決】　判決では，買主は53条に従って購入代金を支払わねばならないとされた。そして，買主は売主によって修補された物品がなおも不適合であるということを再度売主に通知しなければならない（39条）ところ，これを怠ったので，不適合に依拠することはできないとされた。つまり，失敗した修補は，また新たな契約の不履行であり，売主の契約違反を理由とする買主の法的救済手段の行使にはまた新たな通知が必要であるとされた。

⑤　2002年1月14日　オーストリア（Oberster Gerichtshof）[36]

【事実】　ドイツの売主とオーストリアの買主が，売主により特注製造される冷却システムの売買契約を締結した。約定では不適合の売主への書面による通知を引渡し後8日以内にすることとされていた。売主の引渡しの遅延の結果，ドイツの建造の現場で引き渡されたが，買主の大まかな検査で腐食や仕上げの拙さといった欠陥が直ちに売主に通知された。その後，低性能，高雑音，その他の技術的な欠陥が見つかり売主に通知された。そして売主により修補がなされたが，不成功に終わった。そこで，買主により代替品給付請求がなされたが，売主はこれを拒否した。

【判決】　買主は，見つかった多様な欠陥の通知を適時にしなかったという売主の異議に対して，判決では，買主が引渡し後直ちに物品を検査して発見することができる欠陥に関しては，約定にある8日以内の通知がなされている。通

---

[35]　Landesgericht Oldenburg (Germany), 09.11.1994, 12 O 674/93.
[36]　Oberster Gerichtshof (Austria), 14.01.2002, 7 Ob 301/01t.

知期間後にしか発見できないようなすべての潜在的な欠陥に関しては，38・39条に従い，発見後合理的な期間に通知されているとされた。そして，合理的な期間とは，各ケースの状況によるのであり，特に買主の会社の規模と構造，検査される物品の特徴および量，検査に必要な行為（努力），選択された法的救済手段の種類等によるとされた。

2　履行請求権

追完（修補・代替品給付）請求ではなく，履行請求権が行使され，これが認められたケースが，原則として特定履行を認めないコモン・ローの国アメリカの裁判所においてみられる。

⑥　1999年12月7日　アメリカ（U.S.District Court of Illinois）[37]

【事実】　アメリカの卸売業者とドイツの貿易業者がウクライナの製造業者から鋼棒の購入のための合意を目指して交渉に入った。交渉中両当事者はいくつかの項目において合意に至った。支払いのために発行された信用状の修正を買主が拒絶したため，売主は反対債務の履行がなされないことをおそれ物品を他で売却した。そこで買主は履行期前の契約の不履行を理由として訴訟を提起し，売主の債務の特定履行の請求および損害賠償を請求した。

【判決】　判決では，契約は締結されていたということが認定された後，もし信用状が修正されなければ，契約上の債務の履行がなされないのではないかという売主のおそれは，売主が明らかに契約の履行期の前に契約違反をするつもりだったので，履行期前の不履行に該当する。そして修正が求められた信用状の部分は本質的な部分であり，売主のその要件の修正の主張は重大な違反となる（25条）。買主の特定履行の訴えに関しては，この救済は一般的に認められる（46条1項）ものであるが，国内法のPar.2-716(1)UCCの解釈に従うと，買主が同種の物を市場で得ることの困難を証明すると認められるとし，買主の主張が認められた。

3　特定の目的

物品の適合性に関しては，一般的には，物品の通常の目的，つまり同種の物

---

(37)　U.S.District Court of Illinois (USA), 07.12.1999, 99 C 5153.

品が通常使用される目的に適したものであることが求められる（35条(2)(a)）。また，買主が契約締結時に売主に対して明示的または黙示的に知らせていた特定の目的に適したものであることが求められる場合がある（35条(2)(b)）。このように物品の適合性に関しては，客観的要件または主観的要件に適合することが求められる。特に特定の目的への適合性を求める場合には，相手方にその特定の目的を知らせておく必要がある。

⑦　2004年4月28日　スペイン（Audiencia Provincial de Barcelona）[38]

【事実】　公的事業計画に関与するポルトガルの買主が，スペインの売主と下水処理ネットワークのための金属製カバーの二つのモデル（DeltaおよびTransitと呼ばれる）の購入について契約を締結した。買主はデルタカバーが売主のカタログに示されている抵抗標準に適合しておらず，かつポリウレタンシールに欠陥があると主張し，さらにトランジットカバーは売主に知られていた買主の目的にきわめて適応しないものであるうえ，抵抗不足であると主張し，売主に対して訴訟を提起した。第1審売主勝訴。

【判決】　デルタカバーに関しては，売主が46条2項・3項に従い，デルタシールの交換をしており，契約違反はないとされた。トランジットカバーに関しては，買主の35条2項b号に基づく請求を認めなかった。その理由は，売主はカバーが適合する仕様について通知されておらず，さらには，売主が高い品質水準を保証したという事実は，買主の特定の必要性を知っているべきであったということを意味しないとされた。結論としては，トランジットカバーの抵抗不足は重大な違反（25条）ではあるが，両当事者の損害への寄与度が勘案され，トランジットカバーの支払額が50％減額された。

⑧　1995年4月26日　フランス（Cour d'Appel de Grenoble, Chambre Commerciale）[39]

【事実】　フランスの売主とポルトガルの買主が，中古格納庫の売買および解体について契約を締結した。代金は3回に分割して支払われることになっていたが，買主は初めの2回分しか支払わず，格納庫の再組立に用いることのできない何か所かの金属部分の不適合を主張して，残額の支払いを拒否した。売主は欠陥部分を修理したが，買主は売主が新しい金属部分を供給することを約束

---

(38)　Audiencia Provincial de Barcelona (Spain), 28.04.2004, 862/2003.
(39)　Cour d'Appel de Grenoble, Chambre Commerciale (France), 26.04.1995, RG 93/4879.

第2部　民法新規定と比較法

したとして，これを受け取らなかった。売主は代金の残額を求めて訴訟を提起したが，これに対して買主は契約の解除を主張した。第1審売主勝訴。

【判決】　判決では，売主は不適合の金属部分を引き渡した点において契約違反をしたとされる。つまり，欠陥部分は売主に知られている特定の目的（元々あった状態に格納庫を再組立すること）に適合していない。しかし，不適合は格納庫のほんの一部であり，しかも売主は欠陥部分を修補することができたであろうことから，不適合は重大な違反とはならず（25条），買主は契約を解除することはできない（49条）。売主は46条3項に従って，修補をしており，48条1項の適用により，買主は適合した物品を遅滞して受け取り，2項の運送の手配をしなければならない事情を考慮して，売買の全体的価値の10％の損害賠償が認められた。

4　追完（代替品給付・修補）請求

追完には，不足分の追加給付の場合を除くと，修補と代替品給付との二つの方法がある。一般的に買主にとって，より望ましいのは，完全に別の新しい物品の給付である代替品の引渡しの方である。ウィーン国連売買条約（CISG）制定当時（1980年）は，今日と比較し国際取引における運送の困難さもあり，追完の中の代替品給付に限り，重大な契約違反であることが要件とされた。今日では，当時と比較して格段に運送の迅速性と安全性が増しているが，要件の変更はなされていない。

⑨　1995年6月9日　ドイツ（Oberlandesgericht Hamm）[40]

【事実】　ドイツの買主が，イタリアの製造業者に建物に設置する19個の窓を注文した。窓の引渡し・設置の後，その中のいくつかに欠陥が見つかった。買主の求めに応じ，売主は自己の費用で，買主により設置される新しい窓枠を引き渡した。契約代金の一部が支払われないまま残ったので，売主は，残代金の支払いを求めて買主を提訴した。買主は，代替の窓枠設置の費用との相殺の反対請求をした。第1審売主勝訴。

【判決】　判決では，本件では新しい窓枠の給付が，代替品給付なのか修補なのかは決定する必要はないとされた。いずれにせよ，売主は自己の費用で，請

---

(40) Oberlandesgericht Hamm (Germany), 09.06.1995, 11 U 191/94.

第1章　本来的履行請求権と法的救済としての履行請求権

求に応じて適合した窓枠を引き渡しており，その結果，買主に設置の費用の返還請求が認められた。

⑩　2007年5月11日　ポーランド（Supreme Court of Poland）[41]

【事実】　ドイツの買主が，ポーランドの売主とドイツの靴製造業者に供給される予定の特殊な皮4400㎡に関し売買契約を締結した。靴製造業者から物品が不適合であるという通知を受け，買主はそれを売主に通知し，品質管理保証と代替品給付を求めた。ドイツの靴製造業者は靴を買主に返還した。売主に代替品給付を拒否されたため，買主は契約解除の意思表示をした。

【判決】　判決では，本件では不適合は重大な契約違反（25条）となり，買主は46条2項に基づく代替品給付請求をすることができるとされた。そして，代替品給付がなされるまでは買主は自己の債務の履行を停止することができる（71条）とされる。結論として，46条2項・71条に違反するとし，高裁に差し戻された。

⑪　1998年1月29日　フランス（Cour d'Appel de Versailles,12ème chambre 1ère section）[42]

【事実】　1990年にイタリアの売主がフランスの売主と2台の高度技術機械の売買契約を締結した。1993年買主は売主に訴状を送達し，不適合を理由とする契約解除の意思表示をした。第1審では買主が勝訴したので，売主は買主の解除の意思表示が，39・46(3)・47・49条(2)(b)に定められた合理的な期間の要件に従っていないとの理由で控訴した。

【判決】　判決では，不適合の通知は合理的期間内になされたものとされた。また，買主は不適合の通知とともに，売主に46条3項に従って欠陥の修補を求めており，売主に付与された修補のための期間は合理的な長さであり，47条1項の要件を充たすとされた。結論として，買主の解除の意思表示は49条(2)(b)(ii)に従い，付加期間の徒過後合理的な期間内になされたものと判示された。

5　売主の追完権

CISGは商事取引であることもあり，消費者買主の保護という側面もないこ

---

(41) Supreme Court of Poland (Poland), 11.05.2007, V CSK 456/06.
(42) Cour d'Appel de Versailles, 12ème chamber 1ère section (France), 29.01.1998, 56.

とから，売主に追完権（48条）⁽⁴³⁾ が認められている。この売主の追完権がどのような要件で認められるのか，裁判例をみていく。

⑫　1992年4月27日　スイス（Pretura di Locarno-Campagna）⁽⁴⁴⁾

【事実】　1988年イタリアの売主とスイスの買主が家具の売買契約を締結した。買主は居間用ソファー1セットを顧客に売ったが，その後すぐに商品には欠陥（ソファーに座るとクッションが前方にずれる）があるとの苦情があった。買主はクッションの詰め物の交換により商品を修補するとの売主の申し出を受け容れることを拒否し，契約解除の意思表示をした。さらに買主は，売主によって引き渡された別の居間用ソファーセットにも欠陥があると主張し，その修補を売主が拒絶したとして，修理費用の返還を主張した。これに対して，売主はすべての家具の全代金の回復のための訴訟を提起した。

【判決】　最初の家具の件では，買主は38・39条に従った物品の検査と不適合の通知をしておらず，契約を解除することはできないとされた。つまり，両当事者は商人であり，買主は引渡しを受けた商品を顧客の苦情に従うのではなく，自ら検査し，欠陥が明らかであれば直ちに不適合の通知をすべきであったとされた。また，売主の48条に従って詰め物を交換することによって不適合を修補するとの申し出を受け容れるべきであったとされた。なお，別の家具に関しては，買主の代金減額の権利が認められている。

⑬　1999年2月10日　スイス（Handelsgericht des Kantons Zürich）⁽⁴⁵⁾

---

(43)　CISG: 48
　(1)　次条の規定が適用される場合を除くほか，売主は，引渡しの期日後も，不合理に遅滞せず，かつ，買主に対して不合理な不便又は買主の支出した費用につき自己から償還を受けることについての不安を生じさせない場合には，自己の費用負担によりいかなる義務の不履行も追完することができる。ただし，買主は，この条約に規定する損害賠償の請求をする権利を保持する。
　(2)　売主は，買主に対して履行を受け入れるか否かについて知らせることを要求した場合において，買主が合理的な期間内にその要求に応じないときは，当該要求において示した期間内に履行をすることができる。買主は，この期間中，売主による履行と両立しない救済を求めることができない。
　(3)　一定の期間内に履行をする旨の売主の通知は，(2)に規定する買主の選択を知らせることの要求を含むものと推定する。
　(4)　(2)又は(3)に規定する売主の要求又は通知は，買主がそれらを受けない限り，その効力を生じない。
(44)　Pretura di Locarna-Campagna (Switzerland), 27.04.1992, 6252.
(45)　Handelsgericht des Kantons Zürich (Switzerland), 10.02.1999, HG 970238.1.

第1章　本来的履行請求権と法的救済としての履行請求権

　【事実】　スイスの買主とイタリアの売主が美術本とカタログの印刷・製本・引渡しの契約を締結した。買主が代金全額を支払わなかったので，売主は訴訟を提起した。買主は両当事者間で支払いの延期の合意があり，さらに売主が合意よりも品質の劣る紙を使用し，カタログのいくつかは展示に間に合わなかったという事実から生じた損害との相殺の抗弁をした。

　【判決】　判決では，買主は不履行（45条(1)(a)）を理由とする損害の回復をする権利はないとされた。理由は，売主は運送業者に期限内に物品を引き渡しており（31条），そして貨物運送をする契約上の債務はなく，運送業者の不履行に対して責任はない（79条2項）からだとされた。また，買主には代金減額権も認められないとされた。理由は，売主が追完をするときまたは買主が売主の追完の申し出を不合理な遅滞や不便がないのに拒否するときには，常に買主はそのような救済に依拠することはできないからだとされた。

　⑭　1995年6月23日　ドイツ（Amtsgericht München）[46]

　【事実】　イタリアの売主とドイツの買主が，薬品の生産のための一定量の品質を有する化学物質の売買契約を締結した。買主の営業所への引渡しの後，買主は物品を顧客に送付した。薬品製品の生産を開始するに十分な品質ではないとの顧客の抗議のため，両当事者は，売主が欠陥商品をイタリアで追完するということで合意した。物品は売主の指示のもとドイツの運送業者によって送り戻されて直ちに売主に売主の費用負担で引き渡されることになっていた。しかし物品はイタリアに到着しなかったので，買主は自己の費用でドイツにおいて処理を始め，顧客が物品なしでは薬品の生産を再開できないので直ちに処理しなければならなかったと主張した。買主は売買代金から処理費用を差し引いたが，売主は商品が時間通りにイタリアに到着していれば，イタリアでもっと低価格で物品を処理していたであろうと主張し，全代金の支払いを請求した。

　【判決】　判決では，48条の下では，売主は不合理な遅滞を招かなければ自らの費用でその債務のいかなる不履行も追完することができるとされる。本件では，物品が予定された時間にイタリアに到着しなかったので，売主の追完の試みは失敗した。買主の顧客は物品の処理の間生産を停止しなければならないため，さらなる遅延は不合理だといえる。買主は売主の指示に従って商品をイ

─────────
[46]　Amtsgericht München (Germany), 23.06.1995.

133

タリアに向けて返送したのであり，運送業者の債務の履行に対して責任はなく（80条），売主が不履行の追完権を行使していたのだから，買主は欠陥商品の処理費用を損害として回復できるとされた。

6 売主の追完権と買主の解除権

ウィーン国連売買条約（CISG）では，買主に46条1項で履行請求権，2項で代替品給付（追完）請求権，3項で修補（追完）請求権が認められている。また重大な契約違反（不履行）等一定の要件を充たす場合には，契約解除権が認められている（49条）[47]。これに対して，売主には48条で追完権が認められている。そこでこれらの関係，特に売主の追完権と買主の解除権をめぐって争われるケースも多い。以下，これに関する裁判例をみておく。

⑮　1998年9月24日　ドイツ（Landgericht Regensburg）[48]

【事実】　イタリアの売主とドイツの買主が，布地の見本売買契約を締結した。物品が引き渡された時，買主は物品が見本に適合していないと苦情を述べ，売主に問題のない物品を引き渡すようさらに14日間の期間を付与した。売主は他の見本を買主に送付したが，買主はその受領を拒絶した。売主は購入代金の支払いを求めて訴訟を提起した。

【判決】　判決では，買主は購入代金を支払わなければならないとされた。理由は，布地は一般的にスカートを作るのに適したものであり，通常この目的の

---

(47)　CISG:49
　(1)　買主は，次のいずれかの場合には，契約の解除の意思表示をすることができる。
　　(a)　契約又はこの条約に基づく売主の義務の不履行が重大な契約違反となる場合
　　(b)　引渡しがない場合において，買主が第47条(1)の規定に基づいて定めた付加期間内に売主が物品を引き渡さず，又は売主が当該付加期間内に引き渡さない旨の意思表示をしたとき。
　(2)　買主は，売主が物品を引き渡した場合には，次の期間内に契約の解除の意思表示をしない限り，このような意思表示をする権利を失う。
　　(a)　引渡しの遅滞については，買主が引渡しが行われたことを知った時から合理的な期間内
　　(b)　引渡の遅滞を除く違反については，次の時から合理的な期間内
　　　(i)　買主が当該違反を知り，又は知るべきであった時
　　　(ii)　買主が第47条(1)の規定に基づいて定めた付加期間を経過した時又は売主が当該付加期間内に義務を履行しない旨の意思表示をした時
　　　(iii)　売主が前条(2)の規定に基づいて示した期間を経過した時又は買主が履行を受け入れない旨の意思表示をした時

(48)　Landgericht Regensburg (Germany), 24.09.1998, 6 U 107/98.

ために使用される物品の説明に合致している（35条(2)(a)）からだとされる。実際，買主は布地が特定の性質を持たねばならないということを売主に通知していなかった（35条(2)(b)）。さらに布地は買主に示された見本の品質を備えていた（35(2)(c)）とされた。そして，買主は売主によって提供された他の見本を試みることを拒絶して，欠陥の性質を特定することなく履行のための付加期間（14日間）を定めたにすぎない。これは48条に定められた追完権を買主が売主から奪ったことになる。したがって，買主は49条(2)(b)(ii)・(iii)に従って契約を解除することはできないとされた。

⑯ 1997年1月31日 ドイツ（Oberlandesgericht Koblenz）[49]

【事実】 オランダの売主とドイツの買主が，いくつかの異なった種類の織物（アクリル毛布）の売買契約をした。引渡しから4日後，買主は物品に量の不足および不適合があるとの通知をした。買主はまた，買主にドイツにおける織物の排他的独占販売権を認める，両当事者間での以前締結された独占販売権の合意に違反したとして，代金の支払いを拒絶した。売主は代金全額の支払いを求めて訴訟を提起し，買主は不適合を理由とする損害と相殺するとの反対訴訟を提起した。第1審売主勝訴。

【判決】 量の不足に関しては，買主は不足する毛布の種類を特定しておらず，39条1項に従った不適合の性質の十分な特定をしていないため，51条1項に従った解除の意思表示はできないとされた。また，不適合に関して，売主が48条に従って，代替品を引き渡すことによる売主の追完の申し出を，買主は不当に拒絶していることから，本件では重大な契約違反はなかったとされた。この結果は，解除権は売主の追完権に優先するとの48条1項に従った表現に反するものではない。というのは，重大な契約違反のケースでのみこの優先が機能するからであるとされた。独占販売権の合意違反に関しては，その違反を知った時から合理的期間内に解除の意思表示をしていないので，この権利を失った（49条(2)(b)(i)）とされた。不適合品の引渡しから生じた買主の損害賠償の請求に関しては，80条に従うと，買主は売主による不適合品の追完を妨げており，この権利を失ったとされる。

---

[49] Oberlandesgericht Koblenz (Germany), 31.01.1997, 2 U 31/96.

四　日本法における本来的履行請求権，法的救済としての履行請求権・追完請求権[50]

1　履行請求権

(1)　履行請求権，履行不能

「一」において既にみたように日本民法においては，現行法および改正法においても本来的履行請求権の明示の規定を欠くが，大陸ヨーロッパ法を継承し，本来的履行請求権を債権の基本的効力として認めていると考えられる。債権・債務の成立により，債権者が債務者に本来的履行を請求することができるが，債務者の不履行があった場合に重要な意義を持つのが，法的救済としての履行請求権（追履行請求権）である。改正法では，第412条の2第1項において「債務の履行が契約その他の債務の発生原因及び取引上の社会通念に照らして不能であるときは，債権者は，その債務の履行を請求することができない。」として履行請求権が排除されている。ここでは「不能」の類型化が放棄され，逆に「取引社会通念上の不能」に統合されたような形となっている。これまでの判例・実務における類型的処理が否定されたわけではなく，改正後は，これまでの類型をさらに精緻なものへと高めていくべきであろう。つまり，「取引社会通念上の不能」を類型化して，(a)物理的不能，(b)法律的不能，(c)事実的不能，(d)経済的不能，といったような類型化に従った処理をしていくべきである。共通参照枠草案（DCFR）のコメンタールにみられる「不可能，違法」すなわち，ある行為を現実にすることができない。つまり不可能（不能）だといえる場合，または法律によって禁止されており，これを為すことは違法とされる場合，さらに債務の対象に対して第三者が優先権を取得した場合には，履行の請求・強制は認められない，というところは，(a)物理的不能，(b)法律的不能に該当する。

---

(50)　これらに関する近時の邦語文献としては，特に以下のものを参照。野澤正充「瑕疵担保責任の比較法的考察(6)」立教法学91巻（2015年）30頁以下，藤田寿夫「債権法改正案における瑕疵担保と債務不履行」法律時報87巻8号（2015年）93頁以下，矢野領「民法（債権法）改正が与える裁判実務への影響：瑕疵担保責任（売買）の裁判例の検討から」法律時報87巻1号（2015年93頁以下，田畑嘉洋「ドイツにおける買主の追完請求権と売主の追完拒絶権の関係について」九大法学109号（2014年）1頁以下，古谷貴之「ヨーロッパ共通売買法規則提案における追完制度について」産大法学48巻3・4号（2015年）161頁以下，青野博之「追完費用が過分である場合における注文者及び買主の損害賠償請求──ドイツ請負法及び売買法──」（駒澤法曹12号，2016年）77頁以下。

そして,「不合理な負担,不合理な費用」すなわち,債務者にとって履行が不合理なほど負担となるかまたは不合理なほど多額の費用を要する場合には,履行請求権は排除される。それは経済的負担のみにとどまらず,それよりも広く,不相当な努力,苦痛・苦悩・不便の原因となったものを含む,とされるところは,(c)事実的不能,d経済的不能 に該当すると考える。

(2) 原始的不能

これまで判例では,原始的に不能な契約は,無効である[51]とされてきたが,比較法的には,統一法秩序では,契約締結時にその契約上の債務の履行が不能であったという事実のみで契約の有効性は影響を受けない[52]とされている。

日本の現行法でも,たとえば他人物売買で,法律的不能であっても,契約は有効であるとして,契約締結後に目的財産を取得したり,処分権限を取得した場合を想定した規定が設けられているともいえる。改正法では,「契約に基づく債務の履行がその契約の成立時に不能であったことは,第 415 条の規定によりその履行の不能によって生じた損害の賠償を請求することを妨げない。」(第 412 条の 2 (2)) とされ,その効果として,損害賠償請求のみがあげられている。しかし,社会通念上の不能の明文規定が設けられたわけであるから,よりいっそう,原始的不能の契約の有効性を前提とした規定が望ましかったのではないかと思われる。原始的に不能な契約が,その後の社会状況の変化等によって,実現「可能」となる場合があるのではないか。たとえば,法律によって販売が禁止されていた目的物の売買において,その法律が廃止された場合,法律によって禁止されていた目的物の輸出入禁止が解除された場合,売買の目的物の指輪を海に落としてしまって,その引揚げは技術的には可能であるが,その引揚げには過分の費用を要する場合で,契約が解除されていないため,自己の信用を保持したい債務者が過分の費用を賭して目的物を引き揚げ履行の提供をしたとき,これらのケースでは,債務の履行は,原始的に不能であるが,契約が解除されない限り,債務者による履行の実現を認めてもよいのではないか[53]。なぜ

---

[51] 最判昭和 25 年 10 月 26 日民集 4 巻 10 号 497 頁。
[52] たとえば,DCFR: II.-7: 102.
[53] 石崎泰雄『新民法典成立への扉——法制審議会の議論から改正法案へ——』(信山社,2016 年) 262 頁。

なら，契約を締結した債権者と債務者とは，契約目的実現のため信義に従い誠実に，それぞれに課される様々な義務を協力して果たしていくべき契約関係という信頼関係の渦中に身をおいているからである[54]。債権者が契約を解除していれば，債務者はもはやその債務の履行の実現はできないが，債務者が，債権者利益の実現という目的に向かって，履行の提供をしてきたときに，債権者が履行の提供を拒むことは，信義誠実の原則に反するといえるのではないか。比較法的にも，また改正法の法体系でも，履行の実現を優先する法制度が採用されており，履行を実現する方向が望ましいのではないかと考える。

この意味で，やはりここ第412条の2第2項では，規定にはその文言はないが，「契約上の債務の履行が不能であったという事実のみで契約の有効性は影響を受けない。」ということをその根底に置いた解釈をすべきではないかと考える。

2 追完請求権

改正法では，共通参照枠草案（DCFR）でみられるような追完に関する規定は，債権総論には置かれず，もっぱら債権各論の売買や請負の規定におかれる。そこで，ここでは売買における買主の追完請求権に焦点を当ててみる。

債務の不履行がある場合，債権総論で法的救済としての履行請求権が問題となるが，追完請求権が問題となるのは，「引き渡された目的物が種類，品質又は数量に関して契約の内容に適合しないものであるとき」（第562条1項），つまり契約不適合の場合である。この不適合の判断に関しては，当該売買「契約の内容及び取引上の社会通念に照らして」判断されるべきである[55]。具体的には共通参照枠草案の規定が参考になる。ⅰ）特定の目的への適合性，ⅱ）通常使用される目的への適合性，ⅲ）見本またはひな形との品質の一致等（Ⅳ.A.-2:302）である[56]。

そして追完請求権の内容は，目的物の「修補，代替物の引渡し，不足分の引渡し」である。これまで「比較法」の箇所でみてきたように，特にＥＣ消費者

---

(54) 石崎・前掲注（53）『新民法典成立への扉』274頁。
(55) 石崎・前掲注（53）『新民法典成立への扉』279頁。
(56) 石崎・前掲注（53）『新民法典成立への扉』279頁。

商品売買指令（CSD）以後の統一法秩序では，不適合の場合にまず，債務者（売主）に追完の機会を付与し，履行実現を優先する途が開かれている。実は，改正法では，こうした方向に沿った法制度が採用されているとの評価もできる[57]。つまり，不適合を含める催告解除の原則（第541条）が採用されたことにより，債務の不履行がその契約および取引上の社会通念に照らして軽微であるときを除き，売主に追完の機会を付与しなければ，減額請求や解除権の行使ができない[58]。これは，共通参照枠草案（DCFR）が，消費者買主が不適合を理由として契約を解消する場合の特別規定（Ⅳ.A.-4: 201）に対応する構成といえる。そしてこれは科学技術が進展し，追完が容易となる現代および将来の社会の状況に即応した法制であり[59]，統一法秩序でみられるような履行請求権（追完請求権）の優先の原則が採用されたといえるのではないかと考える。

---

(57) 石崎・前掲注（53）『新民法典成立への扉』277頁。
(58) 石崎・前掲注（53）『新民法典成立への扉』280頁。
(59) 石崎・前掲注（53）『新民法典成立への扉』280頁。

第 2 章　損害賠償責任と帰責事由

　契約などにおいて債務者にその債務の不履行があり，その結果，相手方である債権者に損害が発生する場合に債権者には損害賠償請求権が認められる。もっともこの損害賠償請求権は常に認められるわけではなく，債務者がその不履行に故意・過失などの責めに帰すべき事由のないことを主張・立証すれば，債務者は損害賠償責任から解放される。これが民法 415 条の基本的な構成である。

　損害賠償責任においてこの「責めに帰すべき事由」は，きわめて重要な要素であり，その内容を解明する努力がなされてきた。殊に下級審を含めた裁判例の詳細な分析(1) により，「責めに帰すべき事由」は，故意・過失にとどまらないものが含まれた幅広い柔軟な概念であるとされる。判例・実務では現実の争いに際し，損害賠償請求に対する免責を認めるに妥当と考えられる事例であるかどうかを決定する基準として，この概念が用いられてきたわけであり，その結果，幅広い柔軟なものとして捉えられたことは，結論の妥当性を導く上では有益な道具立てとして用いることができたといえよう。逆にこのことは，条文の文言の適用に際しての確定性・予測性に欠けるものであり，理論的には明確性・精緻性を欠くものだともいえよう。

　民法 415 条制定の経緯に関しては，かつて示した(2) ように，当時のスイス債務法，フランス民法ほか関連する十数か国の法律等を基にして形成された比較法の所産といえるものであった。その際免責に関する当時の世界的潮流である，「不履行」から「過失」へという傾向が十分に認識されながらも，債務者の「故意・過失によって履行をすることができなくなったとき」に損害賠償請求が認められるとはされずに，「債務者の責に帰すべき事由によって履行をすることができなくなったとき」に損害賠償請求が認められるというように，「責めに帰すべき事由」のないことが免責のためのタームとして採用された。ここ

（1）　長尾治助『債務不履行の帰責事由』（有斐閣，1975 年）。
（2）　石崎泰雄『契約不履行の基本構造──民法典の制定とその改正への道──』（成文堂，2009 年）4 頁以下。

に前述の判例の適用の展開の基礎があったとの評価もできよう。

いずれにせよ，当時の日本が参考とした大陸法の法制では，いずれの諸国でもこのような損害賠償責任とその免責という構成が採用されている。そこで以下において，まず諸国の法状況を概観することから始めたい。

一　諸国の損害賠償責任と免責の概観[3]

1　過失責任主義[4]

債務不履行に基づく損害賠償において，「不履行」と「免責」との関係で，基本的に債務者に「故意・過失」のある場合に損害賠償責任を負うとする法制を採用する代表例としてドイツ民法276条1項が挙げられる。

しかし，それは原則として過失責任主義を採用するということであり，当事者間で特段の「定め」があれば，それによることになる。また当該「債務関係又は調達の危険の引受け」があれば責任は重くなる旨の例外規定も同時に定められている。こうしたドイツにおける過失責任主義の原則に対する例外は実体として実に多くのものがあるとされている。

まず，第一の例外として，債務の履行のために金銭が欠如する場合は過失がなくても責任を負わねばならない。特に金銭債務等において債務者の経済的履行能力に関しては，債務者はすべての場合に責任を負わねばならない。そこで，売買代金の支払い，賃金や賃料の支払いに関して，金銭の欠如を理由とする免責は認められない。このことからさらに，売買契約における目的物の引渡しに関しても，その目的物を第三者から取得するのに金銭が不足していたため取得できず相手方に引渡しができないという場合や，建物の建築を請け負っていて資金の不足で建設資材を確保できなかった場合，作業用機械を借りられなかったために予定期に完成させて引き渡すことができないという場合も免責は認められない。

第二に，BGB276条の規定に対し，民法典や他に特別規定が設けられている場合がある。たとえば，賃貸借契約において契約時に既に賃貸借目的物に瑕疵があって，そのためそれが原因で賃借人に損害が生じたような場合，賃貸人は

---

(3) 以下の叙述に関しては主として，H. Kötz, Europäisches Vertragsrecht (2.Aufl.), 2015 を参照。
(4) 以下の叙述に関しては特に，Kätz, a.a.O., Fn.3, S.358ff. を参照。

最大の注意を用いても回避できなかった場合でなければ，過失がなくても損害賠償をしなければならない（§536a BGB）。また，運送契約における運送人の責任も最大の注意を用いても回避できないことを証明したときにのみ免責される（§426 HGB）。

　第三に，BGB276条1項の規定にもある「調達危険の引受け」の場合である。この場合，契約で定められた種類の目的物を引き渡さねばならないが，その引渡しができないと，基本的には当該種類物が存在せずそのことに自己の責任がないということを証明しない限り損害賠償責任を負う。

　第四に，これもBGB276条に規定されている「保証の引受け（損害担保：ギャランティー責任）」が挙げられる。保証の引受けとは，契約遂行のために必要な履行能力・知識・設備等を有すること，売買目的物の引渡しに特別な許可が必要でないことなどである。

　こうしたギャランティー責任の契約による明確な合意が存する場合に加えて，明確な合意がない場合にも，このギャランティー責任は契約の補充的解釈によって当事者意思が確認される。その際，条文上「債務関係その他の内容」から推知することができるわけであるから，商慣習，取引慣行，契約に付随する状況等が顧慮される。

　この関係で特に重要なのが，売買目的物の性質についてギャランティー責任を負ったかどうかというものであり，明示の合意を欠く場合にはこの補充的契約解釈の手段で，契約上前提とされた性質または通常の使用に適した性質を持つということを認めうる。売主が物の一定の性質をギャランティーし，またギャランティーをするという認識があれば，売主のギャランティー責任が認められる（BGH 29.Nov. 2006, BGHZ 170, 86, 92.）が，さらに買主が売買目的物の性質についての説明事項を無条件に信頼し，それと結びついた危険を合理的な費用で回避するとか，そこから生じる不都合な結果を阻止するといった状況にはないということを，売主がその特別の専門知識と経験を用いることで認識しうる場合にも認められる。

　また売買や請負において，売主や請負人が，瑕疵ある製造物をその製造者から入手した場合は，ドイツの判例では調査義務の存否で区別がなされている。調査義務がある場合には，瑕疵が調査によっては明らかにならなかったという

ことを示さねばならず，実際にはその証明はきわめて困難である。これに対して売主が，調査に要する専門知識や設備を欠く場合や，調査すれば当該物を損傷して売却ができなくなるような場合には調査義務はないとされる（OGH JB1 1979, 653; OGH JB1 1987, 385）。

いずれにせよ理論的には，売主や請負人が，製造者に起因する目的物の瑕疵の場合に免責されるという構成は，世界的にみてかなり異質なものであり孤立したものだとされる。たとえば，オランダの判例（HR 27. April 2001, Ned. Jur. 2002, 1461(Nr.213)）では，売主が製造者から化学工場で完成されて包装されバラ栽培家の買主に瑕疵ある有害植物根絶剤を引き渡したときに，売主は瑕疵を知らなくても知り得た場合でも瑕疵の危険を取引において引き受けているため損害賠償をしなければならないとされる。

2　手段債務と結果債務[5]

「1」でみた過失責任の原則に相当するものとして，フランス民法では，同じ状況に置かれた注意深い者が期待されるあらゆる手段を果たすべき「良家父の注意義務」なるものが規定されている（Art.1137C.c）。これは債務者が契約内容により負う「手段債務」の基本となるものであり，債権者が債務者の取引に必要な注意義務の違反があったことを証明しなければならないが，判例では，債務者が取引に必要な注意を果たしたことを証明できるときにのみ免責を認めるとする領域が拡大されている。

手段債務の代表的なものとしては，業務の処理を約束する弁護士・公証人・税理士・医師などが，専門家として委任者に対して行うものがある。ただ，契約類型で手段債務か結果債務かが決まるわけではなく，その契約類型の中の個々の債務の内容によって決定される。

これに対し，結果債務は，債務者が契約を果たさないか遅滞したときに不可抗力を証明できない限り損害賠償をしなければならない（Art.1148C.c）とする厳しい責任である。注意義務を果たしたということによって責任を免れることはできず，契約上の約束した結果の招来を妨げたのは，「不可抗力」であり，そのことを予見できずかつ最大の努力によっても回避することができなかった

---

[5]　以下の叙述に関しては特に，Kätz, a.a.O., Fn.3, S.364ff. を参照。

ときにのみ免責される。たとえば，売買契約で目的物を引き渡すことを契約した売主は結果債務を負い，請負契約では，建築請負人および建築家は結果債務を負う（Art.1792C.c）。また売買目的物に隠れた瑕疵があった場合には特別規定があり，隠れた瑕疵のギャランティーに違反するとされる（Art.1641C.c 以下）。さらに判例では，同種の物を売ることを常としている売主は，過失がなくても完全な損害賠償責任を負うとされている。

3　契約違反[6]

　大陸ヨーロッパ法とは異なり，コモン・ローにおいては，契約は原則としてギャランティー約束として理解され，債務者が契約上の履行の約束を果たさないと「契約違反」だとされ，厳格な損害賠償責任を負うことになる。こうした厳格責任は，売買代金や賃金，賃料といった金銭債務の支払いの場合や，売買契約における目的物の売主による引渡し，請負人の建物の建築などの債務すべてにおいて，当事者間にこれと異なる合意のない限り，履行を適宜に行い，契約に適合した状態をもたらすことに責任を負うとされるものである。

　また，売買契約における目的物の瑕疵，たとえば病原菌で汚染されたミルクの給付の場合には，売主が最善の注意を払ってもそれを認識できなかったということを証明することができても損害賠償責任を負わねばならず，建築請負において，製造者が欠陥ある物を供給し，これを用いて建築物を完成させた場合，この欠陥が注意深い調査をしても発見できなかったということを証明することによっても免責されない（G.H. Myers v. Brent Cross Service Co. [1934] 1K.B.46, Young & Marten Ltd. v. McManus Childs Ltd. [1969] 1 A.C.454.）。

　もちろん契約不履行が，自然災害，戦争，労使紛争等一定の履行障害による場合に，債務者が責任を負わないとする契約上の合意は通常のことであり，明示的な合意のない場合であっても契約の補充的解釈によって免責が認められることがある。この嚆矢が，Taylor（Taylor v. Caldwell (1863) 122 Engl. Rep. 309, 314.）判決であるが，フラストレーション理論により契約締結後にいずれの当事者も危険を負担しない予想しなかった事情の変化により，契約履行が不能となるかきわめて困難なものとなるときに，契約への拘束から解放され，契約違

（6）　以下の叙述に関しては特に，Kätz, a.a.O., Fn.3, S.369ff. を参照。

反を理由とする責任も解消される。

　コモン・ローでは，一般的に厳格な責任を負うが，必要とされる注意義務に違反したときのみ損害賠償責任を負う場合がある。医師，弁護士，公認会計士，投資コンサルタント，鑑定家が役務を約束したときは，契約によって負うものは一定の結果の達成ではなく，その者が期待される注意義務，すなわち合理的な注意義務を果たせば「契約違反」とはならない。その場合には契約上の約束の限定が問題とされており，契約違反がないということになる。

二　統一法秩序

　「一」において，理論構成の相違という側面から三つの異なる国内法制をみた。一つは，ドイツ法に見られる「過失責任主義」を原則とする法制度である。BGB276条1項において，債務者は，故意・過失によるその債務の不履行について責任を負うとする過失責任の原則が宣明されている。しかし，同時にそこでは，より責任を重くする例外が数多く認められている。

　フランスでは，より重い責任，つまり契約の不履行があった場合には，不可抗力を理由に免責されない限り責任を負わねばならないとする結果債務が中心となっており，それに合理的な注意義務が求められる手段債務が加わる。

　コモン・ローはギャランティー責任であり，契約違反があれば損害賠償責任を負う。しかしその場合にも，フラストレーションの法理などにより，いくつか免責が認められる場合がある。また，契約において合理人の注意を払うことのみを約束し，この注意義務を遵守すれば契約違反は存せず，契約責任がないという場合もある。

　このようなコモン・ローと大陸法との間の相違は，表面上対立する理論が示すほどには重要なものではない[7]といわれることがある。また，大陸法といっても，フランス法とコモン・ローは結論的にはかなり一致する。ドイツ法の過失責任の原則とフランス法およびコモン・ローとは，理論的には対極的な位置にあるが，具体的事例の結論としてはほぼ一致する。ごく一部に結論の相違がみられるにすぎない。

　ここに世界的に通有する統一法秩序を築く基礎が存するといえる。20世紀

（7）　G.H.Treitel, Remedies for Breach of Contract (1988) p.9.

の前半から国際的取引に関し統一法制定への模索がなされてきたが，1980年に，企業間の国際取引に関する国際的統一規定（ウィーン国連売買条約[8]）の成立をみた。その後，これを基本的なモデルとして国際的商事取引の統一規定であるユニドロワ国際商事契約原則[9]，また商取引に限らず主としてヨーロッパにおける契約法の原則を示したヨーロッパ契約法原則[10]が形成された。さらにこれらに依拠して最近では，共通参照枠草案[11]や共通欧州売買法草案[12]が作成されている。

そして，今ここに問題としている損害賠償と免責に関しても，これらには共通した規律が採用されている。その嚆矢であり日本も加盟するウィーン国連売買条約第79条1項においてその基本構成を確認すると，それは次のようなものである。すなわち，「当事者は，自己の義務の不履行が自己の支配を超える障害によって生じたこと及び契約の締結時に当該障害を考慮することも，当該障害又はその結果を回避し，又は克服することも自己に合理的に期待することができなかったことを証明する場合には，その不履行について責任を負わない。」

ここに示された損害賠償責任の免責の要件は，履行障害という客観的要件と契約締結時におけるその予見の合理的期待不可能性，結果回避・克服の合理的期待不可能性とである。まず，履行障害という客観的要件があることから，ドイツ法のような過失責任の原則が採用されていないということが明らかである。しかし，同時に客観的履行障害を前提としながら，予見の合理的期待不可能性と結果回避の合理的期待不可能性という合理的注意義務の主観的要件が入れられており，これは過失認定の判断と共通する要件といえる。

これらの統一法秩序では，基本的には債務者は何らかの契約の不履行があった場合，その不履行によって生じた損害を賠償しなければならないのが原則である。しかし，その場合にも契約に基づいて，同じ状況にある合理人により契

---

(8) United Nations Convention of Contracts for the International Sales of Goods (CISG), 1980.
(9) Unidroit Principles of International Commercial Contracts (PICC), 2010.
(10) Lando/Beale, Principles of European Contract Law (PECL), Parts Ⅰ & Ⅱ, 2000.
(11) von Bar&Clive, Principles, definitions and model rules of European private law: draft common frame of reference (DCFR), 2009.
(12) Proposal for a REGULATION OF THE EUROPEAN PARLIAMENT AND OF THE COUNCIL on a Common European Sales Law (CESL), 2011.

約目的を達成することを期待されることを引き受けていることのみが義務づけられる[13]といったことも生じる。

以下，本章では，共通参照枠草案と共通売買法草案の損害賠償と免責に関する基本構成を確認しておくことにする。

1　共通参照枠草案（DCFR: Ⅲ.-3:104）[14]

(1)　要　　件

(a)　支配領域外

まず，障害という客観的要件についてであるが，自然現象，公権力による抑止，第三者の行為等あらゆる種類の事象が含まれる。たとえば，金銭の支払債務において，破産は債務者の支配領域外ではないのでこれに含まれないが，金銭送付の政府による禁止は含まれうる。また，債務者の支配領域にある機械の故障は，「障害」とはならない。

特に，債務者が履行の責任を負わせた下請人といった者の不履行行為に関しては，これも当該仕事をするのに雇用できる下請人は他にはいないという場合を除いては，債務者の支配領域外とはいえないし，かつその障害が下請人の支配領域外になくてはならない。

> **設例　1**
>
> 　天然ガスを供給する国営企業の予期せぬストライキの結果，天然ガスでしかその溶鉱炉に熱を送ることのできない陶磁器の製造者が，その生産の停止を余儀なくされた。もし，本条の他の要件が満たされるならば，製造者は自分自身の顧客に対しての責任はない。不履行の原因は支配の外側にある。

> **設例　2**
>
> 　会社の被用者が，経営者に職場環境を改善させるための外国の機械を購入させようとして，予見できないストライキを決行した。しばらくの間は，この機械の入手は実際には不可能であった。会社はストライキの免責を顧

---

[13]　PICC: 5.1.4, 5.15., PECL: 6:102.
[14]　以下の叙述に関しては，本草案のコメンタールである von Bar&Clive, supra note 11, Book Ⅲ（Ⅲ.-3:104）を参照。

客に主張することはできない。というのはこの事象は支配領域外にはないからである。

債務者が履行を遅滞していなければ、その事象は債務に影響を与えなかったであろうとき、予見できない事象が債務の履行を妨げた場合には免責されない。

> **設例 3**
>
> フランスの銀行Aは、X国の銀行に7月15日までに送金するようにB会社に指示された。フランスとX国との間で、すべての金銭の送付が停止された7月18日までに、その指示は実行されなかった。銀行Aは、Bへの債務の免責を主張することはできない。送金は、もし契約で認められた時になされていれば果たすことができたからである。

(b) 予見不可能性

予見の合理的期待不可能性の主観的要件は、他の統一法秩序の規定とは異なり、1項の文言からは落とされている。しかし、2項の規定から消極的な形で一応維持されている。この要件は債務者が「合理的に」その障害を考慮することが期待できたかどうかである。たとえば、特定地域で、一年の一定の時期にその障害が発生することを予見可能であるが、それが通常は発生しない一年のある時期だと予見することは合理的にはできない。

(c) 結果回避不可能性

結果回避・克服の合理的期待不可能性の主観的要件は、債務者が「合理的に」その障害を回避・克服することが期待できたかどうかである。たとえば、地震発生地域では、通常の地震の結果は特別の建築技術で克服することができる。また債務者に対し危険の分配を超えた予防措置をとることは期待できないし、リスクを避けるために、不法な手段（たとえば、送金の禁止を回避するために資金を密輸すること）をとることも期待できない。

(2) 効　果

要件を満たす一時的な履行障害は、それが存続する間免責の効果が生じる。つまり債権者は履行請求および損害賠償請求ができない。もし、その障害が重大な不履行を導くときには、契約解除または減額請求ができる。

> **設例 4**
>
> 　AがBに倉庫を賃貸するが，その倉庫が火事によって一部損傷し一時的履行障害が生ずると，Bは全建物の占有が契約の本質的要素であった場合，賃貸借契約を解除することができる。他方，もしBが解除の通知をしないとBは占有の喪失に対する損害を得ることができないが，賃貸料は割合に応じて減額することができる。

　一時的障害は，障害の原因である状況だけではなくそれに続く結果をも意味する。それは状況自体よりも長く続くこともある。免責は債務者が履行できない期間に及ぶ。

> **設例 5**
>
> 　薬品製造の原材料を保管した倉庫が予見できない洪水に見舞われ，原材料が使用できなくなった。免責される顧客への引渡しの遅滞は，洪水自体の期間を含むだけではなく，製造者が新たな物資を入手するのに必要な時間を含む。

　遅滞自体が重大であるときには，もちろん解除が認められるが，一時的障害の場合などでは，付加期間を定めた解除を用いることもできる。

> **設例 6**
>
> 　ハンブルクの興行主が，有名なイギリスのテノール歌手とハンブルクオペラでの10月1日から31日までの出演契約をした。歌手はインフルエンザに罹患し床につかねばならなくなった（これは1項の障害を形成する）。歌手は興行主に10月10日以前にはハンブルクに行くことができないと伝えた。まる1か月間テノール歌手が出演することが契約の本質的要素であるとすると，興行主は重大な不履行を理由に解除できる。もしそうされない場合には，両当事者の債務は残存期間有効なままであり，テノール歌手の報酬がその割合で減額される。

　免責を生じさせる障害が永続的なものであるときは，債務は消滅する[15]（第4項）。不履行を理由とする通知による解除のルールに任せるよりも，むしろ

---

(15) このように自動解除を認める法制は，危険負担との関係で解除一元論を採用しようという見解に対して示唆的である。

この状況において自動的に消滅させる主たる理由は，債権者に通知による解除を要求するのは不必要であり，非現実的だからである。またそれはひどく有害でもある。不履行を理由とする解除の通知は合理的期間内に与えねばならない。もし，そうしないと債権者は解除権を喪失する（Ⅲ.-3:508(1)）。そうした場合，永続的に免責される障害の際に不幸な状況になる。債務を果たすことができず，解除もできないということになり，一種の幽霊のような状態で存続する。そこでより明確な解決は，問題となっている債務と反対債務の双方の自動的解除を認めることである。

障害が一時的か永続的かどうかは，債務の性質との関連で評価される。債権者の態度が遅れさせたとしても，遅れた履行は全く履行とはいえないというケースがある。そのようなケースでは，たとえ障害の原因それ自体は永続的でなくても障害は永続的に債務の履行を妨げることがある。

> **設例 7**
>
> 前例のテノール歌手が，オペラの初演の夜の2日前に自動車の衝突事故でけがをしたので，ギプスを施され6週間病院のベッドに収容された。歌手は直ちに興行主に通知した。この債務関係は（衰弱した状態は永続的ではないが）履行の永続的障害である。

もし，債務者の債務が消滅すると，債権者のいかなる反対債務も消滅しなければならないということになる。債務者の債務の一つが消滅するが，債権者はそれらすべての履行の全価格を支払わねばならない場合は，減額の救済が介入する。

> **設例 8**
>
> ある会社が土地所有者に対して三つの島に植林する債務を負っていた。島の一つが地質学上の事象の結果，海の下に消失した。土地所有者は仕事に対して支払いをする反対債務を負っていた。もし，その債務が各島に植林する別々の額となっていた場合，沈んだ島に植林することへの支払債務は完全に消滅する。もし，その債務が仕事全体に対して支払うものである場合，土地所有者が残った二つの島との関係で履行を受容するつもりであれば，土地所有者は，Ⅲ.-3:601（代金減額権）の下で減額することができる。

(3) 債務者による通知

債務者は，債権者に対して合理的期間内に，障害が発生したことおよびその履行すべき債務の結果を通知しなければならない。その目的は債権者に不履行の結果を回避する手段をとる機会を与えることである。

> **設例 9**
> 設例5に挙げられた例において，製造者は顧客に原材料の消失とそれを取り換えるのに要する時間および引渡しの再開の予定される日を通知しなければならない。

通知を与えなかった場合には，通知しなかった結果として債権者が被った特別の損害の責任を負う。

> **設例 10**
> 設例6に挙げられた例で，もしテノール歌手が興行主に直ちに履行の不能を通知しないと，興行主は代役を手配する機会が奪われ，損失を減らすことができた分の賠償を回復することができる。

2 共通欧州売買法草案 (CESL: 88)[16]

共通欧州売買法草案でも，他の統一法秩序と同様の構成が採用されており，ドイツ法などの過失責任の原則に従わず，ヨーロッパ私法や世界的な統一法秩序の一般的な潮流に従って，客観的履行障害とその予見の合理的期待不可能性，結果回避・克服の合理的期待不可能性の基本的要件構成を採用する。

客観的履行障害が免責のための前提要件となるので，錯誤や組織的・人的危険および個人の金融的・経済的履行能力は，障害があったとしてもそれは内部的なものであり免責の対象とはならない。

そして，予見可能性に関しては，合理的な第三者の目で予見可能で規定の必要がある危険を顧慮することが，債務者にとって求められ得るものとなる。また，結果の回避に関しては，債務者は障害の回避・克服をギャランティーするのではなく，その回避・克服の努力に関してさらなる障害に依拠することがで

---
(16) 以下の叙述に関しては，本草案のコメンタールである Martin Schmidt-Kessel (Hrsg.), Der Entwurf für ein Gemeinsames Europäishes Kaufrect, 2014. を参照。

きる。その回避・克服のためには注意義務が顧慮される。

そしてこれらの要件が満たされると，履行請求権および損害賠償請求権が消失する。

通知義務に関しては，この義務に違反しても免責の効果はなくならないが，非通知を理由とする損害賠償義務が生じる。しかし債権者は，通知義務の違反の場合に不履行と結びついたその他の救済を行使することはできない。

三　ウィーン国連売買条約（国際的物品売買契約に関する国際連合条約 CISG）における損害賠償と免責

ウィーン国連売買条約が適用されるケース[17]は，基本的には企業間の動産売買の商取引に関するものであり，いわゆる結果債務に当たるものである。このことを前提として，以下 CISG が適用された国際取引の裁判例における損害賠償と免責[18]の実態を概観する。

1　79条における障害

(1)　自然現象（天災）

不可抗力免責の基本構成を採用する諸国の国内法秩序の中でも，自然現象（天災）は不可抗力の典型例として挙げられる。CISG においても天災は免責の対象とされる。

まず，フランスの売主とドイツの買主との間でトラック20台分のトマト濃縮物の売買契約が締結されたケース[19]で，フランスでの豪雨のためにトマトの生産が減少し，それがその価格の高騰を引き起こしたため，売主はトラック1台分の目的物しか引き渡さなかった。そこで買主は契約を解除し損害賠償請求をした。本判決では，豪雨は全トマトの収穫を駄目にするものではなく売主の履行はなお可能であるとし，トマトの収穫の減少と市場価格の高騰は，売主が克服できる障害であるとされた。

---

(17)　CISG の裁判例に関しては，〈www.unilex.info/〉を参照。
(18)　CISG79条の損害賠償と免責一般については，Peter Mazzacano, Exemptions for the Non-Performance of Contractual Obligations in CISG Article 79, 2014. を参照。
(19)　Oberlandesgericht Hamburg (Germany), 04.07.1997, TU143/95 and 410 O 21/95.

もう一つのケース[20]は，オランダの売主とベルギーの買主との間で売主の下で収穫された2006年産のジャガイモ（予測では440tの収穫の見込み）の売買契約が締結されたが，極度の天候の不順で質・量ともに予期したものが得られず，結局買主は解除・損害賠償請求をしたのに対し，売主が不可抗力の抗弁を提起したものである。判決では，本件が売主の下で生育されたジャガイモに限定される（制限種類債務）として障害となり得るとされる。しかし，同じ状況に置かれた勤勉な者であれば，収穫物の売買契約をする際にあらゆる生じうる天候状況を顧慮することが期待される。本件では売主は，過去の収穫年と比較して，不履行が少なくとも収穫高の90％の達成を不可能とする極端な天候状況によるものであることを証明することによってのみ履行を免れることができたであろうとされる。

(2) 戦　　争

戦争も免責が認められる不可抗力となり得る。スペインの企業がイラクの国営企業にアクリル織糸を売却する契約をしたが，戦争の勃発により，数回目から後の船舶による引渡しができなくなった。判決では，戦争の発生は支配を超えた障害と認められている。ただ本判決[21]では，不当にも国内法のUCC（2-614）が引用され，代替履行をすべきだということが導かれている。

(3) 政府による禁止

政府による輸出入，金銭移動の禁止などの措置も不可抗力となり得る。最初のケースは，ウクライナの国際商事仲裁裁判所によるもの[22]である。ウクライナの売主がスイスの買主にコーンを売却する契約をしたが，第一回目の船舶による出荷をした後に，国内の立法により輸出に必要な許可の取得が不可能となった。本契約では不可抗力に関する条項も設けられており，これによっても不可抗力に該当するとされる。

以下に挙げる四つのケースは，いずれも不可抗力となる可能性は示唆されな

---

(20) Arrondissementsrechtbank Maastricht (Netherlands), 09.07.2008, 120428/HA 2A 07-550.
(21) U.S.District Court, New York (Southern District USA), 20.08.2008, 06 Civ 12.
(22) Int'l Commercial Arbitration Court at the Ukranian Chamber of Commerce and Industry (Ukraine), 23.01.2012, 218y/2011.

がら，予見可能性や結果回避可能性の観点から免責が認められなかったものである。オランダの売主とシンガポールの買主との間で粉ミルクの売買契約がなされたケース[23]では，シンガポール政府の放射能汚染食品の輸入禁止に触れないような粉ミルクの被ばく線量であることが合意されていた。契約締結後売主は基準を充たす商品を見つけることができずに買主への引渡しができなかった。本件では，契約締結の前に売主がシンガポール政府による規制を知っていたとされて，免責が認められなかった。

オーストリアの売主とブルガリアの買主との間で物品売買契約がなされたケース[24]では，ブルガリア政府による海外債務の支払停止命令が契約締結時に既に出されており，荷為替信用状の開設が困難となることも予見可能であったとされる。

アメリカの売主とルーマニアの買主との間でチキン脚の売買がなされたケース[25]で，鳥インフルエンザが発生したため，ルーマニア政府がチキンの輸入を禁止した。この政府の禁止措置は，売主の支配を超えたものであるとされるが，買主によって提案された代替の港へ出荷することによってこれを合理的に回避できたとされた。

(4) ストライキ

ウクライナの売主とブルガリアの買主の石炭の売買のケース[26]で，売主は不可抗力として政府による輸出禁止に加えて，ウクライナ鉱夫のストライキを挙げている。このストライキが不可抗力であるかどうかは述べられていないが，障害といえるためには，売主の支配領域外にあるものでなければならない。

(5) 市況の変動

市況の変動は，不可抗力とはいえず免責事由とはならない。まず，ロシアの売主とブルガリアの買主との間で，鋼鉄ロープの売買契約がなされたケー

---

(23) Rechtbank's-Hertogenbosch (Netherlands), 02.10.1998, ro1nr.9981/HA ZA 95-2299.
(24) ICC Court of Arbitration-Paris (Arbitral Award), 00.00.1992, 7197/1992.
(25) American Arbitration Association (Arbitral Award), 12.12.2007, 50181T 0036406.
(26) Bulgarska turgosko-promishlena palata (Bulgarian Chamber of Commerce and Industry, Arbitral Award), 24.04.1996, 56/1995.

ス⁽²⁷⁾では，買主が市場の不況を理由として引渡しの停止を求めたのに対し，それは買主の商取引上のリスク領域に属することであるとされる。

ドイツの売主とギリシアの買主との間で，ガラス瓶を製造供給し買主がこれをロシアに転売するとの合意のあるケース⁽²⁸⁾では，買主がロシアでのルーブルの為替レートの下落を理由として，すでに生産された商品のみを受領するとの通知をしたものであるが，為替レートの変動は障害とはされない。

チリの売主とベルギーの買主との間で冷凍ラズベリーの売買契約が結ばれたケース⁽²⁹⁾では，契約締結後に，買主は購入した商品の世界市場価格の著しい下落を主張するが，それが不可抗力とはならない理由が示されている。すなわち，価格の変動は国際取引においては予見可能なことであり，とうてい履行を不可能とするものではなく，それは商行為の通常のリスクに一般的に含まれる経済的損失に帰するものであると。

市況の変化は，免責される障害，つまり不可抗力ではないが，ハードシップであることを示唆するもの⁽³⁰⁾がある。イタリアの売主とスウェーデンの買主との間でクロム鉄の売買契約が締結されたが，商品の価格が締結時よりも引き渡すべき時期には30％上昇したケースである。CISG の規定にはないハードシップに当たる可能性が示唆される。本ケースでは CISG に規定のないハードシップの主張は認められていない。

(6) 供給者等に起因する障害

債務者が履行のために第三者を用いる場合には，基本的には債務者の支配領域内にあるリスクということになる。たとえば，他に雇用できる者がいないとか例外的に債務者の支配領域外とされた場合であっても，さらにその障害がその雇用された者の支配領域外にあることを要する。

フランスの売主とスイスの買主との間での柔道着の売買契約が締結されたケース⁽³¹⁾では，買主がその洗濯の際に縮むという欠陥のある不適合品である

---

(27) Bulgarska turgosko-promishlena palata (Bulgarian Chamber of Commerce and Industry, Arbitral Award), 12.02.1998, 11/1996.
(28) Bundesgerichtshof (Germany), 27.11.2007, X ZR 111/04.
(29) Rechtbank van Koophandel, Hasselt (Belgium), 02.05.1995, AR 1849/94.
(30) Tribunale Civile di Monza (Italy), 14.01.1993.
(31) Tribunal de Commerce de Besançon (France) 19.01.1998, 97 009265.

と売主に通知した（なお，その原因は売主の供給者にあった）が，返答が得られなかったので解除・損害賠償を求めた。判決は基本的には買主の請求を認めるが，商品が第三者によって製造されたものであるとして，これを債務者の支配を超えた障害だとしている。ここは，売主の支配領域外でなければならないという要件の顧慮がなされておらず，不当な判決である。

ドイツの売主とオーストリアのブドウ農園所有者である買主との間で，ブドウの乾燥と感染を防ぐための特殊なワックスを長期にわたって供給する契約をしていたケース[32]で，売主は第三者である製造者によって生産された製品をそのまま買主に供給していた。ドイツ連邦通常裁判所判決において，売主の供給者が不適合品を生産した場合について明確な公式が示される。すなわち，「もし売主が，その障害が売主自身および売主の供給者の支配を超えた領域に存するということを証明しないと，売主自身の供給者の不履行から生じた不適合のリスクを負担しなければならない」と。

ドイツの買主が香港の売主との間で，中国で生産された商品の引渡しを受ける契約のケース[33]は，売主の中国の供給者が極度の経済的困難および人的困難を受けているために買主の事前の支払を求めて商品の引渡しを拒絶したものであるが，売主の経済的問題や売主の供給者の経済的問題（たとえ供給者の国の公的機関の行為と結びついたものであっても）に起因する引渡しの困難は，売主の支配を超えた障害とはみなされず，それは売主のリスク領域に属するとされる。

オーストリアの売主がウクライナの供給者から化学肥料をスイスの買主に供給する契約では，買主が，化学肥料送付用の袋として売主の指示の下に製造した袋をウクライナの供給者に送ったが，それがウクライナ化学工業の技術基準と一致しないものであったために，供給者がそれを用いることができなかった。そのため商品は契約で定められた期間内に引渡しがなされず，結局買主は，より高い価格での代替取引をして損害を被ったケース[34]である。仲裁裁判所の裁定では，売主が買主に対して袋の正しい製造についての必要な注意をする義

---

(32) Bundesgerichtshof (Germany), 24.03.1999, Ⅷ ZR 121/98.
(33) Schiedsgericht der Handelskammer-Hamburg (Germany, Arbitral Award), 21.03.1996.
(34) ICC Court of Arbitration,Basel (Arbitral Award), 00.00.1995,8128.

務に違反したことが重大な契約違反（25条）だとされ，供給者によって引渡しがなされなかった責任は，売主のリスクの領域にあるとされた。

　ドイツの売主とイギリスの買主との間で，鉄・モリブデン（モリブデン含有率64％以上）の売買契約がなされたケース[35]で，ここでも売主のリスクは，供給者によって引渡しがなされないということが生じたことをカバーするので責任を逃れることはできず，また代替品の場合にも，売主は市場で同様の品質の商品を見出すことは不可能であるというときにのみ責任を免れることができるが，その点を売主は立証していないとされた。

　ロシアの売主とドイツの買主との間で化学製品の供給契約がなされたもので，目的物が製造工場の緊急の生産停止のため引き渡されなかったケース[36]では，売主の支配領域であり当然免責はなされない。

　イタリアの売主とスイスの買主とがヘリポートに設置するための可動壁の売買契約をしたケース[37]では，第2回目に引き渡された目的物が契約で合意された防音機能のないものだったとして買主が支払いを拒絶した。第三者の不履行ということであれば，一般的には売主は免責されないが，本ケースでは，第一審で可動壁の設置は売主のために第三者が設置したものだということの証明に成功しなかったので，売主は責任を問われなかった。

(7)　不適合品

　不適合品については，79条は適用されないとする見解[38]もあったが，現実的には不適合品をめぐる争いは多数に上ることもあり，79条に基づいた判断が示されている。「(6)」で既出のケースで，フランスの売主とスイスの買主との間で柔道着の売買契約のケース[39]で，柔道着の不適合（洗濯時に縮むという欠陥）の原因が売主の供給者にあったもので，これは売主の責任領域にあるため，

---

[35]　Oberlandesgericht Hamburg (Germany), 28.02.1997, 1 U 167/95.
[36]　Tribunal of Int'l Commercial Arbitration at the Russian Federation Chamber of Commerce (Russian Federation), 16.03.1995, 155/94.
[37]　Tribunal d'Appello di Lugano (Switzerland), 29.10.2003, 12-2002-181.
[38]　Harry Flechtner, "Article 79 of the United Nations Convention on Contracts for the International Sales of Goods (CISG) as Rorschach Test: The Homeward Trend and Exemption for the Delivering Non-Conforming Goods" (2007) 19 Pace Int'l L.Rev.29.
[39]　*supra* note 31.

判決が誤りであることは既に指摘した。

次のケースも,「(6)」で既出のもの(40)であるが,ドイツの売主とブドウ農園を所有するオーストリアの買主との間でのブドウを保護するための特殊なワックスの売買契約で,売主の供給者が提供した物に不適合があった場合にも,その不適合による障害が,売主自身および売主の供給者の支配を超えた領域に存することを証明しなければならないとする画期的な公式が示されている。

もう一つは,「(3)」で既出のケース(41)で,オランダの売主とシンガポールの買主との間での粉ミルクの売買契約のケースであるが,シンガポール政府の規制基準では,粉ミルクが放射能に汚染された不適合品となるケースで,売主が政府の規制を契約締結時に知っていたケースであった。

(8) 買主の代金支払不能

買主の代金支払不能は,内部的なものであるのが一般的であり,その場合には客観的履行障害とはいえず,免責は認められない。例外的に政府による禁止等(客観的履行障害)の場合に免責の可能性が認められ得るが,以下の三つのケースではいずれも免責は認められていない。

ブルガリアの売主とロシアの買主が商品の売買契約をしたケース(42)で,買主の代金は既に支払われており金銭が外国の銀行から盗まれたとの抗弁に対して,79条の下での買主の支配を超えた障害ではないとされる。

ドイツの買主がマーケットフェアでイタリアの売主の売店で働く販売員との間で,商品を購入し,販売員は代金を回収したが,その支払代金を売主に送付しなかった。そこで売主が買主に対して代金の支払いを求めて訴訟を提起したもの(43)である。判決では,支払いに関し第三者を雇った買主は,売主が支払いを受けないというリスクを負わねばならないとされ,79条の免責の要件を満たさないとされた。

ドイツの売主とロシアの買主との間での売買契約で,買主がその代金を支払わなかったが,その原因が商品に対して支払える額の指示をすべき買主の外貨

---

(40) *supra* note 32.
(41) *supra* note 23.
(42) High Court of Arbitration of the Russian Federation (Russian Federation), 16.02.1998, 29.
(43) Amtsgericht Alsfeld (Germany), 12.05.1995, 31C 534/94.

取引に対する銀行の責任によるものだとされた。仲裁裁判所は買主の外貨の不足は不可抗力条項のリスト（特約）には入っていなかったとして不可抗力とはならないとした[44]。

2 債権者の不履行 (80条)

「当事者の一方は，相手方の不履行が自己の作為又は不作為によって生じた限度において，相手方の不履行を援用することができない」（80条）との規定がある。この規定から，自己の不履行が相手方の不履行の原因となる場合には，たとえば，その相手方の不履行から損害が発生したとしても，損害賠償請求ができないということになる。その結果，障害の原因が債権者の不履行にある場合に，それを不可抗力の一種として免責を認めるのと同一の結果となる。そこで，以下において80条違反が争われたケースについても概観しておくことにする。

ドイツの売主とスイスの買主との間での工業機械の売買契約で，それ以前に売主に供給者である第三者（製造者）は売主と独占販売の合意をしていた。買主は引渡しの前に第一回目の代金の支払いをし，その後，製造者は売主との当該合意を解除した。そして買主と製造者は，売主の面前で，目的物を買主の営業所へ直接引き渡すこととした。買主は製造者に直接代金を支払い，売主との契約を解除した。そこで売主が買主に代金の支払請求訴訟を提起したケース[45]である。本ケースでは，買主がまだ売主との契約が有効である間に製造者から引渡しを受けており，これは買主自身の行為により売主の不履行を惹起したものだと判断された。

ドイツの売主とイタリアの買主との間で11台の自動車の売買契約がなされ，10月末までに引き渡されることとされた。その後，売主からのその一部の早めの引渡し等の修正提案に対して，買主はすべての自動車の8月15日までの引渡しを求めた。これに対して売主は，8月15日から数日後の時点で5台はすぐに引き渡すことができ，6台は10月初めに利用できると述べた。10月末

---

[44] Tribunal of Int'l Commercial Arbitration at the Russian Federation Chamber of Commerce (Russian Federation), 17.10.1995, 12 JI 1992.

[45] Landgericht Düsseldorf (Germany), 09.07.1992, 31 O 223/91.

第2部　民法新規定と比較法

に買主は売主に通貨変動により引取りができないと通知した。判決[46]では，変更された申込みに対する承諾がなされていない（19条）ので，当初の契約が有効だとされた。したがって，買主が商品を引き取らなかったことが買主の不履行だということになる。

　イタリアの売主とドイツの買主との間で，買主の顧客の薬品製造のための一定の品質を備えた化学物質の売買契約がなされたケース[47]では，目的物の純度が不足であるとの顧客からの連絡で，売主の指示のもとドイツの運送業者によって返品されることになった。しかし，イタリアへと送られなかったことがわかり，買主はドイツで自己の費用で目的物を治癒（追完）し，そのかかった費用分を控除して売主に代金を支払った。そこで，売主は自己治癒（追完）の権利（48条）を主張したが，売主がその運送業者の債務の履行に責任があったとされ，買主側の作為または不作為によって生じた損害とはされなかった。

　ベラルーシの売主とブルガリアの買主との間で，冷蔵庫・大型冷凍庫が売買されたケース[48]では，引き渡された商品の一部の代金を買主が支払わなかったので売主が残代金の支払いを求めた。本件で，買主は既に引き渡された商品のかなりの数量に対する支払いを怠っており，80条の下では，一方当事者は相手方の不履行が自分自身の作為または不作為によって惹起されたとき，相手方の不履行を主張できないとされている。そこで，買主は，その後の売主の残存する商品の引渡しの拒否を不履行の免責事由として依拠することはできないとされている。

　ドイツの売主とオーストリアの買主との間でプロパンガスの売買契約が締結され，買主は商品を特にベルギーに輸出するつもりであり，また売主が船積港を指定することになっていた。売主がこの指示をしなかったので買主は信用状の開設ができなかった。これに対し，売主は自分の供給者がガスをベネルクス諸国に輸出することに同意していなかったということを告げた。判決[49]では，買主が信用状を出さないという不履行は，売主が港の指定をしなかったという

---

(46) Oberlandesgericht München (Germany), 08.02.1995, 7U 1720/94.
(47) Amtsgericht München (Germany), 23.06.1995.
(48) Belarusian Chamber of Commerce and Industry International Court of Arbitration (Arbitral Award), 05.10.1995, 24/13-95.
(49) Oberster Gerichtshof (Austria), 06.02.1996, 10 Ob 518/95.

事実によるものであって，売主は買主の不履行に依拠することはできないとされた。

　オランダの売主とドイツの買主との間でアクリル製毛布の売買契約がなされたが，引渡しの4日後に買主が数量の不足と製品の不適合を述べ代金を支払わなかったケース[50]では，買主は不適合の性質を十分明細には述べてはおらず，また買主は，代替品の引渡しによる不履行の治癒の売主の申し出を不当にも受け入れてはおらず，売主の重大な違反とはならないため買主は契約を解除することはできないとされ，また売主の不履行の治癒を妨げたので買主は損害賠償請求権を喪失する（80条）とされた。

　イタリアの売主とドイツの買主との間で靴の売買契約がなされたが，商品の数量と適合性に関して両当事者間に争いが生じた。本ケース[51]では，買主が合意された代金を支払わないので，売主は注文された靴の数量の一部しか引渡しをせず，残金の支払いを求めた。判決では，買主は，不適合の通知を合理的期間内に通知（39条1項）しておらず，不適合の主張ができないとされ，また買主の代金の支払の拒絶が，売主の残存商品の引渡しの停止を招いており，損害賠償請求権を喪失する（80条）とされる。

　イタリアの製造者とアメリカの販売店との間で独占販売契約の合意がなされたケース[52]では，売主が製品のリストの10～15％の価格の引き上げを請求したため，買主はそれを拒絶し，その後交渉がなされ，販売店によって信用状の開設がなされたが，結局製造者が合意を解除したというものである。仲裁裁判所は，販売店は，以前の価格リストでの信用状の開設ができたが，10～15％の価格の引き上げに対する不同意の対応として，代金の支払いを全面的に拒否するのは過度かつ不適当な対応だとした。そして信用状の開設をしなかったことが，製造者によって惹起された障害によるものだとの証明もできなかったとされる。

　ドイツの売主とオランダの買主との間での粘土（高陵石）の長期供給契約のケース[53]では，買主はこの目的物を用いて作った制作物を，ジャガイモの等

---

(50) Oberlandesgericht Koblenz (Germany), 31.01.1997, 2U 31/96.
(51) Landgericht München (Germany), 20.02.2002, 10 O 5423/01.
(52) ICC International Court of Arbitration (Arbitral Award), 00.00.2003, 11849.
(53) Bundesgerichtshof (Germany), 26.09.2012, Ⅷ ZR 100/11.

級分け（高濃度のでんぷんを含んだものは食糧生産に，低濃度のでんぷんを含んだものは飼料用）に使用した。ところが，この目的物には高度のダイオキシンが含まれており，ジャガイモが汚染されそれを商品とした買主は被った損害の賠償を請求した。判決では，目的物がダイオキシンに汚染されていることを買主に通知しなかった売主の責任を認めるとともに，高陵石のダイオキシン汚染がすでに周知の事実であったのに，買主にも汚染を確認しないで商品を市場に出した責任があるとし，損害軽減義務を規定する 77 条と 80 条に依拠して両当事者ともに損害の発生に半分ずつ寄与しているとして半額の損害賠償しか認めなかった。

スペインの売主とドバイの買主との間で鉄製ケーブルの売買契約がなされたケース[54]では，買主が二種類の支払方法を指示していた。これに対して売主は，E メールを送り，信用状による支払いか親会社のギャランティーを求めた。買主は第一の支払方法に関してギャランティーを提供したが，売主は商品を送らなかった。判決では，買主のギャランティーはその支払いの半分しかカバーしていないので義務違反となり，売主の不履行に依拠することはできないとされた。

3　79 条における予見の合理的期待不可能性

債務者の損害賠償責任が免責されるには，債務者の不履行が自己の支配を超えたものであるという客観的履行障害という要件に加えて，契約締結時にその障害の予見可能性がなかったという主観的要件も必要である。

ドイツの売主とイタリアの買主との間で 1 台の中古車の売買契約がなされたケース[55]であるが，後に売却の前に盗難に遭った自動車であるということが判明した。買主は既に第三者に転売していたが，真の所有者に返却しそのため損害を被った。判決では，売主の不履行の原因は主観的な障害だとされ，さらに契約締結時にそれを予見することができたとする。自動車が低価格であること，走行距離，自動車登録証と所有者名義の相違などにより自動車の所有権について疑いを持つべきであったとした。

---

(54)　Audiencia Provincial de Cantabria (Spain), 09.07.2013.
(55)　Oberlandesgericht München (Germany), 05.03.2008, 7U 4969/06.

「(4)」で既出のケース[56]であるが，ロシアの売主とブルガリアの買主との間での鋼鉄製ロープの売買契約で，買主が市況の悪化を理由に引渡しの停止を求めたもので，市況の変動は買主の取引上のリスクであり，それは契約締結時に合理的に予見可能であるとされた。

スイスの売主とフランスの買主との間で一定数量の商品を供給する契約で，買主が転売先の最終顧客から購入代金の引き下げの決定を受け，売主の引渡しを拒絶したケース[57]では，顧客による購入代金の引き下げが契約締結時に予見できないものであったとの証明はなく，またこのような状況に対応するのは売主の責任であるとされる。

「(3)」で既出のケース[58]で，ウクライナの売主とブルガリアの買主との間での石炭の売買契約で，ウクライナ政府による石炭の輸出禁止は，売主の支配を超えた障害といえるが，その禁止は契約締結時にはすでに発効しており，予見可能なものであったとされた。

オーストリアの売主とブルガリアの買主との間での商品の売買のケース[59]では，ブルガリア政府が海外債務の支払停止命令を出したことで，買主は荷為替信用状の開設ができなかったとの抗弁をするが，それは不可抗力には当たらないとされ，さらにその停止命令は既に契約締結時に出されており，合理的に予見できたとされた。

4　79条における結果回避・克服の合理的期待不可能性

免責のためのもう一つの主観的要件が，障害の結果回避・克服の合理的期待不可能性というものである。

「(3)」で既出のケース[60]で，アメリカの売主とルーマニアの買主との間で一定量のチキンの売買契約がなされたケースで，その約半分の量の目的物が期日までに引き渡されなかった。その後，ルーマニア政府がチキン肉の国内への搬入に際して証明書を求める規制措置を出したが，売主はその発効前に残りの商

---

(56)　*supra* note 27.
(57)　Cour de Cassation (France), 03.06.2004, Y 01-15.964.
(58)　*supra* note 26.
(59)　ICC Court of Arbitration-Paris (Arbitral Award), 00.00.1992, 7197/1992.
(60)　*supra* note 25.

品を船積みできなかった。そこで買主は商品をジョージアで引き渡してほしいと提案したが，売主はこれを拒絶した。そこで買主が売主に対して契約違反と損害賠償を主張して仲裁手続をとったものである。仲裁裁判所は，売主はジョージアへ商品を引き渡すことによって政府の規制を合理的に克服できたであろうとして，売主の免責を認めなかった。

5 小　括

　本章においては，事業者間の商取引に関するCISG裁判例の損害賠償責任とその免責の実態を概観した。もちろんこれらの取引はいわゆる結果債務に属するものであり，厳しい責任が問われるものなので，免責の要件を満たして損害賠償責任を免れるケースは必然的にごく限られたものとなる。

　まず障害という客観的履行障害となり得るものとして，自然現象（天災）があるが，判例に現れたものは，豪雨や天候不順による作物の減収による履行困難であり，基本的には不可抗力とはいえない。注目されるのは，提供すべき種類の作物が90％の減収である場合に，免責の可能性が示唆されているところである。

　戦争や政府による禁止措置等も基本的には履行障害であるから，不可抗力とされ免責される可能性がある。

　代金債務などの支払不能は，基本的には債務者の支配領域内の問題であり，まず免責は認められない。ただ，1件だけであるが，政府による金銭債務の支払停止の場合に免責が認められたケースがある。しかし，政府の禁止措置という客観的履行障害のケースでも，障害の予見可能性や結果回避の可能性が認められ，免責が認められないものがほとんどである。

　ストライキも障害となりうるが，そのためには自己の支配領域外のものでなければならない。

　市況の変動は，契約を締結する当事者のリスク負担に属するものであり，債務者の支配領域内の問題であり客観的履行障害とはならない。ただCISGには規定のないハードシップ（PICC第6.2.1条以下）に該当する可能性を示唆するものがある。

　当事者の供給者等の第三者に障害の原因が存する場合は，基本的にはその者

を用いた当事者の支配領域内に存するから，客観的履行障害とはいえないが，理論的にはその者以外に雇用できる者がいなくて，その者および債務者の支配領域外の障害によるという場合には例外となり得る。

不適合品の給付は，79条の規定の対象とはされていなかったとする見解もあるが，現実にはかなり争いとなるケースも多いこともあり，79条の対象とされている。しかしこれも商品の不適合は，基本的には売主，その供給者の支配領域内に存するものであり，免責はまず認められない。

債権者の不履行が原因で債務者の履行ができないという場合は，CISGでは，79条による免責ではないが，債権者は損害賠償請求ができない（80条）という免責の場合と同様の結果となる。

四　日本法における損害賠償と免責

1　新履行障害法

(1)　債権総則の冒頭部

(a)　根幹的規定の欠如

現行民法典では，民法典債権編の第1章「総則」において，第1節「債権の目的」，第2節「債権の効力」に関する規定群が置かれている。しかし，そこでは債権・債務とは何か，その基本的な効力は何か，といった債権・債務の本質にかかわることを明示するような規定はない。また，「平成29年　法律第44号　民法の一部を改正する法律」（以下，改正法と略称する）においてもそうした姿勢に基本的な変化はみられない。債権編の最初の条文，民法399条では「債権は，金銭に見積もることができないものであっても，その目的とすることができる。」とされ，これが改正法でもそのまま冒頭に維持され，以下の改正法の規定でも，債権・債務の本質を示すような規定はみられない。たとえば，「債務とは，法律関係の当事者の一方である債務者が，相手方である債権者に対して負う履行義務をいう[61]」といったような債権・債務の本質を示唆するような規定があれば，債権・債務に関する問題解決の基礎を提供し得るものにもなり得たのではないかと思われる。

また，「債権の効力」の箇所でも，「履行期と履行遅滞」に関する規定から始

---

(61)　DCFR: III.-1:102 参照。

まっており,「債権の効力」とは何か,その基本的な効力として本来的履行請求権が認められるといった,それを表面から明示する規定は置かれない(改正法では,第412条の2第1項で「裏」から規定されるにすぎない)。

そして最大の問題は,債務の「不履行」とは何かについての規定が存しないことである。債務者の責めに帰すべき債務の「不履行」の場合に,損害賠償の請求ができるとする旨の規定(民法415条)が置かれるのみであり,「不履行」の一般的規定は欠如している。このことは改正法でも同様である。債務の不履行の効果は,何も損害賠償請求に限らない。まず,債権の基本的効力として,本来的履行請求権が存するわけであるから,債務の「不履行」があった場合には,そこから履行請求権(本来的履行請求権と区別するため,不履行があった場合に認められるものを追履行請求権と呼ぶこともある)が認められる。しかし,改正法でも技術的な裁判上の請求である「履行の強制」(第414条)が置かれるにすぎない。契約債務の場合には,債務の「不履行」による契約の解除権が導かれるが,損害賠償規定(第415条第2項3号)の中で出てくるにすぎない。さらに債権者の責めに帰すべき事由による不履行の場合に,債権者はいずれの救済手段も行使できなくなる旨の規定を定めておくべきものと考える。こうした規定が欠如しているため,債権・債務の本質,債権の基本的な効力,債務の「不履行」の内容,その法的効果,債権者の不履行等は,解釈によって導かねばならないことになる。

(b) 第415条(改正法)の構成と解釈[62]

「(a)」で述べたように,第415条の損害賠償の規定から「不履行」の要件などを導くことになろうが,これまでと同様に「債務の本旨に従った履行をしないとき」との表現が維持されたことから,ここから「不履行」の統一要件を導くことができる。それと同時に履行遅滞,履行不能,不完全履行ほかの類型を基にした解釈論を展開することもできると考える。

債務者が,損害賠償責任を免れるためには,その債務の不履行が債務者の責めに帰することができない事由によるものであることを主張・立証しなければならないというところは,これまでと同様であるが,その「責めに帰すること

---

(62) 石崎泰雄『新民法典成立への扉——法制審議会の議論から改正法案へ——』(信山社,2016年)265頁以下参照。

ができない事由」に該当するか否かを判断する要素として，法制審議会の議論で有力であり，そこでの議論がほぼ一致をみていた「契約の趣旨に照らして」との文言が，「契約その他の債務の発生原因及び取引上の社会通念に照らして」と事務当局によって修正・変更された。事務当局はこれを「契約の趣旨」に関する審議会の議論の内容を変更するものではないと説明する。だが，果たしてそういえるのか。

興味深い規定が共通参照枠草案に見られる。債務に関する定義規定に「債務の内容は，契約その他の法律行為，法令若しくは法的拘束力を有する慣習若しくは慣行又は裁判所の命令から明らかにすることができる。」（DCFR: Ⅲ.-1:102(5)）とするものがある。そして契約債務の場合には，その解釈に当たって，次の事情を考慮することができるとされる。すなわち，「(a)契約が締結されたときの事情 (b)当事者の行為 (c)当事者双方がその契約で用いたものと同一又は類似の条項又は表現に対して既に与えていた解釈及び当事者間で確立した慣行 (d)当該活動分野においてそのような条項又は表現に対して一般に与えられている意味及びそのような条項又は表現について既に行われていた解釈 (e)契約の性質及び目的 (f)慣習 (g)信義誠実及び取引の公正」（DCFR: Ⅱ.-8:102）である。さらに債務の履行等に当たっては，「信義誠実及び取引の公正に従う義務を負う」（DCFR: Ⅲ.-1:103）ものとされている。したがって共通参照枠草案では，契約債務の場合には，債務の内容，債務者の行為は，これらの考慮要素が総合判断されて，債務の内容，債務者の行為が判断・評価される。

改正法では，「契約その他の債務の発生原因及び取引上の社会通念に照らして」債務の内容・債権者の行為が判断・評価されて，帰責事由の存否が決まることになる。「契約の趣旨」でももちろん規範的評価・判断がなされるが，それは，両当事者の主観的要素がその出発点としてその根底にある概念であるのに対して，事務当局によって新たに採用された表現は，主観的要素と客観的要素の総合判断により適したものであり，これはこれまでの判例・実務との継続性をより確実なものとする表現であるように思われる。

そこで，債務の内容，債権者の行為を総合判断して「責めに帰すべき事由」の存否が決定されることになるが，既にみたように統一法秩序の免責の構成では，客観的履行障害と主観的な予見不可能性・結果回避不可能性との要素によ

る二元的判断が示されている。CISG の裁判例をみると，総合判断というよりも，要件構成が二元的なものであることからそれに従って，まず客観的な履行障害といえるかについて判断した後，主観的要件である予見可能性，続いて結果回避・克服の可能性があるか否かについての判断がなされるという運用がなされている。

　日本法は，これまでもそしておそらく今後も，統一法秩序のような二元的要件構成を採用せず，帰責事由があるかどうかは一元的総合判断に依拠したものになると思われる。これまでの下級審を含めた裁判例では，責めに帰すべき事由は，故意・過失にとどまらず，信義則上故意・過失と同視できるものを広く取り込んだものとして捉えられてきた。この意味では，帰責事由は，結論の妥当性を導くには便宜である幅広い柔軟な概念であると同時に理論的には明確性を欠き実務的にも予測可能性に劣る概念であったといえる。

　新たな構成では，「契約その他の債務の発生原因及び取引上の社会通念に照らして」帰責事由が判断されることになるため，たとえば売買目的物の引渡債務のようないわゆる結果債務では，債務者に過失がなかったとしても，不可抗力等の免責事由がないと損害賠償責任を免れることができなくなる。つまり「過失責任主義」は採用されない。これは，結論的には統一法秩序に見られる潮流と一致するものである。このように世界的基準たるべきものと結論を一致させながらも，改正法では，「責めに帰すべき事由」が「契約その他の債務の発生原因及び取引上の社会通念に照らして」という一定の明確な基準の下に総合判断される。したがって，これまで積み上げられてきた膨大な判例・実務を引き継ぎながら，それを基盤に据えて新たな基準のもと，より法的安定性と法的予測可能性のある運用がなされる基盤を提供できるものではないかと思われる。

2　判　例

　民法415条の損害賠償と帰責事由の判例の検討においてかつて示した[63]ように，その大部分は安全配慮義務や診療債務に関するいわゆる手段債務に属するものである。手段債務は他に，基本的には合理的注意義務が求められる賃貸

---

(63) 石崎・前掲注(2)『契約不履行の基本構造』18頁以下。

借契約[64]や委任契約[65]においても，現行法で善管注意義務（民644条）違反＝過失（改正法では一般的に善管注意義務違反≠過失となる）ということで損害賠償責任が認められる。結果債務といえる判例もないわけではないが，そこでは「免責」は問題とされないことも多い。以下においては，平成年間に現れた判例を基に，改正法をも想定しながら検討を加えたい。

(1) 安全配慮義務

安全配慮義務は手段債務に分類されるものであるが，被用者が使用者の安全配慮義務違反を問うケース[66]が多い。まず，使用者の予見可能性があるか，次に結果回避義務違反があったかどうか，つまり過失が認められるかどうかが審理されて安全配慮義務違反の存否が決まる。合理的注意義務違反，すなわち過失があったかどうかが予見可能性と結果回避義務違反で判断され，「免責」としては，主として被害を防ぐための措置が十分に採られていたとする主張がなされることがある。改正法でも，合理的注意義務違反があったかどうかが，予見可能性と結果回避義務違反により過失の認定がなされるところはこれまでと全く変わるところはないであろう。

(2) 診療債務

診療債務も基本的には手段債務に属するものであり，合理的注意義務が果たされたかどうか判断され，そこに注意義務違反があれば過失が認められ損害賠償責任を負う。そこでここでも，安全配慮義務の場合と同様に予見可能性と結果回避義務違反の要素で過失の判断がなされることが一般的である。診療債務の付随的債務である説明義務違反のみが争点とされる場合[67]でも，その説明義務違反が合理的注意義務違反とされれば，過失が認定され損害賠償責任を負

---

(64) 最判平成3年10月17日判時1404号74頁，最判平成6年10月11日判時1525号63頁。
(65) 最判平成21年7月16日民集63巻6号1280頁，最判平成25年4月16日民集67巻4号1049頁。
(66) 最判平成2年4月20日労判561号6頁，最判平成2年11月8日判時1370号52頁，最判平成3年4月11日判時1391号3頁。
(67) 最判平成7年4月25日民集49巻4号1163頁，最判平成7年5月30日判時1553号78頁，最判平成13年11月27日民集55巻6号1154頁，最判平成14年9月24日判時1803号28頁，最判平成17年9月8日判時1912号16頁。

うことになる。

　ただ，診療債務では独自の判断基準が用いられる場合があり，それが，「医療水準」である。医療水準にかなった注意義務を果たしていなければ，過失が認定されて損害賠償責任を負うことになる[68]。

　このように診療債務は基本的には手段債務に分類されるものではあるが，その中の一定のものは結果債務といえる部分を含んでいる。診療債務の期日の遅滞，ガーゼの交換といった単純な行為，歯科医療の一部，美容整形手術や不妊手術の中には，結果債務に分類できるものがあろう。その場合には，その結果債務とされる部分に関しては，合理的注意義務を果たしたかどうかではなく，たとえ過失がなくとも，債務者は不可抗力などを主張して損害賠償責任を免れるしかないということになる。

(3)　結　果　債　務

　民法415条の損害賠償と帰責事由に関し，結果債務といえる最判はきわめて少ない。その理由の一つは，債務者が免責の主張をしないということがある。それは，免責されるための要件である「責めに帰すべき事由」がないとの抗弁が，事例の性質からみて認められないということが明らかであるという点も大きい。そのため，結果債務の場合，債務者は「責めに帰すべき事由がない」との主張をするのではなく，損害賠償を免れるための他の主張をすることになるケースが多い。損害賠償と免責が争点となったものではないが，契約に基づく所有権移転義務を負っている者が第三者に所有権移転登記をした場合，その債務の履行不能はその者の責めに帰すべき事由による履行不能とされている。こうしたケース[69]では，履行不能に債務者の帰責事由があることが明白であるため，履行不能に帰責事由がないとの主張はなされず，他の主張，たとえば最判平成10年4月24日では消滅時効の援用がなされている。

　ここで取り上げる唯一の最判[70]は，次のようなケースである。リース会社である原告との間でコンピューターのリース契約をした被告が，販売店との間

---

(68)　最判平成4年6月8日判時1450号70頁，最判平成7年6月9日民集49巻6号1499頁，最判平成8年1月23日民集50巻1号1頁，最判平成18年1月27日判時1927号57頁。
(69)　最判平成9年2月25日判時1599号66頁，最判平成10年4月24日判時1661号66頁。
(70)　最判平成5年11月25日金法1395号49頁。

で販売店の資金繰りに協力するため目的物を納入されたように装って引渡しを受けずにいたところ，リース会社が販売店から目的物を引き揚げたため，その後のリース料の支払いを拒絶した。そこでリース会社がリース料の不払いを理由にリース契約を解除し，損害賠償を請求した。判決は，被告の目的物の使用不能の状態は，被告が目的物を自ら占有すべきリース契約上の義務に違反したことに起因するものであって，原告が目的物を引き揚げたことに責めに帰すべき事由があるとはいえないとする。

本ケースは，理論的には，債権者の行為による履行不能と言えるかどうかの判断が求められるケースということになるが，改正法は「帰責事由主義」を採用するので，債権者の行為に帰責事由がないと，債務者の主張は認められない。今後，債務者による免責の抗弁の一つとして「債権者の責めに帰すべき事由ある行為」というものも免責の要件として利用されるケースも考えられよう。

3　損害賠償責任と帰責事由の将来

損害賠償責任とその免責という契約責任における最重要テーマについて，「不履行」と「免責」という世界的潮流を確認し，特に統一法秩序でその実際の適用をCISG裁判例においてみた。そこではその要件構成から，まず客観的履行障害といえるものかどうかについての検討がなされ，次に予見可能性と結果回避義務違反の認否がなされるという判断構造の実態を瞥見した。

日本法では，改正法でもこれまでと同様，「責めに帰すべき事由」が用いられているが，そこには，「その債務の不履行が契約その他の債務の発生原因及び取引上の社会通念に照らして」という修飾語句が付されている。これによりこれまでとは異なり，もちろん抽象性は高いが，一定の明確な基準のもとに帰責事由の存否が定まることになる。そして，統一法秩序のような二元的要件構成を採らないことから，一元的総合判断がなされることになろう。もっとも，日本でもCISGに依拠する判決例が蓄積されてくれば，その影響を受けることも考えられる。

損害賠償とその免責に関する判例では，そのほとんどが手段債務に属するものであり，結果債務についてのものはほとんどない。しかし，結果債務でもCISG裁判例でみたように，免責が認められるケースもあることから，今後そ

のような免責の主張がなされる可能性も考えられる。

第3章 危険負担・受領遅滞

一 危険負担の原則および受領遅滞

現行民法典では，第3編「債権」第2章「契約」第2款「契約の効力」において，「債権者の危険負担」として第534条の規定が置かれ，第1項では，特定物に関する物権の設定または移転を目的とする双務契約において，目的物が滅失・損傷した場合に債権者が危険を負担する（目的物の代金を支払わねばならない）とするいわゆる危険負担債権者主義の原則が採用されている。

こうした法制の淵源は，ローマ法にあり，他の国内法にも，契約締結時から売主より買主に危険が移転するとする国内法もある（スイス債務法185条）。また，所有権の移転とリンクさせる法もある（1979年イギリス動産売買法20条1項，フランス民法1138条）[1]。

しかし，今日では，他の国内法制においても，目的物の買主への引渡しに危険の移転を認めるものが多くなっており[2]（ドイツ民法446条，アメリカ統一商事法典2-509条3項），統一法秩序に見られるように比較法的には，引渡しに危険の移転を認めることが原則として確立しているといえる。

日本では，「平成29年 法律第44号 民法の一部を改正する法律」（以下，改正法と略称する）において，民法534条およびそれと関連づけられた規定である535条の規定が削除される。そして，危険負担債務者主義の原則を示す536条の規定が修正を受けながらも存置された。ただその内容は，当事者双方に帰責事由なく履行不能となった場合に，債務者は反対給付を受ける権利を有しないとされていたものが，債権者が反対給付を拒むことができると，履行拒絶権構成へと変容している。債務の履行不能の場合にその債務の自動消滅（ドイツ民法ではこうした法制度を採用する[3]）ではなく，債権者の解除権行使を優先させようというものである。

---

(1) Gillette & Walt, The UN Convention on Contracts for the International Sale of Goods : Theory and Practice (2nd ed.), 2016, at 269.
(2) *Ibid.*
(3) R.Schwarze, Das Recht der Leistungsstörungen (2 Aufl.), 2017, S.595.

一方，受領遅滞の規定に関しては，民法413条において，債権者の受領拒絶・受領不能の場合に，債権者が債務の提供時から遅滞の責任を負うとの規定があったが，改正法では，その効果の内容が明示されている。改正法413条1項では，特定物の提供時から，債務者の保存義務が善管注意義務から自己の財産に対するのと同一の注意義務へと軽減され，その2項では，増加費用を債権者負担とする旨が規定される。そして，第413条の2の2項では，提供時以後に当事者双方の責めに帰することができない事由によって履行不能となったときに，その履行不能が債権者の責めに帰すべき事由によるものとみなされる。これにより，改正法536条2項の規定が適用され，債権者の責めに帰すべき事由によって債務を履行することができなくなったときは，債権者は，反対給付の履行を拒むことができない，ということになる。

　こうした原則は売買の規定では，さらに明確になる。改正法567条1項では，売主が特定された目的物を引き渡した場合，引渡し以後に当事者双方の責めに帰することができない事由によって目的物が滅失・損傷したときに，買主は，履行の追完請求，代金減額請求，損害賠償の請求及び契約の解除をすることができないとされ，さらに，買主は代金の支払を拒むことができないとされている。これは，引渡時危険移転の原則を採用するものである。また，2項では，売主が契約適合物を提供したにもかかわらず，買主のその受領拒絶・受領不能の場合に，その提供時以後に当事者双方の責めに帰することができない事由によってその目的物が滅失・損傷したときに，1項と同様の規律となる旨が規定される。これは，受領遅滞危険移転の原則を表明するものである。

　以下において，こうした危険負担・受領遅滞の原理・原則の議論の到達点を示していると思われる統一法秩序の理論構成とその適用の実態をみることにする。

二　共通参照枠草案（DCFR）における危険負担・受領遅滞

1　協　　力（Ⅲ.-1:104）

　日本法では，現行法・改正法においても，債権・債務関係の規律が，債権者の権利の側面に偏ったものになっていることをかつて指摘した[4]。債権者と債

（4）　石崎泰雄『新民法典成立への扉――法制審議会の議論から改正法案へ――』（信山社，2016年）263頁。

務者とは，特に契約債務の場合に，債権者も反対債務の債務者であり，両当事者とも契約の目的実現に向かって，それぞれ互いに協力して主たる債務以外の付随的債務を誠実に果たしていくことが，債権・債務関係の根幹を形成するものである。統一法秩序では，こうした点を踏まえ，債権者・債務者間には一般的協力義務が認められている。以下，主として共通参照枠草案の公式コメンタール[5]に依拠しつつその内容を確認したい。

(1) 協力する債務

債務者が債務を負う場合に，債務者と債権者とは，協力が債務者の債務の履行のために合理的に期待されうるときに，互いに相手方に協力すべき付随的な債務を有する。これは信義誠実の原則の特別の適用と考えられている。

> **設例 1**
>
> ハンブルクにいるＳは，ロンドンにいるＢにハンブルク本船渡しで一定の価格で商品を売ることに合意する。Ｂは商品を運ぶ船を指定しない。そのような懈怠は，売買契約のもとでのＢの債務の不履行を構成し，Ｓ自身が商品を船積みする債務を履行しその代金を取得することを妨げることによって本条に違反する。Ｓは契約関係を解消し損害を回復することができる。

> **設例 2**
>
> ＢはＯのためにオフィスビルを建てる契約をする。Ｏがその建築許可の申請を怠った結果として，Ｂは建設作業を始めることができない。これにより，ＢとのＯ契約がＯに許可を申請する明示の債務を課すものであろうとなかろうと，Ｏは本条の要件に違反する。Ｏは建設をしなかったＢに対する法的救済手段を有しないし，協力すべき債務の不履行を理由にＢに対して責任を負う。

---

(5) von Bar & Clive, Principles, definitions and model rules of European private law : draft common frame of reference, vol. 2, 2009. なお，この翻訳，窪田充見ほか監訳『ヨーロッパ私法の原則・定義・モデル準則――共通参照枠草案（DCFR）――』（法律文化社，2013年）も参照。なお，条文は，III.-1:104 といった形で引用する。

> **設例 3**
>
> 　Ａ国にいる下請負人Ｓは，Ｓの請負人Ｃに対する契約上の債務を履行するために，Ｙ国でのダムの建設を手助けするため，Ａ国から人員を送ろうとしている。Ｃは，Ｙ国政府が，Ａ国内でテロの告発を受けて拘留されているＹ国市民を解放するようＡ国政府に圧力を行使するためにＹ国内で見つかるＡ国のいかなる市民も人質として勾留するつもりであるということを知っている。ＣはＳに人員をＹに派遣することに伴うリスクを通知する必要がある。

　協力すべき債務は，主たる債務が依拠する許可や同意を取得する関係で重要となることが多い。また，当該事項に関する明示・黙示の条項がない場合には，この協力すべき債務が重要となる。

(2) 履 行 障 害

　協力すべき債務の不履行は，主たる債務の履行の障害という形態をとることがある。履行障害は，契約または法律（たとえば引渡しを受け取るべき買主の債務）によって一方当事者に課される特定の債務の不履行，若しくは相手方により履行を妨げ侵害される結果となる何らかのその他の行為から生ずる。たとえば，履行を受領することを一方当事者が拒絶することは，相手方が履行を受領することに利益を有するところの協力すべき債務の違反を構成する。

> **設例 4**
>
> 　Ｓは，Ｂの土地に入ることを要する何らかの行為をする契約をする。Ｓは契約上の債務を履行することに明らかな利益を有する。しかしながら，Ｂは履行を受け入れることを拒否しＳが入ることを拒絶する。これはＢの協力すべき債務の不履行を構成する。

(3) 履行を停止する権利

　一方当事者は，相手方が履行するまで，自身の債務の履行を一定の状態で停止することができる。これは協力すべき債務の履行を停止する権利を含む。

(4) 合理的に期待されうる限り求められる協力

主たる債務を履行できるよう協力すべき絶対的な債務は，行き過ぎると，たとえば契約上の債務の割当に干渉することにもなりかねない。こうした理由で，協力すべき債務は，これが債務者の債務の履行にとって合理的に期待される場合およびその範囲でのみ存する。たとえば，相手方がまず履行に着手するまでは協力は合理的には期待できないというケースがある。

> **設例 5**
> 事実関係は，設例1）と同様である。ただし，Sは7月または8月のいかなる時期であれ出船する権利が認められている。Bは，Sが商品を船積みするつもりである時期をSから通知されるまでは，船舶を指定する債務のもとにはない。

(5) 協力すべき債務を履行しない場合の効果

協力すべき債務の履行をしないと，他の契約上の債務を履行しないのと同様の効果が生じ，契約上の債務の不履行に対して規定される多様な法的救済手段を生じさせる。こうした法的救済手段の中には特定履行も含まれる。そこでたとえば，もしXがYとの間での契約のもとに債務を履行するためにYの土地に入る必要があり，Yが十分な理由なしに拒絶すると，XはYに対して土地に入ることを強制する裁判所命令を得ることができる。しかしながら，協力すべき債務との関連で特に重要となる特定履行の救済には一般的な制限があり，たとえば一身専属的な役務や仕事を受領することは強制されない。

2 債権者の不履行（Ⅲ.-3:101(3)）

不履行が債権者の作為または不作為によって生じさせられた場合には，債権者は自らが不履行を引き起こした範囲で，救済手段を行使することができない。たとえば，債務者が，自身は契約時には持ってはいないが，第三者から取得する予定の珍しい切手を債権者に引き渡す契約をする。しかし債権者が，債務者の意図を知りながら，その後直接当該第三者から切手を購入して債務の履行を

不能とした場合[(6)]や、債務者がその債務を履行するために債権者の建物の敷地に立ち入るのを拒否するような場合や、債権者が相手方に情報を提供する義務があるときにその情報が誤っているか不完全であって、契約が不完全に履行される場合である。

> **設例 3**
>
> Aは、Bによって建設されるトリポリ地区の学校の設計をする契約をする。そして、その正確な場所に関してBからの指示を待っているところである。Bは、スタッフ間の意見の相違により指定された期限内に指示を与えることができず、そのことでAが学校を設計することが妨げられる。Aの側の不履行は、Bにいかなる救済手段を行使することも認めないが、AはBに対する救済手段を持つ。

> **設例 4**
>
> 事実は、設例3とほぼ同様であり、異なるのは、Bの指示の懈怠が、Bの当該スタッフがリビアへの途上で航空機事故に遭ったことによるものである。BはAに指示を出さなかったことに責任はないが、Aの側の不履行はBの側にいかなる救済も与えない。

損害が、不履行債務者、およびその行為が一部違反を惹起した債権者の双方により生じたとき、債権者は救済を完全に得られるわけではない。債権者の不履行への寄与度が、その不履行を惹起した範囲で救済に影響する。

> **設例 5**
>
> Aは、Bのガラス製品をコペンハーゲンからパリへと運ぶことに合意するが、その箱を乱暴に取り扱う。このことで壊れやすいガラス製品のいくつかが壊れたであろうが、厚いガラスの重いものは壊れなかったであろう。しかしながら、Bはいずれのガラス製品をも適切には包装せず、すべての製品が壊れた。Bは運送料の支払いを拒絶でき、壊れやすいガラス製品の損害の回復はできるが、重いほうのガラス製品に関する損害は回復できない。

「不履行を引き起こした」という規定の文言は、債権者に過失があるという

---
(6) I. Bach, Leistungshindernisse, 2017, S.561.

ことを要求しない。たとえ債権者が履行をするのに必要なことを不可避的に妨げられようと，債権者はなお不履行の救済手段を行使することができない。

> **設例 6**
>
> AはBとAの家の部屋の何室かにペンキを塗る契約をした。仕事の開始当日，Aは不可避的かつ予期せずにどこかに勾留され，誰とも接触することができず，そのため家を開けBの立ち入りを可能とする手はずを整えることができない。Aは不履行に対してBから損害の回復をすることはできない。

なお，Aの協力をする債務の不履行は，Aの支配を越えた障害によるものであるから，BもAから損害の回復請求はできない（Ⅲ.-3:104）。

3 買主の債務（Ⅳ.A.-3:101）

買主の主たる債務は，(a)代金を支払うこと (b)物品の引渡しを受領すること (c)契約により必要とされる場合には，物品を表章する書類又は物品に関係する書類を受け取ること，である。特に，引渡しの受領に関しては，その内容として(a)売主による引渡しの債務の履行を可能とするために合理的に期待することのできるすべての行為を行うこと (b)物品を受け取ること，又は契約に従い物品を表章する書類を受け取ること，により引渡しを受領する債務を履行しなければならない（Ⅳ.A.-3:104）。

この引渡しを受領すべき買主の債務は，原則として売主が強制執行をすることができる債務として枠づけられている。しかし，売主が買主に目的物の引渡しの受領を要求できない場合がある。一つは，売主が単に買主の敷地に目的物を置くことが求められる場合であり，あるいは売主が目的物を第三者に引き渡さねばならない場合である。

> **設例 1**
>
> 地方の牛乳販売店のMは，近所の顧客に新鮮な牛乳の無料配達を提供する。牛乳は瓶詰で配達され，それは買主の敷地，玄関の前に置かれる。牛乳販売店は，物品をドアマットにおくことにより物品を引き渡す債務を履行しており，買主にはそれに対応して実際に物品を引き取るといった債務

はない。

　買主は，売主が引渡しをすることを可能とするために合理的に期待されるような行為をすることにより売主に協力することを義務づけられる。これは，売主が物品を送付する正確な場所を指示したり，担当者に物品を受領する準備をさせるといったことを含む。
　さらに買主は，民事紛争，出入国管理，伝染病のコントロールなどの際に協力義務を負う。そのようなケースでは，買主は，売主に物品を移転するのに必要な手続きを通知しなければならない。

> **設例 2**
> 　採石業者である売主が，建設業者である買主に一定量の大理石タイルをその建設現場で引渡すということに合意する。本ケースでは，売主は一方的行為により物品を引渡すものであり，買主の受領を必要としないものである。しかしながら，買主は，その場所と時間を知らせることによって，売主の引渡しを可能とするよう協力しなければならない。

　買主が，物品または書類を受領しない場合には，売主は，債務の不履行を理由とする通常の法的救済手段を行使できる。特に消費者契約では，買主の処分に委ねられた物品の規定（Ⅳ.A.-5:201）に従い，危険が買主に移転する。物品が遅滞の期間に滅失・損傷した場合には，買主はなお全額を支払わねばならないことになる。

4　危険の移転
(1)　危険移転の効果（Ⅳ.A.-5:101）
(a)　対価危険

　買主は，危険が移転した後に物品が滅失・損傷した場合にその代金全額を支払わねばならない。これが対価危険といわれる問題である。つまり，基本原則は，ひとたび危険が移転した場合は，買主は偶然の滅失・損傷の危険を負わねばならないということである[7]。

---

(7)　Sagaert/Storme/Terryn, The Draft Common Frame of Reference : national and comparative perspectives, 2012, at 467.

第3章　危険負担・受領遅滞

> **設例　1**
> 　Aは，店主であるBから陶磁器を購入する。Bは陶磁器をAに手渡し，両当事者はAが翌日その代金を支払うということで合意する。その夜，陶磁器は地震のため壊れる。危険は，陶磁器がAに引き渡された時に移転しているので，Aは代金を支払わねばならない。

(b)　給付危険

　他方，履行障害の場合，すなわち物品が滅失・損傷した場合に，売主はなお物品を買主に給付しなければならないかどうかという問題がある。これが給付危険といわれる問題である。危険が移転していない場合，売主は，免責されるか，他の物品を引き渡さねばならない。

> **設例　2**
> 　卸売業者のAは，その所有する特定の倉庫に保管され，既に生産停止となっている旧型のTVを小売店主Bに大量に売却するが，Bはそれを低価格で転売するつもりであった。しかし，それらTVは，近隣からの火災で倉庫が全焼したことにより滅失する。Aは，TVの引渡しおよび損害賠償責任を免れる。

> **設例　3**
> 　事実関係は，設例3）とほぼ同様であるが，たとえば売主の従業員が火のついたタバコを落として火災が生じたような場合で，売主が火事に責任があるときには損害賠償責任を免れない。

(c)　売主の作為または不作為

　売主が，物品の滅失・損傷を生じさせた場合は，買主は，その滅失・損傷に関して売主に対する権利を奪われない。

> **設例　4**
> 　事実関係は，設例1）と同様である。契約締結後，Bはその陶磁器をAの営業所に運送することに合意する。Bは物品を運送するために独立した運送人を使用する。運送中陶磁器は完全に破壊される。その原因はBが不完全な方法で包装したからである。危険は，物品が運送人に交付された時

に移転する（Ⅳ.A.-5:202）が，Aは代金を支払う必要はない。というのは，損害はBの行為によって生じたからである。

(2) 危険が移転する時期 （Ⅳ.A.-5:102）

(a) 物品または書類の受取り

一般的に物品の滅失・損傷の危険は，買主が物品またはそれを表章する書類を受け取った時に売主から買主に移転する。この受領ルールは，物品の滅失・損傷から物品を保護する最善の地位にいる者は，それを物理的に支配する当事者であるということから正当化される。

不適合品給付と危険移転のルールとの関係では，不適合が，危険の買主移転時より前に存すれば，売主の責任は買主に移転しない。つまり，不適合のルールが危険の規定に優先する。

> **設例 1**
>
> 　店主Aは，小売業者Bと20箱の陶磁器の売買契約をし，物品は独立した運送人によりAの店舗に運送するものとされた。Aが商品を箱から取り出すと，そのうち5箱で陶磁器が損傷していた。本ケースでは，損傷は物品が運送人に引き渡される前に存在していた場合と運送中に生じた場合とがあり得る。

(b) 物品の特定

物品は，物品の分離・製造・包装等によって特定されうる。物品が，滅失・損傷の前に特定されているかどうかは証明の問題となることがある。

> **設例 2**
>
> 　Aは，卸売業者のBから20台のTVをAの地方の小さなホテルの部屋に設置するために購入する。両当事者は，3月25日にAが物品を引き取ることに合意する。一般的に，危険はその日に移転する（Ⅳ.A.-5:201：買主の処分に委ねられた物品）。しかし，Bが倉庫の同じ型のTVからAの注文品を分離しない場合には，危険は移転しない。その場合，Aは新しい物品の引渡しを請求できる。

売主が物品を適切な時期および場所で提供する（Ⅳ.A.-5:201：買主の処分に委ねられた物品）と，受領遅滞の効果として危険は買主に移転する。

(3)　消費者売買契約における危険の移転（Ⅳ.A.-5:103）
(a)　消費者の処分に委ねられた物品

一般的規定においては，買主が物品の引取りを遅滞すると，通常の場合，危険は物品が受け取られるべきであった時から買主に移転する。しかし，消費者売買契約においては，危険は，買主が物品を受け取る時までは移転しない[8]のが原則である。ただし，その受領しないという不履行が，免責されない場合にはその原則は適用されない。

> 設例 1
>
> 消費者であるAは，自動車の販売人であるSから自動車を購入する。両当事者は，Aの売主の営業所での目的物の受取日について合意する。Aはその約束を忘れ，合意された日に自動車を受け取らない。同日の夜，当該自動車は売主の営業所から盗まれる。危険は買主にある。というのは，不履行が免責されないからである。

> 設例 2
>
> 事実関係は，設例1とほぼ同様である。約束の日に，Aが自動車を受取りに向かっていたところ，交通事故に遭い入院するはめとなる。自動車が盗難されたときには，危険は売主にとどまる。というのはAの不履行は免責されるからである。

(b)　消費者売買契約における物品の運送と危険の移転

一般的規律では，物品が運送人に交付された時に危険が移転する（Ⅳ.A.-5:202）。しかし，消費者売買契約においては，消費者が物品を受取らなかったときは，物品が滅失・損傷したという理由で，消費者は代金を支払う必要はない。この場合，売主は引渡しを遅滞しており，それに対するすべての法的救済が利用できる。

（8）　*Id.*, at 469.

> **設例 3**
>
> 　消費者Aは，母国の国境をちょうど越えたところで冷蔵庫を購入する。売主はAの住居へ冷蔵庫の運送を担う合意をする。売主は，運送人に運送を依頼し，運送中そのトラックが交通事故に遭い，Aの冷蔵庫は使用できないほど損傷する。Aはまだ物品を受け取っていないので，危険は移転しない。売主が定められた時間通りに冷蔵庫を引き渡さないと売主は遅滞となる。

　このような結果は，売主が運送の手配をし，運送人を選択するのに最大限の注意を払う契機となろう。また売主はそのような危険に対して保険を利用できるよりよき立場にある。

(4) 買主の処分に委ねられた物品（Ⅳ.A.-5:201）

(a) 売主の営業所で入手できる物品

　危険移転の原則では，危険は買主が物品を受け取った時に移転する（Ⅳ.A.-5:102）。非消費者売買契約の例外として，危険は物品が買主に利用可能となり，かつ買主が物品を受け取らなかったときに移転する。つまり，買主は，物品を受け取る義務を負っているということがその出発点にある。

　売主が物品を売主の営業所で買主に提供し，買主の処分に委ねられた場合に，買主がその引渡しを受領しないと，物品が受け取られるべきであった時から買主に移転する[9]。これは，売主がその債務を果たそうと試みる場合に，物品の偶然の滅失・損傷から売主を免れさせようという公平の原則に適うものである。逆に，買主が受け取るべき債務を遵守しようという付随的な契機を与えるものでもある。

(b) 売主の営業所以外の場所で得られるべき物品

　売主が，売主の営業所以外で買主に物品を取得するようにさせねばならないときは，危険は引渡しをなすべき時に買主に移転する。もちろん，これは，売主が物品を買主の処分に委ねなければならず，かつ，買主が，この履行の場所と物品がそこで処分に委ねられるという事実を知っていなければならない。し

---

[9]　*Id.*, at 468.

たがって，買主が物品を受け取らないことによって遅滞になっていることは必要ではない。

> **設例 1**
> 小売業者Aは，物品をBに売却する。両当事者は，物品がある日時，生産場所であるBの営業所に近い工場で直接Bの処分に委ねられるということに合意する。AがBに物品がその工場で処分に委ねられるということを知らせていると，危険はその合意された日時に移転する。

これは，物品が売主の営業所以外のいかなる場所においても買主の処分に委ねられた時に危険が移転するための受け皿条項といえる。したがって，売主が物品を買主に引き渡さねばならないケースと買主が他の場所（例えば倉庫や工場）から物品を引き取らねばならないケースの両方を含む。

(5) 物品の運送（Ⅳ.A.-5:202）
(a) 物品の運送と危険の移転

売主から買主への物品の運送を伴う売買契約のもとでは，一般的に危険は売主が物品を運送人に交付する時に移転するのであって，買主が終局的に物品を受領する時ではない。両当事者が特定の場所で物品を交付することを合意していない場合には，危険は最初の独立した運送人に物品が交付される時に移転する。一般的には，物品が運送人の支配領域に委ねられた時に運送のために交付されたものとみなされる。

> **設例 1**
> AはBに10台のコンピュータを売却する。両当事者は，AがBの営業所への物品の運送を手配することに合意する。Aは物品を運送する独立した運送人と契約をする。危険は物品が運送人に交付された時に移転する。

売主が，特定の場所で物品を交付しなければならない場合（3項）には，危険は物品がその場所で運送人に交付される時に移転する。これは一般的には，買主が運送を手配するよう予定されているケースだけである。そのとき，買主は，たとえば，物品が運送人に交付される空港や港を指定する。その結果，売

主が物品を間違った場所で運送人に交付する場合には，危険は移転しない。

> **設例 2**
>
> 　事実関係は，設例１とほぼ同様である。両当事者は，売主が物品を運送人である空港の国際物流会社に交付することに合意する。Ａは間違って物品を合意された国際空港ではなく地方の空港の運送人に引き渡す。Ａは本条３項のもとでの要件に遵っていないので，危険は移転しない。

　危険は，買主が物品を受け取る時に移転するというのが原則であるが，物品が運送人に交付される時に移転するというのはその例外則である。これは，一般的に危険は売主が物品を引き渡すのにできうるあらゆることをしたときに移転するという考えに依拠するものである。また物品の運送は買主の利益のためであるという前提に基づいてもいる。運送人を買主の「拡張」だと捉えるのは，国際貿易においては慣行ともなっている。このルールは，「支配」の概念によっては正当化されない。なぜなら，運送人への引渡後，売主も買主も物品の物理的支配を得ていないからである。

　(b)　売主から独立した存在としての運送人

　運送人は独立した運送人であって，売主が独立した運送人を用いないで運送する場合は，危険は物品が買主に引き渡されるまで移転しない。

> **設例 3**
>
> 　Ａは，赤レンガの製造業者Ｚから建設資材を購入する。両当事者は，Ｚの従業員の一人が資材を建設現場に持ってくることに合意する。本ケースでは，危険は資材が建設現場で引き渡されるまで移転しない。

(6)　運送中に売却された物品（Ⅳ.A.-5:203）

(a)　運送中の物品の売買と危険の移転

　運送中の物品の売買では，危険は原則として物品が最初の運送人に引き渡された時に移転する。したがって，運送中の物品の買主は，売買契約締結前の間の危険を負担する。この根拠としては，最終買主が，通常保険を掛けることにより全運送の危険を負担することがこの種の商事取引の慣行であるということ

と，この種の売買は商品に関する書類に基づくものであり，買主はそれにより事前に調査することができることが挙げられる。

> **設例 1**
>
> 　AはBから100バレルの綿布を購入する。BはAに商品を送付する。商品がまだ運送中の間にAはその商品をCに売却する。運送人に引き渡された時から，Cが危険を負担する。

　共通参照枠草案（DCFR）のこのルールは，ウィーン国連売買条約（CISG）68条のルールを若干修正するものである。CISGでは，原則として運送中の物品の危険は契約の締結時から買主に移転することとされており，例外的に，状況によっては，物品が運送人に交付された時から買主が危険を負担するとされている。

(b)　例　　外

　例外として，運送中の物品の売主が，運送中に物品が滅失・損傷していたことを知りまたは知るべきであった場合において，そのことを次の買主に知らせなかったときには適用されない。

> **設例 2**
>
> 　事実関係は，設例1）とほぼ同様である。綿布が目的地の港に到着する時に，Cは，運送中に綿布の一部が損傷したことに気づいた。通常この損失はCによって負担されるが，Cは保険を利用できる。AがCと契約を締結する時に，綿布が損傷していることを知っているか知るべきであり，かつその情報をCに提供しなかった場合には，その損失はAが負担する。

三　ウィーン国連売買条約（国際物品売買契約に関する国際連合条約：CISG）[10]における危険負担・受領遅滞

　ここでは，商人間・事業者間の国際商事取引における紛争事例をCISG裁判例[11]においてみていく。

---

(10)　United Nations Convention of Contracts for the International Sale of Goods, 1980.
(11)　CISGの裁判例に関しては，〈www. unilex. info/〉を参照。

1 買主の主たる義務（引渡受領義務：CISG:60）

① 1998年2月12日　仲裁裁定[12]

【事実】　ロシアの売主とブルガリアの買主が，鉄製ロープの売買契約を締結した。買主は最初に送られてきた船荷を受け取った後，売主に引渡しを停止するよう求めて何通かのファックスを送った。買主は引き渡された物品の代金のほんの一部しか支払わず，残額の支払いを拒絶した。売主は，交渉したが結果が得られなかったので，代金の全額および利息を求めて訴えを提起した。買主は反対訴訟を提起した。

【裁定】　買主が引渡しの停止を求めた理由は，不履行責任を免れる79条の要件を満たしていない。買主は，市況が不況であること，物品の保管の問題，支払通貨の切り上げ，建設業の貿易量の減少を主張しているが，そのような事象は，買主の取引リスクに属する事柄だとみなされ，免責に至る障害ではない。買主が引渡しの停止を要請した後に引き渡された物品は，自己の所有物とはなっていないとの主張に対しては，買主は物品を受け取るべきことを義務づけられているとされる。物品を自由に処分・売却することにより，買主は所有者として行為した。したがって，買主は53・60条のもとで，その義務を果たさねばならない。すなわち，引き渡された物品を受け取り，その残額を支払わねばならない。

② 2005年9月26日　スペイン（Audiencia Provincial de Palencia）[13]

【事実】　スペインの買主とアメリカの売主とが印刷機の売買契約をした。一度引き渡されたが，印刷機は機能しなかった。買主は物品の契約適合性の欠如を主張して売主を契約違反で訴え，第三者から購入した別の印刷機代を含めた損害賠償を請求した。これに対して，売主は，こちらには契約違反はない。機械の不具合を招いたのは，機械自体に原因はなく，買主の行為（不適切な設置場所，不十分な電源および飲料水）が原因であると反論した。第1審，買主一部勝訴。

【判決】　買主が代替の印刷機を購入して生じた費用は，損害賠償に含まれる

---

(12) Bulgarska turgosko-promishlena palata (Bulgarian Chamber of Commerce and Industry) (Arbitral Award), 12.02.1998.

(13) Audiencia Provincial de Palencia (Spain), 26.09.2005, Sentencia 00227/2005.

とされる。売主は，25・30・35条に定められた義務に違反したとされたが，たとえ購入者が機械を据え付けた状況が不適切であっても，専門家の証拠に基づくと，機械は売主に知られていた買主の目的に適合しないものであるということが示される。買主に購入した物品の引渡しを可能とする合理的な努力を求める60条の規定に照らすと，買主の行為は契約違反とはならない。したがって，売主は45・74・81条により，買主に対して印刷機の代金の支払いおよび損害賠償をしなければならない。

③ 2000年2月10日 仲裁裁定[14]

【事実】 パキスタンの売主がロシアの買主とある物品を引き渡す契約をした。第1回目に送られた大量の物品は不適合品であったけれども，買主は履行を停止する契約上の権利を行使せず，代わりに，引き続き送付される物品に応じて信用状の額が自動的に増えるということを売主に知らせることにより，第2回目送付の物品を受け取る意思を確認した。それにもかかわらず買主は，売主が既に船積みの準備をした第2回目送付予定の物品の受取りおよびその代金の支払いを拒絶した。売主は物品を送付する代わりにそれを倉庫に保管した。売主は，第2回目送付予定の物品の代金の支払と第2回目送付予定の物品を倉庫に保管することによって生じた費用および第2回目送付予定の物品の製造のために購入した原料の費用の回復を求めた。買主は，物品が船積みの準備ができたということは知らず，合意した物品のサンプルを受け取っていないので信用状の増額はないと反論した。

【裁定】 買主は物品が第2回目送付の準備がなされたことを知っており，物品のサンプルも受け取っていた。また買主の代理人は製造者の工場で船積前検査を実施することができたであろうとされた。受け取った物品の10％以上が不適合品であったにもかかわらず，買主はその後の引渡しを拒否する契約上の権利を行使しなかった。したがって，買主は54・60条により，物品を受け取り，その代金を支払わねばならない。

④ 1993年5月14日 ドイツ（Landgericht Aachen）[15]

---

[14] Tribunal of International Commercial Arbitration at the Russian Federation (Arbitral Award), 10.02.2000, 340/1999.

[15] Landgericht Aachen (Germany), 14.05.1993, 43 O 136/92.

【事実】 ドイツの売主は，イタリアの買主に10個の補聴器に関する請求書を送ったが，買主は以前これを購入する意思を表明していた。買主はファックスで物品を受け取ることができると述べたが，履行の通知を受け取った後で，買主はもはや物品を受け取る意思がないことを売主に通知し，受け取らなかった。その結果，両当事者は和解交渉をしたが，その内容は，買主が物品を受け取り，定められた期間内に購入代金の一部を支払えば，売主は契約上の訴えを放棄することに合意するというものである。買主は，これに応じなかったので，売主は当初の合意に基づいて訴訟を提起し損害賠償を請求した。

【判決】 31条(b)(c)によると，売主は売主の営業所で引渡しをしなければならない。買主は，売主の営業所（ドイツ）で受け取らねばならない。買主は物品を受け取る義務に違反しており，履行のための付加期間を定めた売主は，61(1)(b)・63条により損害の回復をすることができる。

2 債権者の不履行（CISG: 80）

⑤ 2003年　仲裁裁定[16]

【事実】 イタリアの服飾品の製造者とアメリカの販売店との間で独占販売契約が締結された。契約によると引渡しは1回またはそれ以上に分割してなされ，支払いは注文を受けてから15日以内に信用状を開設してなされることとされていた。売主が以前の価格リストの10〜15％の価格の引き上げを求め，それに対して買主が信用状の開設を拒絶して争いが生じた。8月2日の手紙では，売主は受領後20日以内に信用状を開設することを求め，そうしない場合には合意を解除すると述べた。そして両当事者間で交渉がなされ，最終的には9月12日に売主が信用状を開設した。それにもかかわらず，9月19日に製造者は合意を解除した。そこで販売店は，国際仲裁裁判所の仲裁手続きを求めた。

【裁定】 販売店が，売主が定めた期間内に信用状の開設をしなかったのは債務の不履行である。売主は64条(1)(b)に従って合意を解消することができる。販売店が，10〜15％の価格の引き上げに対する不同意の対応として，代金の支払いを全面的に拒否するのは過度の不当な対応である。そして信用状の開設をしなかったことが，売主によって惹起された障害によるものだとの証明もでき

(16) ICC International Court of Arbitration (Arbitral Award), 00.00.2003, 11849.

ていない。

⑥　2007年5月11日　ポーランド（Supreme Court of Poland）[17]

【事実】　ドイツの買主とポーランドの売主が，4400㎡の特殊な皮の売買契約を締結した。これはドイツの靴製造者へ供給されることになっていた。物品が不適合であるとの靴製造者からの通知を受け，買主は売主にそのことを伝え，品質管理保証を求め代替品を要求した。ドイツの製造者は，買主に靴を返還した。売主が代替品の引渡しを拒否したため，買主は契約を解除した。

【判決】　代金の支払いは相互の契約上の履行の欠如に起因するものではなく，売主が契約に適合した物品を提供しなかったことによるものだから，80条の違反はない。したがって，80条に要求される債務者の行為と債権者の履行との間に必要な連結を欠いている。

⑦　1995年10月5日　仲裁裁定[18]

【事実】　ベラルーシの売主とブルガリアの買主が，冷蔵庫および大型冷凍庫の売買契約を締結した。買主が引き渡された物品の一部の代金を支払わなかったので，売主が残代金の支払いを求めて訴えた。買主が支払わなかったのは，売主が不適切にも一方的に履行を停止し，かつ潜在的な欠陥のある物品を引き渡したからだと反論した。

【裁定】　80条では，当事者は相手方の不履行が自己の作為または不作為によって生じた場合には，相手方の不履行に依拠することができないとされる。本ケースでは，買主が既に引き渡された物品のかなりの数量に対する支払いを怠っており，その後の売主の残存する商品の引渡しの拒絶を，不履行の免責事由として依拠することはできない。

⑧　1996年2月6日　オーストリア（Oberster Gerichtshof）[19]

【事実】　ドイツの売主とオーストリアの買主との間でプロパンガスの売買契約が締結され，買主は物品をベルギーに輸出するつもりであり，売主が船積港を指定することになっていた。売主がこの指定をしなかったので，買主は信用状の開設ができなかった。売主は自己への供給者がガスをベネルクス諸国へ輸

---

[17]　Supreme Court of Poland (Poland), 11.05.2007, V CSK 456/06.
[18]　Belarucian Chamber of Commerce and Industry International Court of Arbitration (Arbitral Award), 05.10.1995, 24/13-95.
[19]　Oberster Gerichtshof (Austria), 06.02.1996, 10 Ob 518/95.

出することに同意していないので，ガスの引渡しを拒絶したと告げた。買主は転売の損害を含めた損害の回復を求めて訴訟を提起した。

【判決】 買主が信用状を出さないという不履行は，売主が港の指定をしなかったという事実によるものであり，売主は買主の不履行に依拠することはできない。

⑨ 1995年6月23日 ドイツ（Amtsgericht München）[20]

【事実】 イタリアの売主とドイツの買主との間で，買主の顧客の薬品製造のための一定の品質を備えた化学物質の売買契約がなされた。引き渡された物質は，製品を作るには純度不足であるとの顧客からの苦情により，両当事者は，売主がイタリアで欠陥品を追完することで合意した。売主の指示のもとドイツの運送業者によって返品されることになったが，それはイタリアへ送られなかった。そこで買主は，自己の費用で目的物を追完し，その費用を控除した分の代金を売主に支払った。そこで売主は，イタリアに予定通り到着していれば，イタリアでもっと安い費用で物品を追完できたと主張して，全額の支払いを求めて買主を訴えた。

【判決】 買主は，イタリアへの物品の再発送に関する売主の指示を遵守しており，また運送人の債務の履行に対する責任はないので，自己の作為または不作為によって生じた損害賠償を請求する権利を失っていない（80条）。売主は不履行に対する追完の権利を行使していたのであるから，運送人の債務の不履行に対する責任がある。買主は欠陥品のための処理費用の回復をすることができる。

⑩ 2002年2月20日 ドイツ（Landgericht München）[21]

【事実】 イタリアの売主とドイツの買主が靴の売買契約をした。物品の数量と契約適合性に関して両当事者間に争いが生じた。買主が合意された代金を支払わないので，売主は注文された数量の靴の一部しか引渡しをせず，残金の支払いを求めて買主を訴えた。買主は，売主が契約に適合しない物品を引き渡したとして損害賠償を求める反論をした。

【判決】 売主は不適合品の給付をしたが，買主はその通知を合理的期間内に

---

(20) Amtsgericht München (Germany), 23.06.1995.
(21) Landgericht München (Germany), 20.02.2002, 10 O 5423/01.

出していないため不適合の主張はできない。また売主の残存物品の引渡停止を招いたのは，買主の代金の支払いの拒絶であり，買主は損害賠償請求権を喪失する（80条）。

⑪　2012年9月26日　ドイツ（Bundesgerichtshof）[22]

【事実】　ドイツの売主とオランダの買主との間で粘土（高陵石）の長期供給契約が締結された。買主はこの目的物を用いて作った制作物をジャガイモの等級分け（高濃度のでんぷんを含んだものは食糧生産に，低濃度のでんぷんを含んだものは飼料用）に使用した。しかし，この目的物には高度のダイオキシンが含まれており，ジャガイモが汚染された。そこで買主は損害賠償を請求した。

【判決】　売主は粘土（高陵石）が汚染されていることを買主に通知しなかった責任がある。また買主には，高陵石のダイオキシン汚染がすでに周知の事実であったのに，汚染を確認しないで，商品を市場に出した責任がある。両当事者には，損害軽減義務を規定する77条と80条（債権者の不履行）に依拠して損害の発生に半分ずつの寄与度があるとして，半額分の損害賠償請求を認めた。

⑫　2011年11月22日　オーストリア（Oberster Gerichtshof）[23]

【事実】　オーストリアの買主が，アイスクリームの完全なモニタリングをするためのビデオ装置をドイツの売主に注文した。カメラが売主によって設置され，買主がその代金を支払った後で，そのシステムでは完全なモニタリングができないことが判明した。何度かやり直しをした後，売主はその装置の修理を希望したが，買主は売主がパーラーに入ることを許さず，売主への信頼を失ったとして契約解除の意思表示をした。修理は可能なものであったが，かなりの費用を要するものであった。買主は損害賠償を請求した。第1審および控訴審では損害賠償の請求は棄却された。

【判決】　買主は売主による追完を理由なく拒絶しており，契約解除の意思表示をする権利を喪失している（80条）。

⑬　1992年7月9日　ドイツ（Landgericht Düsseldorf）[24]

【事実】　ドイツの売主とスイスの買主との間で，第三者によって製造される

---

[22]　Bundesgerichtshof (Germany), 26.09.2012, VIII ZR 100/11.
[23]　Oberster Gerichtshof (Austria), 22.11.2011, 4 Ob 159/11b.
[24]　Landgericht Düsseldorf (Germany), 09.07.1992, 31 O 223/91.

第2部　民法新規定と比較法

工業機械の売買契約が締結されたが，その第三者は，売主と独占販売の合意をしていた。買主は引渡しの前に第1回目の代金の支払いをした。その後，製造者は売主との合意を解除した。そして買主と製造者は，売主の面前で，機械を買主の営業所に直接引き渡すことにした。買主は製造者に直接残代金を支払い，その後，売主との契約を解除した。そこで，売主が支払いを求めて買主を提訴した。

【判決】　買主は，売主との契約にまだ拘束されている間に，製造者から引き渡しを受けている。この行為は，売主に自己の買主に対する債務を果たしたものだとみなせるものである。したがって，売主による不履行は，買主自身の行為によって引き起こされたものである（80条）。

⑭　1995年2月8日　ドイツ（Oberlandesgericht München）[25]

【事実】　ドイツの売主とイタリアの買主との間で11台の自動車の売買契約がなされ，10月末までに引き渡されることとされた。その後，売主から自動車の一部の早めの引渡しの提案に対して，買主はすべての自動車の8月15日までの引渡しを求めた。これに対して，売主は8月15日から数日後の時点で，5台はすぐに引き渡すことができ，6台は10月初めに利用できると述べた。10月末に買主は通貨の変動を理由に，売主に受取りができないと通知した。売主は買主の契約違反の結果として逸失利益の損害賠償を請求した。買主は，売主がギャランティを行使することによって得た金額の回復と，売主の遅滞による契約違反を主張して損害賠償を請求した。

【判決】　当初の契約は，その後に出された手紙によっては修正されていない。というのは，申込みに対する承諾がなされていないからである。したがって当初の契約が有効である。売主が物品の引渡しをしなかったことは，買主が受取りをしなかったことが原因である。したがって，買主は80条1項により損害賠償を請求する権利を喪失する。

⑮　1997年1月31日　ドイツ（Oberlandesgericht Koblenz）[26]

【事実】　オランダの売主とドイツの買主とが，アクリル製毛布の売買契約をした。引渡しの4日後に買主は数量不足と物品の不適合を述べ，買主のドイツ

---

[25]　Oberlandesgericht München (Germany), 08.02.1995, 7 U 1720/94.
[26]　Obelandesgericht Koblenz (Germany), 31.01.1997, 2 U 31/96.

での独占販売権を認めた合意に売主が違反したとして，購入代金を支払わなかった。売主は代金全額の支払いを求めて訴訟を提起し，買主は不適合を理由とする損害との相殺を主張し反対訴訟を提起した。

【判決】 買主は不適合の性質を十分に明確には述べておらず，また代替品の引渡しによる不履行の売主の追完の申し出を不当にも受け入れておらず，売主の重大な違反とはならないため，買主は契約を解除することはできない。また，80条により，買主は売主の不適合の追完を妨げたので損害賠償請求権を喪失する。

3　危険の移転

危険が移転した後に生じた物品の滅失・損傷は，原則として買主が負うことになる。また，その滅失・損傷が売主の作為または不作為により生じた場合の例外が認められており，危険負担は両当事者に責任がないということを前提としている[27]。

(1)　危険移転の効果（CISG：66）

⑯　1996年12月10日　仲裁裁定[28]

【事実】 ユーゴスラビアの売主がハンガリーの買主にキャビアを売却し引き渡した。その契約によると，買主が売主の住所で卵を回収し，ハンガリーにある自己の施設に物品を運ぶということになっていた。代金の支払期限は，物品の引渡後2週間であったが，その時，ユーゴスラビアに対する通商禁止令がハンガリーで発効した。買主は国連の通商禁止令は不可抗力であるとして支払いができなかったと主張した。

【裁定】 不可抗力によって生じた損害は，危険が移転した当事者が負担しなければならない。つまり買主が負担しなければならない。買主が，損害が売主の作為または不作為によるものであるということを証明できなければ，引き渡された物品の代金を支払わねばならない。

---

[27]　Schlechtriem & Schroeter (6 Aufl.), Internationales UN-Kaufrecht, 2016, S.244.
[28]　Hungarian Chamber of Commerce and Industry Court of Arbitration (Arbitral Award), 10.12.1996, Vb/96074.

⑰　1995年10月31日　アルゼンチン（Cámara Nacional de Apelaciones en lo Comercial Sala C）[29]

【事実】　ドイツの売主がアルゼンチンの買主と乾燥キノコの売買契約をして船荷で買主に引き渡すこととした。物品は香港からブエノスアイレスまで船で運ばれたが，その間に劣化した。買主は売主に対して損害賠償請求をし，運送の間に劣化が生じた物品の不適合を主張した。

【判決】　危険は売主が買主に物品を送付するために最初の運送人に交付した時に買主に移転する（67条）。66条によると，買主は代金支払義務を免れない。というのは，物品の劣化は危険の移転後に生じており，買主は劣化が売主側の作為または不作為によるものだということを証明していないからである。

⑱　1995年　仲裁裁定[30]

【事実】　カルフォルニアの買主と中国の売主とが，10,000kgのジャスミン・アルデヒドの売買契約をした。契約後，買主は売主にファックスで物品は高温で劣化しやすいので，売主に対してそのことを運送人に伝え，運送中物品を比較的涼しい場所に保管することを確認するように頼んだ。さらに買主は物品をできるだけ直通便で運送するように求めた。これに対して売主は異論を出さなかったが，港での温度は適切であり，物品を危険にはさらさないと応えた。香港を通過し，物品がニューヨークで降ろされたとき，高温にさらされたことによりその大部分が溶け（航海中の過度の熱により）漏れ出していた。数日後，物品は最終ユーザーに送られたが，受取りを拒否された。その間買主は売主に損害について情報を提供し，同日物品を検査させた。そして両当事者は和解契約をし，それによると，売主はUS＄60.000を損害として支払うが，そのうちUS＄20.000は定められた日に現金で支払うこととされ，残りは両当事者間のさらなる処理で賠償されることとされた。しかし，売主はUS＄20.000を支払わず，さらなる処理もできなかった。そこで，買主はUS＄60.000と利息の支払いおよび損害賠償の支払いを求めて仲裁委員会に訴えた。

【裁定】　66条によると，物品の損害に対して売主に責任がある。売主は運

---

(29)　Cámara Nacional de Apelaciones en lo Comercial, Sala C (Argentina), 31.10.1995, 47448.
(30)　CIETAC China International Economic and Trade Arbitration Commission (Arbitral Award), 00.00.1995.

送人に対して適切な指示をしておらず，直通の船舶ではなく香港経由で物品を送っているので，特約で定められた義務に従っていない。したがって，損害は66条の売主による作為または不作為によって生じたものである。

⑲　2006年12月14日　ドイツ（Oberlandesgericht Koblenz）[31]

【事実】　イタリアの売主とドイツの買主が，一定数量の瓶を「工場渡し」で引き渡し，買主によって雇用された運送人によって受け取る契約を締結した。引渡後買主は，不適切な包装のため瓶は壊れるか無菌性を喪失しており，そのため使用不能であると主張して，代金を支払うことを拒絶した。

【判決】　売主は，35条(2)(d)に従うと，瓶を不適切に包装したことにより契約違反をした。物品が買主の運送人に交付された時に危険は買主に移転するが，危険が契約のもと買主に移転する時に既に存在していた物品の不適合のため，売主は損害に対する責任がある（36条）。その結果，損害は売主の作為または不作為に由来しており，売主は物品の全代金の回復をすることはできない。

(2)　運送を伴う売買契約における危険の移転（CISG：67）

⑳　2000年4月13日　ドイツ（Amtsgericht Duisburg）[32]

【事実】　イタリアの売主とイタリアの国籍を持つがドイツに営業所のある売主が，ピザ用の段ボール箱に関して長期継続的契約関係のもと売買契約を締結した。買主は代金の前払いをし，売主は段ボール箱を運送会社に交付したが，引渡しの際に物品の大部分が損傷し，その目的に使用することができなかった。その後の損傷のない物品の引渡後，買主はその後の物品の代金の支払いを拒絶し，前の契約に基づく反対訴訟を提起して相殺を主張した。売主は代金の支払いを求めて買主を訴えた。

【判決】　36条に従うと，売主は危険移転後に生じた物品の不適合に対する責任はない。67条によると，危険は運送人に物品が交付された時に買主に移転する。

㉑　2002年8月22日　ドイツ（Oberlandesgericht Schleswig）[33]

---

(31)　Oberlandesgericht Koblenz (Germany), 14.12.2006, 2 U 923/06.
(32)　Amtsgericht Duisburg (Germany), 13.04.2000, 49 C 502/00.
(33)　Oberlandesgericht Schleswig (Germany), 22.08.2002, 11 U 40/01.

【事実】　ドイツの売主とオランダの買主は，デンマークの食肉処理場に引き渡すために400頭の羊の売買契約をした。引渡後，買主は家畜の不適合（やせすぎで直ちには屠殺に供することができない）を主張して代金を支払うことを拒絶した。

【判決】　買主は合理的期間内に物品の不適合の通知をしていないので，不適合に依拠する権利を喪失している（39条（1））。売主が羊を最初の運送人に交付した時に危険は既に買主に移転しているので，売主は責任を負わない。

㉒　1992年11月20日　ドイツ（Oberlandesgericht Karlsruhe）[34]

【事実】　売主の引渡しの条件は，「家まで無料」「関税支払済」「無税」であった。売主は物品を引き渡すための運送人を指定した。しかし，買主は代金を支払わず，物品を受け取ったことを否定した。売主は代金の支払いを請求した。物品の引渡証明として，売主には物品受領印を押した引渡帳があったが，そこには買主のサインはなかった。

【判決】　「家まで無料」という用語は，引渡費用だけではなく，危険の移転をもカバーするものであり，その結果，物品が営業所に引き渡されて初めて危険は移転する。したがって，両当事者は，危険の移転に関し31（1）（a）・67条（1）の規定から，特約を設けている。売主は物品の引渡しの証明もしておらず，売主の訴えは棄却される。

㉓　2005年3月2日　ドイツ（Bundesgerichtshof）[35]

【事実】　ベルギーの売主がドイツの買主と豚肉の売買契約を締結した。合意では，肉は直接買主の顧客のもとに運送され，そこから最終目的地であるボスニア・ヘルツェゴビナへ再発送されることになっていた。肉は3回に分けて引き渡されたが，各引渡しには消費に適したものであるとの証明書が付されていた。買主が契約代金の一部を支払った。その後，ドイツとベルギーの双方で，ベルギーで生産された肉にダイオキシンが含まれているのではないかとの疑いが生じた。この問題に関しては，まずドイツ，次にEU，そしてベルギーで法的規制がなされ，特に豚肉に関してダイオキシンのないことの証明書が求められた。売却された肉はボスニアの税関で没収された。売主が必要とされる証明

---

[34]　Oberlandesgericht Karlsruhe (Germany), 20.11.1992, 15 U 29/92.

[35]　Bundesgerichtshof (Germany), 02.03.2005, VIII ZR 67/04.

書を引き渡すことができなかったので，買主は未払額の支払いを拒絶した。売主は，残代金の支払いを求めて，買主に対して訴訟を提起した。第1審，第2審，請求棄却。

【判決】 3回のうち2回の肉の引渡しは，35条(2)(a)によると不適合であった。というのは，ダイオキシン汚染の疑いにより，仲介取引では一般的である肉の再販売ができなくなったからである。この点に関し，物品に実際にダイオキシンが含まれているかどうか確認する必要はない。そのような単なる疑いだけで，公的機関は直ちに販売禁止措置をとることができ，したがって物品は不適合だといえる。これは，たとえEUの規制が買主へ引渡後に制定されたとしても適用される。というのは不適合は，未だ発見されていなくても，既に危険が買主に移転した時に存在していたからである（36(1)・67条）。

㉔ 1997年10月31日　スペイン（Audiencia Provincial de Cordoba）[36]

【事実】 両当事者が自動車の売買契約を締結した。買主は鉄が酸化していることに気づき，物品の損傷は船積みされる前に生じていたため，売主に責任があると主張して訴訟を提起した。第1審，請求棄却。

【判決】 31・67条によると，危険は物品が船積みのため最初の運送人に交付された時に買主に移転するため，売主には責任はない。さらに運送人は物品が完全な状態であるということを証明する書類にサインをしていて，買主はそれに反する証拠，特に劣化が船積みの前に生じたということの証明をしていない。

このように運送を伴う売買契約においては，買主は物品の損傷が運送中に生じた事象によるものではないということを証明しなければならない[37]。なお，当然のことながら，売主自身のスタッフは「運送人」ではない[38]。また，種類物は特定しないと危険は移転しない[39]。「特定」は67条(2)にしか規定はないが，危険移転には本質的なことである[40]。

---

[36]　Audiencia Provincial de Cordoba (Spain), 31.10.1997.
[37]　M. Bridge, Risk of Loss (chapter 2) in : DiMatteo/Jansen/Magnus/Schuze :International Sales Law, Contract,Principles & Practice, 2016, at 646.
[38]　I. Schwenzer, Commentary on the Convention on the International Sale of Goods (CISG)(4th ed.), 2016, at 971.
[39]　*supra* note 27, Schlechtriem & Schroeter, S.246.
[40]　*supra* note 38, Schwenzer, p 986.

(3) その他の場合における危険の移転（CISG:69）

69条(1)においては，引渡時危険移転と受領遅滞による危険移転の原則が規定されている。

㉕　2002年2月18日　ベルギー（Rechtbank van Koophandel, Ieper）[41]

【事実】　フランスの売主がベルギーの買主から豚肉を購入した。売主は代金の支払いを求めて買主を訴えた。買主は，売主はベルギーでのダイオキシン危機の間，肉がダイオキシンに汚染されていなかったということを証明できていないとして，物品が契約不適合だと反論した。

【判決】　69条によると，危険は物品が交付された時に売主から買主に移転する。その時以後は，売主は自己の与えた特別の保証に違反し適合性を欠く場合に対してのみ責任を負う（36条（2））。本ケースでは，買主は，肉を受け取った後，検査させてダイオキシンがないということが判明している。その後フランス政府がベルギーからの肉製品の輸入に関しルールを制定しようと，それを売主の責任とすることはできない。

㉖　1997年7月17日　オランダ（Arrondissementsrechtbank Arnhem）[42]

【事実】　オランダの売主がドイツの買主にオークションで，画家 Henry van der Velde の作品とされる絵画を売却した。第2番目のドイツの競売人によって購入された後，絵画は国際的に有名な競売店に提供された。しかし，専門家による鑑定後，競売店は絵画が当該画家の作とすることはできないと主張した。その結果，買主は自分の買主である第2番目のドイツの競売人により訴えられた。そこで買主は，売主に対して契約の解除および既になされた支払いの返還を求めて提訴した。売主は，第2番目のドイツの競売人による買主に対する請求は時効にかかっているとの抗弁を提起した。

【判決】　第2番目のドイツの競売人の買主に対する請求は時効にかかっている。したがって，売主は不適合を理由として訴えられることはない。また，たとえ時効が成立していなかったとしても，本ケースでは，引渡しの時点で，絵画が Henry van der Verde の作だというどんな表示も存在しない。したがって，売主は適合した引渡しをしたといえる。

---

(41) Rechtbank van Koophandel, Ieper (Belgium), 18.02.2002, A. R. 318/00.
(42) Arrondissementsrechtbank Arnhem (Netherlands), 17.07.1997.

㉗ 1998年6月23日　ドイツ（Oberlandesgericht Hamm）[43]

【事実】　オーストリアの売主とドイツの買主が家具の売買契約を締結した。買主は，家具が合意されたようには引き渡されなかったという理由で支払いを拒絶した。売主は支払いを求めて訴訟を提起した。

【判決】　本ケースでは，売主は物品を引き渡しておらず，将来それが可能とはならないということが明らかである。というのは，家具はハンガリーの倉庫で喪失してしまっているからである。69条(2)によると，本件のように買主が売主の営業所以外の場所で物品を受け取る義務がある場合，すなわち，買主がハンガリーで受け取らねばならない場合，危険は，引渡しの期限が到来し，物品がその場所において買主の処分に委ねられたことを買主が知った時に移転する。特に売主は，31条(b)のもとで未だ物品を買主の処分に委ねてはいない。というのは，売主は契約で求められているすべての準備行為は果たしておらず，特に家具を鉄道または道路運送に供する義務を果たしていない。

(4)　売主による重大な契約違反と危険移転の関係（CISG:70）

㉘　1996年4月29日　メキシコ（COMPROMEX, Comisión para la Protección del Comercio Exterior de Mexico）[44]

【事実】　メキシコの買主とアメリカの売主とが，果物缶詰の売買契約をした。物品はチリの会社で製造され，船でメキシコの買主に引き渡された。物品の引渡後，買主は缶詰と包装が合意されたようにはなされておらず，その結果，低品質と低抵抗力，そして船積後の劣化を招いたとして訴訟を提起した。

【判決】　たとえ買主が船積港で物品が船積みされた後あらゆる危険を負担するとしても，本ケースでは，売主は責任を免れない。たとえ不適合が後に現れようとも，売主は危険移転時に存在するいかなる不適合に対しても責任がある。そして本ケースのように，売主の債務の違反によって生じたいかなる不適合に対しても売主は責任を負う。

---

(43)　Oberlandesgericht Hamm (Germany), 23.06.1998, 19 U 127/97.
(44)　COMPROMEX, Comisión para la Protección del Comercio Exterior de Mexico (Mexico), 29.04.1996, M/21/95.

四　日本法における危険負担・受領遅滞(45)

現行法においても改正法においても，債権総則の一般的規定として，債権・債務の本質的内容を示すような規定はない。また，日本の法制は，債権者の権利の側面に過度に傾斜したものとなっている。債権者および債務者は，特に契約債務においては，それぞれが債権を有し，債務を有する関係にあり，両当事者とも自己の債務の実現を図らねばならない。また両当事者は，それぞれ主たる債務以外に多様な付随義務・保護義務をも果たしながら，契約目的の実現に向けて誠実に必要とされる行為を果たしていくことが求められる(46)。

「協力義務」は，信義誠実の原則から導くことができるものであるが，債権者・債務者間における一般的義務である。この義務を果たさなければ，両当事者の契約内容実現は達成できない。この一般的協力義務から，一定の契約類型では受領義務を導くことができる。したがって，債権総則においても契約総則においても，債権者・債務者間の「協力」を要請するような規定を全く欠いている現行法・改正法においても，これを信義誠実の原則（民1条2項）から導くことによって，解釈の基礎に据える必要がある。

改正法では，新たに，債務者の提供時以後の注意義務の軽減（第413条1項）と増加費用の債権者負担（第413条2項）の規定に加え，債務者提供時以後の双方の帰責事由のない履行不能が債権者の責めに帰すべき事由によるものとみなされる規定（第413条の2第2項）が定められる。この結果，債権者が，債権者の責めに帰すべき事由により債務の履行不能を招いたということになり，法的救済としての履行請求権が排除され（第412条の2第1項），損害賠償請求権も認められず（第415条1項ただし書），契約の解除もできない（第543条）。さらに，第536条で「債権者の責めに帰すべき事由によって債務を履行することができなくなったときは，債権者は，反対給付の履行を拒むことができない。」とされていることから，結局，債権者が危険を負う結果となる。したがって，

---

(45) これに関する近時の邦語文献として，特に以下のものを参照。山田創一「危険負担に関する債権法改正」法学新報122巻9・10号（2016年）563頁，同「危険負担に関する債権法改正の考察」日本不動産学会誌30巻1号（2016年）48頁，野中貴弘「契約不適合物の危険移転法理」日本法学82巻4号（2017年）67頁，同「契約適合性への買主の信頼」日本法学83巻1号（2017年）55頁。

(46) 石崎・前掲注(4)『新民法典成立への扉』263頁。

第413条の2第2項は，受領遅滞危険移転を示すものとなっている。

　これが，売買の規定に至るとさらに明確になる。第567条1項で，特定物の引渡しの場合に，引渡以後に目的物が当事者双方の責めに帰することができない事由によって滅失・損傷したときに，履行の追完請求，代金減額請求，損害賠償請求，契約解除の権利行使ができないこととともに，代金の支払いを拒むことができないとされ，ここに引渡時危険移転の原則が採用されている。

　第2項では，債権総則（第413条の2第2項）・契約総則（第536条2項）の規定から導くことができた受領遅滞危険移転の原則が，「履行の提供があった時以後に当事者双方の責めに帰することができない事由によってその目的物が滅失し，又は損傷したときも，前項と同様とする。」とされ，ここに明定されている。

　つまり，統一法秩序において採用されている危険移転の2大原則，引渡時危険負担と，受領遅滞危険負担の原則が売買規定において明確に採用された。

第4章　契約の解除

一　現行民法典と改正法における契約解除の基本構成

　現行民法典の第三款に，契約解除の規定群が置かれる。改正法ではこれが第四款となるが，その基本構成は維持されいくつかの点で部分的な修正がみられる。

　まず，民法540条において，「解除権の行使」に関し，契約の解除が，一方当事者の意思表示によってなされる旨が示され，改正法も同様である。これはフランス民法のように裁判官が決定する（1184条）のではなく，当事者に解除の意思表示を委ねることにより，取引の不当な遅滞を招かないようにするという点に意義がある。

　次に民法541条で，「履行遅滞等による解除権」として，相手方の不履行に際し，相当の期間を定めてその履行の催告をし，その期間が徒過したときに契約の解除を認めるという趣旨のいわゆる「催告解除」の規定が置かれる。このことは，民法が，ドイツ民法323条，スイス債務法107条等にみられる催告解除を原則として採用するものであることを示すものである。これが改正法でも維持され，その第541条では，「催告による解除」とタイトルが変更され，より明確に催告解除の原則性を宣明するかのようである。ただ，第541条にはこれまでにも指摘してきたように，法制審議会で最も激しく争われてきた問題の一つである「ただし書」が挿入されている。

　そして現行民法では，542条において「定期行為の履行遅滞による解除権」が，543条においては「履行不能による解除権」が規定される。これらは，比較法的観点からすると，ここに個別に無催告解除とされるべき二つの類型が採用されているとみることができる。改正法は，これら二つの類型を一つの条文へと統合し，他に無催告解除が認められるべき類型，すなわち「履行拒絶」をも取り込み（同条2項），さらに「契約をした目的を達するのに足りる履行がされる見込みがないことが明らかであるとき」という，いわゆる受け皿規定をも設け（同条5項），ここ第542条において「催告によらない解除」（無催告解除）の統一規定を採用するに至った。

第 4 章　契約の解除

　契約解除の効果に関しては，現行民法 545 条の 1 項において，原状回復の原則が示され，同条 3 項において解除と損害賠償請求とが併存するものであることが規定されている。改正法第 545 条でもこれが基本的には維持され，現行同条 2 項の金銭返還の際の利息を付すべき旨の規定に，金銭以外の物の返還に果実をも返還しなければならない旨の規定（改正法同条 3 項）を加えたところだけが新たな修正点であり，改正法第 545 条も基本構成としては，現行の 545 条を維持している。

　債権者が解除権を喪失する場合の規定として，債務者の「催告による解除権の消滅」（現行 547 条）があり，これは改正法第 547 条でも維持されるが，これは解除権を有する債権者であっても，一定期間内に解除の意思表示をしないと解除権を失うというもので，これを債務者からの相当期間を定めた催告に依拠させるところがわが民法の特徴である。さらに民法 548 条では，「解除権者の行為等による解除権の消滅」の規定があり，解除権を有する債権者が目的物を行為若しくは過失によってそのままの形で返還できなくなった場合にその解除権を喪失させる旨の規定がある。これも改正法では，文言の一部修正（行為を故意に代える）に，ただし書が新たに加えられ，2 項が削除されるが，基本的構成は改正法でも維持されている。

　注目されるべきところは，新たに加えられた改正法第 543 条である。債務の不履行が「債権者の責めに帰すべき事由による場合」に債権者が解除権を喪失する旨の規定であり，債務者の不履行が，債権者の責めに帰すべき事由によってもたらされた場合に，債権者が解除できないことが明らかにされる。

　以上が，現行法と改正法における契約解除の規定群の基本構成である。以下，比較法的視座からの考察を加えながら，民法のあるべき解釈を探りたい。

二　共通参照枠草案[1]（DCFR）を起点とした比較法的考察

国際物品売買契約に関する国際連合条約[2]：ウィーン国連売買条約（CISG）

（1）　von Bar & Clive, Principles, definitions and model rules of European private law: draft common frame of reference, 779 (2009). 以下，DCFR: Ⅲ.-3:501 の如く引用する。なお，この翻訳，窪田充見ほか監訳『ヨーロッパ私法の原則・定義・モデル準則──共通参照枠草案（DCFR）──』（法律文化社，2013 年）も参照。

（2）　United Nations Convention of Contracts for the International Sales of Goods, 1980. 以下，CISG49 の如く引用する。なお，CISG の裁判例に関しては，〈www.unilex.info/〉を参照。

205

における国際取引判例を中心とした分析の前に、将来ヨーロッパ民法典の基礎となるであろう共通参照枠草案（DCFR）における契約解除からみていくことにする。

共通参照枠草案も他の多くの統一法秩序と同様に、重大な不履行に基づく解除（Ⅲ.-3:502）と付加期間解除（Ⅲ.-3:503）の二元構成を採用する。このいずれの解除も、一方当事者の意思表示による解除であり、フランス、ベルギー、ルクセンブルクの法のような裁判官の介入による解除制度の時間的ロスの不都合を回避する[3]ものである。まず、重大な不履行による解除からみていく。

1　重大な不履行に基づく解除

(1)　契約によって期待していたものが実質的に奪われること

「債務の不履行が重大である」というその意味は、Ⅲ.-3:502(2)(a)に示されている。すなわち「債権者が当該契約に基づいて正当に期待することができたものが、不履行によって実質的に奪われる場合」である。もちろん契約締結時に債務者がその結果を予見できないような場合は除かれる。コメンタールでは、このa号に示された重大の定義には三つの要素があるとされ、①　時の要素が重要なケース、この一例として一定の時点までの結婚式への花の配達が挙げられる。②　期待していたものが実質的に奪われる場合、③　債務者がその結果を予見すべきものであったかどうか、という三つの要素が示されるが、これらは十分な整理がなされたものとはいえない。

本質は、②に示されているように、債権者が期待していたものが実質的に奪われるという要素であるが、これは規定のa号を繰り返したものにすぎない。もし、その内容を三つの要素として示すとしたら、①　物理的、事実的、法律的に履行が不可能となるケース、②　履行期の遵守が不可欠であるケース、③　債務者がその結果を合理的に予見すべきこと、というように整理すべきである。

コメンタールでは、次の四つの設例が挙げられる。

---

(3)　Sagaert/Storme/Terryn (eds.), The Draft Common Frame of Reference: national and comparative perspectives, 41-42 (2012).

第 4 章　契約の解除

> **設例　1**
>
> 　請負人であるＡは，5個の車庫およびＢのトラックが通行する道路舗装を請け負った。Ｂが倉庫を開業する10月1日前にすべての工事が完了するよう求められていた。10月1日までに車庫は建てられたが，道路は築かれたものの舗装はされず，その結果，Ｂは車庫を使用できなかった。Ｂは契約で期待していたものを実質的に奪われた。Ａの不履行は重大なものである。

> **設例　2**
>
> 　設例1で，舗装されなかった道路が十分平らであり，舗装されてなくてもＢのトラックを使用することのできるものであり，しかも道路は10月1日の後，すぐに舗装された。Ｂは期待していたものを実質的に奪われてはいない。Ａの不履行は重大なものではない。

> **設例　3**
>
> 　Ａは，Ｂの高級ワインが実質的な温度変更による悪影響を受けないようにＢのワイン貯蔵室に温度コントロールシステムを設置することに合意した。設置の不備により，コントロールシステムは機能せず，Ｂの貯蔵ワインは飲用できないものとなった。Ａの不履行は重大なものである。Ｂは契約上期待できたものを実質的に奪われた。さらにＡは，不適合なシステムの結果を合理的に予見できた。

> **設例　4**
>
> 　Ａは，Ｂの家屋に摂氏20度を常に維持することのできる温度コントロールシステムを備えたセントラルヒーティングを設置することに合意する。Ａが知らなかったことであるが，その一室は温度変化にきわめて敏感なある種の植物を生育させるための部屋であり，その植物を生育させるために数年間の集中的な作業が費やされていた。その部屋のヒーティングパイプの一つの欠陥の結果，温度は2度下がり，すべての植物が枯死し，数年間の作業が水泡に帰した。Ａの不履行は重大なものではない。というのはそのような重大な結果が個人の家屋のわずかな温度変化によって生じるということを合理的には予見し得なかったであろうからである。

(2) 故意又は故意に準ずる重過失による行為

　b号においては，不履行が故意又は故意に準ずる重過失によるものであり，このことで債権者が債務者の将来の履行を期待できないと信じる理由があるときに重大な不履行として認められる（Ⅲ.-3: 502 (2)(b)）。ヨーロッパ契約法原則[4]（PECL: EP）では「故意」の場合のみが規定される（8: 103 (c)）が，ユニドロワ国際商事契約原則[5]（PICC: UP）では，「故意」に加えて「故意に準ずる重過失」が規定されている（7.3.1 (c)）。これが，共通欧州売買法草案[6]（CESL）では，「故意又は故意に準ずる重過失」の文言は落とされており，より一般的に「将来の履行は当てにできないということを明確にするような性質のものであるとき」に重大な不履行となるとされる（87 (2)(b)）。

　ここで，recklessの訳語として一般に用いられている「無謀な」という訳語に代え「故意に準ずる重過失」なる表現を使用したい。recklessは，刑法上は未必の故意や認識ある過失を含んだ概念であり，民法上は，重過失の中で不履行の結果が生ずる可能性のあることの結果を認識しながら行為した場合の重過失に相当し，そうした認識のない重過失を除いた部分がこの概念に該当する。「無謀な」という訳語では，これを正確に捉えることができないため，「故意に準ずる重過失」という訳語を用いることにしたい。

　設例として次のものが挙げられている。

> **設例 5**
>
> 　Aは，Bの唯一の販売人としてBの商品を売却するという契約をして，Bの商品と競合関係にある商品を販売しないことを引き受けた。それにもかかわらず，Aは，CとCの競合商品を売却する契約をする。Cの商品を売却するというAの努力は完全に不成功に終わり，Bの商品販売への影響はなかったが，BはAの不履行を重大なものとして扱うことができる。

（4） Lando/Beale, Principles of European Contract Law, Parts Ⅰ & Ⅱ, 2000. 以下，EP:8:103(c) の如く引用する。なお，この翻訳，潮見佳男ほか監訳『ヨーロッパ契約法原則Ⅰ・Ⅱ』（法律文化社，2006年）も参照。

（5） Unidroit Principles of International Commercial Contracts, 2010. 以下，UP:7.3.1(c) の如く引用する。なお，この翻訳，内田貴ほか訳『UNIDROIT 国際商事契約原則 2010』（商事法務，2013年）も参照。

（6） Proposal for a REGURATION OF THE EUROPEAN PARLIAMENT AND OF THE COUNCIL on a Common European Sales Law, 2011. 以下，CESL:87(2)(b) の如く引用する。なお，この翻訳，内田貴（監訳）『共通欧州売買法（草案）』別冊NBL No.140（商事法務，2012年）も参照。

第 4 章　契約の解除

> **設例 6**
> Ｐの代理人Ａは，自己の出費の返済を受ける権限を有するが，Ｐに虚偽の領収書を提出する。請求額は小さいものではあるが，ＰはＡの行為を重大な不履行として扱うことができ，契約を解除できる。

> **設例 7**
> Ａは，Ｂのためにスーパーマーケットを建設する契約をする。Ａはこの契約とは無関係な処理についての争いに怒って，圧縮機のカバーを作ることを拒否する。Ｂはわずかな額でほかの請負人にカバーを作成させることができる。Ａの不履行は故意によるものだが，重大なものではない。

> **設例 8**
> Ａは，Ｂのためにスーパーマーケットを建設する。仕様書では高価なタイプのレンガでの外装が求められている。Ａの監督者は壁面に使用するためにちょっと見た目にはわからない安いレンガを注文するが，Ｂがこの点を指摘すると，すぐに安価なレンガを取り除いて将来適切なレベルのレンガを用いることに同意する。Ａの不履行は，ＢにＡの将来の履行を信頼できないと信じる理由を与えるものではない。

(3)　治癒（追完）の権利との関係

債務者による不適合履行があった場合には，原則として債務者は，履行のために付与された期間内に可能なときは，契約に適合した新たな履行の提供をすることができる（Ⅲ.-3: 202(1)）。このように債務者に追完の機会を与えることが原則であるが，追完の機会を与える必要がない場合がある（Ⅲ.-3: 203）。不履行を知りながら行ったものであり，信義則に反すると信じる理由がある場合（同条 b 号），債権者に重大な不便を与えることなく，その他債権者の正当な利益を害することなく，合理的な期間内に追完することができないと信じる理由がある場合（同条 c 号），追完が不適当となる事情がある場合（同条 d 号）が挙げられるが，興味深いのは，重大な不履行に当たる場合（同条 a 号）が挙げられているところである。

209

法制審議会の議論で，重大な不履行解除一元論が一時強く主張されていた[7]。これは，催告解除で相当期間が徒過すればそれで重大な不履行とみなすことができるという思考を反映するものであり，統一要件として重大な不履行による解除に一元化できるとするものである。a 号に示されているのは，付加期間内に履行されなくても重大な不履行とはならない場合が存するということが前提となっており，やはり重大な不履行解除一元論は理論的にも適当なものとはいえまい。

ここでは，以下の設例が挙げられる。

設例 1

　日用品の販売人であるＳは５月に，大量のココアをＢに売りこれを９月１日までに配達するという契約をした。それは９月２日までに到達せず，当日Ｂはこれを拒絶する（この種の日用品の商事売買では通常のことである）。配達の遅延が重大な不履行に至るものだとすると，Ｓが適合した新たな提供をしてもそれは遅すぎる。

設例 2

　ＡはＢのために３月１日までに家を建てることに合意する。その時点までには，作業のいくつかの重要な項目が未完成のままである。この種の軽微な遅延は，通常建築契約の重大な不履行ではないので，Ａは遅延が重大な不履行となる前までに，たとえば履行のための特別の期間を与える通知をすることで作業を完了させることができる。

2　付加期間（催告）解除

共通参照枠草案においても，他の統一法秩序と同様に契約解除の二元論が採用され，「1」でみた重大な不履行に基づく解除を原則とし，付加期間解除で補完される。履行の遅延があるときには，この付加期間解除が適用されるが，遅延が重大な不履行とならないときにはもちろん，重大な不履行の場合にも，この付加期間解除を用いることができ，債権者にとっては，重大な不履行といえ

（7）　石崎泰雄『新民法典成立への道――法制審議会の議論から中間試案へ――』（信山社，2013 年）209 頁以下。

るか疑念がある場合や確信が持てない場合にはきわめて有効な法的救済手段だといえる。というのは，もし重大な不履行に基づく解除の意思表示をしたのに，重大な不履行ではないと認定された場合には，解除権を行使した債権者が不履行をしたことになるからである。

設例として次の二つの例が挙げられる。

> **設例 1**
>
> 　Cは自分の庭に塀を作るのにDを雇う。作業は4月1日までに完了する予定となっているが，期日までの完成は重要なものではない。当日までにDは作業を完了せず，作業はかなり遅れているように見える。塀を完成させるには1週間はかからない。CはDに塀を完成させるためにさらに1週間を与え，もしDにそれができないと，Cは契約関係を解除できる。

> **設例 2**
>
> 　Eは自己所有のアパートの空室のインテリアの装飾のためにFを雇ったが，Fが作業を開始する合意をしていた日までに，アパートの鍵をFに渡さなかった。Fは，EにFと会うための準備に合理的な期間を付与し，もしEにそれができなかった場合，Fは解除することができる。

この履行のための付加期間は，一定の定められた期間であること，そして合理的なものであることを要する。もし，期間が（いつまでと）定められていないと，いつまでも延期できるとの印象を与えかねない。たとえば，「できるだけ早く」というのでは，期間・期日の定めがないので不適当であり，「1週間以内」，「7月1日より前に」といったように具体的に定めることが必要である。また合理的な期間と考えられるよりも短い期間を定めてしまった場合には，その通知自体が無効とされるのではなく，客観的に合理的な期間が経過すれば解除が可能となる。こうした点は，日本法の催告解除の運用と同様である。

3　不適合の場合の消費者による解除

売買のための消費者契約では，買主は不適合が軽微であるときを除き，第Ⅲ編第3章第5節（契約の解消）の規定により不履行を理由として契約関係を解消することができる（Ⅳ. A.-4: 201）。

消費者売買では、解除の要件が緩和されていて、不適合が軽微でない限り消費者たる買主にはいかなる不適合に対しても解除権の行使が認められる。不適合が軽微かどうかの判断に関しては、目的物の使用可能性があるかどうかという要素が重要である。もっとも、軽微でないといえる場合に、消費者買主が直ちに解除できるかというとそのようにはいえない。法的救済には順序・序列があり、追完の機会を与える必要がない場合（Ⅲ.-3: 203）を除き、売主に追完の機会を与えねばならない（Ⅲ.-3: 202・Ⅲ.-3: 204）。これにより、消費者売買においては、追完のための付加期間を与えた付加期間解除が原則となり、重大な不履行解除がそれを補完する二元論が採用されたことになる。

三　ウィーン国連売買条約（CISG）を起点とした比較法的考察

国際物品売買契約に関する国際連合条約として、日本においても国内法化され、平成21年から発効しているウィーン国連売買条約は、現在国際的にも多くの諸国が加盟しており、既に裁判例の集積もかなりの数に上っている。これは当時の諸国の比較法の英知が結集されて完成されたものであり、その後の統一法秩序形成のモデルとされている。そこで、本章では、CISG裁判例に焦点を当て、契約解除の運用の実態を瞥見しながら、比較法的視座からの考察を試みる。

1　一方当事者による解除の意思表示

日本の現行法においても改正法においても契約解除の款の冒頭に、解除権の行使に関し、解除は、一方当事者が相手方に対する意思表示によってなすものであることが明記される（民540、改正法第540条）。

契約解除の制度はローマ法にはなく、ヨーロッパにおいてもその後かなり遅れて生じた[8]ものである。そうした中、まずフランス民法1184条において解除の規定が現れるが、それは一方当事者の意思表示によるのではなく、裁判官の介入による解除であり、特に取引の迅速性を要する商人の商取引では不都合であり、判例では、例外的に当事者の一方的意思表示による解除が認められ、また種類物売買では、定められた時に引き渡されないときは、売主の費用で他

---

(8)　H.Kötz, Europäisches Vertragsrecht (2.Aufl.) 2015, S.321f.

の供給者からの調達が認められ（1144条），さらに買主が受領遅滞にあると，売主は一方的解除ができる（1657条）。破棄院も特に重大な違反があった場合には，付加期間が徒過したときに相手方当事者からの一方的解除を認めている[9]（Civ.13.Okt.1998, D.1999.）。

こうしたことから，CISG（26）をはじめとするあらゆる統一法秩序が一方当事者の意思表示による解除を根幹に据えている。一方当事者の解除の意思表示に関するCISG裁判例をいくつかみておく。

① 1994年6月14日　ドイツ（Amtsgericht Nordhorn）[10]

【事実】 イタリアの売主とドイツの買主とが靴の売買契約をした。契約条項には「休暇（holidays）より前に遅れることなく」という手書きのものがあった。イタリアではこれは8月よりも前に，ということを意味する。最初の商品の運送は1993年8月5日になされ，買主は，1993年11月30日に代金を支払った。第2回目は1993年9月24日に送られ，1993年9月28日に買主は，ファックスで契約解除の意思表示をした。そこで売主は，買主は契約を解除する権利を有しないとし主張し，代金の全額の支払と利息を求めて訴訟を提起した。

【判決】 1993年9月10日より後においてすら，売主には，買主が契約を解除するつもりだということがわからなかった。また買主は，売主に契約を解除する意思のあることを通知すべきであった。ところが，買主はそうしなかったので，契約を解除する権利を有しない，とされた。さらに加えて，引渡の遅滞の場合に49条2項a号のもと，買主が引渡しが行われたことを知った時から合理的な期間内に解除の意思表示をしていないので，買主は契約を解除することはできないとされた。

② 2000年3月9日　オーストリア（Oberster Gerichtshof）[11]

【事実】 オーストリアの買主が，ドイツの売主と金属プロファイルの購入についての交渉に入り，買主は両当事者間の基本契約に含まれる一つの契約として，1キロにつき28シリングの購入価格での申込みをした。1キロにつき40シリングの価格でとのドイツの売主の返答に対しては，買主によって何の反論

---

(9) Kötz, a.a.O., Fn.8, S.321f.
(10) Amtsgericht Nordhorn (Germany), 14.06.1994, 3 C 75/94.
(11) Oberster Geritshof (Austria), 09.03.2000, 6 Ob 311/992.

もなく受け入れられた。売主は、購入代金を求めて買主に対して訴訟を提起した。

　【判決】　買主は、契約違反に際しCISGのもとでは、契約の解除は自動的になされるのではなく、買主による意思表示がなければならず、本件ではそれをしていないとされた。

　③　2011年8月3日　コロンビア（Corte Suprema de Justicia）[12]

　【事実】　コロンビアの運送会社であるAとBの2社が、バスでの乗客の輸送に関する不確定期間の契約を締結した。当該契約によると、契約は両当事者が契約を解除することに合意した場合を除き、毎年自動的に更新されることになっていた。契約を解除する場合は、一方当事者が相手方に解除の意思を30日前に通知し、これに相手方が同意することになっていた。ある時Aは、Bの契約の履行を不満としてBに30日前の通知をし、一方的契約解除の意思表示をしたが、これはつまりBの同意を要しないものといえる。そこで、Bは契約条項では相手方の合意の上での解除のみ規定されていることを理由に契約違反としてAを訴えた。1審はBの訴えを認め、原審はこれを覆した。

　【判決】　最高裁は、控訴審判決を支持した。コロンビア民法典には、一方的契約解除の規定がないことを認めながらも、一方的解除は契約慣行上きわめて一般的なものであり、したがってコロンビア一般不文法として認められるとした。CISG（49・64），PICC（7.3.1(1)・7.3.3・7.3.2(1)）も引用される。しかし、裁判所はまた契約の適切な解釈の基礎に基づいても同結論へと至った。両当事者の真意がより重要であり、当事者自治と信義則から、期間の定めのない契約は永続的なものに変えることはできないと指摘した。

2　重大な契約違反（不履行）による解除

　CISGでは、次の三つの契約解除が認められている[13]。すなわち、①　重大な契約違反（25・49(1)(a)・64(1)(a)）②　付加期間の徒過（47・63・49(1)(b)・64(1)(b)）③　将来の重大な違反の明白性（72）である。この中で、CISGが解除の中心的要件だと捉えているのが重大な契約違反である。債務者の契約違反

---

(12)　Corte Suprema de Justicia (Colombia), 30.08.2011.
(13)　H.Flechtner, Avoidance of Contract in European Perspectives on the Common European Sales Law, 2014, at 604.

が一定の重大性を有するときに債権者は契約を解除できるということを原則としている。

イギリス法では，契約違反が履行の実質的不履行を導く場合に解除が認められ，また解除できるのは約束が「条件」となっているときのみであるとされる[14]。さらに1979年動産売買法では，黙示条項の違反があったときに明示的に「条件」とされ解除できるが，欠陥が軽微な場合は解除できない（消費者売買の場合は別である）とされる[15]。これらがCISGの重大な契約違反による解除の一つのモデルになったものと思われる。

重大な契約違反（不履行）の類型の中で，その代表的なものとして学術的に真っ先に挙げられるのが「履行不能」である。たとえば，沈没した船，国によって押収された目的物，見知らぬ者に盗まれた目的物，第三者に売却し引き渡した船等を売却した場合は，その契約は履行不能といえる。種類物の場合にも，目的の作物が凶作でそれが全滅した場合等当該種類物をどこからも入手できなくなった場合には，履行不能となることがある。つまり，物理的・事実的・法律的な理由で継続的に履行が不可能となった場合には，履行不能だと評価される[16]。

しかし，実際には履行不能とされるケースは少ない。以下では，まず，重大な契約違反（不履行）一般の場合のCISG裁判例をみていく。

(1) 重大な契約違反（不履行）一般

重大な契約違反に関するCISG裁判例が傑出して多い国がドイツである。ここでは，ドイツ連邦通常裁判所（BGH）判決から2件，そしてスイス連邦最高裁判所から1件の判例をみておく。

④ 1995年3月8日 ドイツ（Bundesgerichtshof）[17]

【事実】 スイスの売主とドイツの買主との間でニュージーランド・イシガイの売買契約がなされた。買主は，ドイツ連邦保健省により安全とされる基準を上回るカドミウムが含まれていたので，売買代金の支払いを拒絶した。買主は

---

[14] Kötz, a.a.O., Fn.8, S.324.
[15] Kötz, a.a.O., Fn.8, S.326.
[16] Kötz, a.a.O., Fn.8, S.328f.
[17] Bundesgerichtshof (Germany), 08.03.1995, Ⅷ ZR 159/94.

売主に汚染を通知しイシガイを引き取るよう求めた。イシガイの引渡後6〜8週間して，買主はパッケージに欠陥があると苦情を訴えた。売主は代金の支払いを求めて訴訟を提起した。1審，2審とも売主が勝訴する。

【判決】 最高裁は，イシガイが同種の物品が通常使用されるであろう目的に適したものであるという下級審の事実認定を支持し，売主が重大な契約違反をしたわけではないので，買主はCISG25・49 (1)(a)のもとで，契約を解除することはできず，代金を支払わなければならないとした。売主は買主国の特別の公法を遵守することが一般的に期待されるものであるとは認めなかった。以下の三つの要件のいずれかを充たす場合に限ってこれが期待されるとする公式を示した。すなわち，(1)同様の法が売主国でも存する場合，(2)買主がそうした法が存在することを売主に認識させている場合，(3)売主が「特別の事情」によりそうした法を知っているか知るべきである場合，である。たとえば，(i)売主が買主国に支店を有するとき，(ii)両当事者が長期的取引関係にあるとき，(iii)売主が定期的に買主国に輸出をしているとき，(iv)売主が買主国で自身の生産品の広告をしているとき，である。

⑤ 1996年4月3日　ドイツ（Bundesgerichtshof）[18]

【事実】 オランダの売主がドイツの買主と特定の技術的品質を持ったコバルト硫酸塩の売買契約をした。買主は以下の理由で契約解除の意思表示をした。すなわち，引き渡されたコバルトは契約で合意したものより品質が劣るものであり，コバルトは契約で示されていたような英国産ではなく南アフリカ産であり，売主は産出国および品質が不一致の証明書を引き渡したと。売主は買主の解除権を否定して，売買代金の支払いを求めて訴訟を提起した。

【判決】 買主の解除権を認めず，売買代金全額の支払いを認めた。何らかの物品が引き渡されており，引渡しの不履行のケースではないので，CISG49 (1)(b)による付加期間解除はできない。また本件での売主の不適合品の引渡しは，契約の重大な違反とはならないため，CISG49 (1)(a)に基づく解除もできないとした。つまり，本件では買主が契約に基づいて期待することができたものを実質的に奪う（25条）ような違反ではないとする。具体的には，買主が当該物品をなお使用することができるかまたは不合理な困難を招くことなく通常の取引

---

(18)　Bundesgerichtshof (Germany), 03.04.1996, Ⅷ ZR 51/95.

関係で売却できるかどうかが決定的であるとする。

⑥ 2009年5月18日 スイス（Schweizerisches Bundesgericht）[19]

【事実】 スイスの売主とスペインの買主が、2000年12月に包装機械の売買契約を締結した。契約では売主が買主の工場で当該機械を据え付けその操作の準備をすることになっていた。その後、両当事者間に当該機械の正確な性能に関して争いが生じた。買主は売主により1分間に180瓶の生産量が約束されていたと主張したが、売主はそれは可能ではなく、また約束されてもいないと主張した。その後、売主は何度か残った機械の性能を高めようと試みたが、買主の期待には遠く及ばなかった。最終的に2003年3月、買主は契約を解除し、購入代金の返還と損害賠償を求めた。1審、2審とも買主勝訴。

【判決】 売主によって引き渡された機械の実際の性能は、契約で求められていた性能にはるかに及ばないものである。したがって、買主はCISG25に従い契約に基づいて期待することができたものを実質的に奪われた。そこでCISG49(1)(a)に従って契約を解除する権利を有する。

以上、重大な契約違反（不履行）についての三つの判例をみたが、重大性に関しては、25条に規定されるように、一方当事者の契約違反に対して、相手方が契約から期待することができたものが実質的に奪われるような不利益を受けるときに重大なものとされ、その具体的指標として、当該目的物の使用可能性と不合理な困難を招くことなく通常の取引関係で売却できるかどうかという点が基準となることが示されている。

(2) 定 期 行 為

履行期が遵守されることが、契約において決定的に重要な意味を持つとき、その履行期が徒過されてしまうと、当事者が重大な不利益を被る[20]ことが考えられる。こうした点から、このような種類の契約も無催告解除が認められるべき類型の一つに数えられる。類型としては、契約の性質から認められる絶対的定期行為と当事者の意思表示によって認められる相対的定期行為とが考えら

---

[19] Schweizerisches Bundesgericht (Switzerland), 18.05.2009, 4A_68/2009.
[20] たとえば、Union Eagle Ltd. v. Golden Achievement Ltd. [1997] A.C. 514 (P.C.) 参照。

れる。ここに取り上げる二つの判例のうち最初の判例は相対的定期行為であり，後者が絶対的定期行為だといえなくもないが，その厳密な区別は難しい場合もあり，強いて類型化する必要もないだろう。

⑦　1997年2月28日　ドイツ（Oberlandesgericht Hamburg）[21]

【事実】　ドイツの売主とイギリスの買主が，モリブデン含有率64％以上の鉄・モリブデンの売買契約を締結した。両当事者によって合意された価格はモリブデン1キロ当たり9,70アメリカドルであった。契約締結から数日後，市場価格の上昇に伴う購入価格の引き上げという売主の申し出を買主は拒絶した。売主はさらに期日の延長とともにモリブデン含有率の引き下げを買主に求めた。買主は含有率の引き下げには応じたが，短めの引渡しまでの期間を定めた。売主は買主に付加的期間が必要であることを通知し，買主に賠償することを申し出た。売主が定められた期間内に履行しなかったので，買主は，既に第三者と締結していた契約を履行することができるようにするためにより高い価格で代替取引をしなければならなかった。買主は損害賠償を求めて訴訟を提起した。

【判決】　引渡しの遅滞は契約の重大な違反を構成するとされた。その理由は売主は定められた時期の引渡しが買主にとって必須のものであるということを知っていたからだとする。したがって，本件では，CISG49 (1)(a)に従い契約を解除することができ，また買主によって定められた付加期間内に売主は商品を引き渡さなかったことを理由として，CISG49 (1)(b)に従って解除することもできる。

⑧　1998年3月20日　イタリア（Corte di Appello di Milano）[22]

【事実】　1990年11月28日にイタリアの買主と香港の売主が，引渡しと支払いに関する以下の条項を伴ったニット製品の売買契約をした。「引渡：1990年12月3日，支払条件：保証金：6,000.00アメリカドル，収支勘定：銀行小切手」支払期日前に買主は保証金の額の銀行小切手を発行したが，商品は引き渡されなかった。引渡期日後，買主は購入の注文をキャンセルした。売主は1990年12月14日に返答し，商品は引き渡すつもりであるが，全購入価格の支払後に限ると述べた。そこで買主が，契約の解除を主張して訴訟を提起した。

---

[21]　Oberlandesgericht Hamburg (Germany), 28.02.1997, 1 U 167/95.
[22]　Corte di Appello di Milano (Italy), 20.03.1998, 790.

第4章　契約の解除

【判決】　売主はCISG33によって要求されるように，契約により定められた期日に商品を引き渡すことができなかったので，買主はCISG45(1)および49(1)を根拠として契約の解除の意思表示をすることができる。また買主によって送付された購入注文のキャンセルは，CISG26の下での解除の通知に相当する。引渡期日の売主による正確な遵守は，商品をホリデーシーズンに間に合うよう受け取ることを期待していた買主には，実質的な重要性があった。そのことは売主にとって契約締結後ですら明らかであった。したがって，契約によって定められた期日に引き渡さないことは売主による重大な違反に至るものであった（CISG25）。

　これら定期行為による解除も，重大な不履行による解除の一つの類型に数えることができ，無催告解除ができる。しかし，もし無催告解除の意思表示をして，定期行為であることが認められなかった場合には，解除権を行使した者が契約違反をしたことになる。また，履行不能の場合も，その不能の原因が債務者側の領域に存することが一般的であるから，債権者が履行の不能の判断をして無催告解除の意思表示をすることには同様のリスクが伴う。
　契約の解除は法的救済の中で最終的手段だ[23]といわれるように，実際にはその決定にはかなりの困難がある。そこで履行のための付加期間を与え，この通知に対して建設的な回答が得られなかったり，その期間が徒過してしまった場合に，契約を解除できるということが確実となることで法の予測可能性を高めることができる[24]。
　こうしたことから，重大な不履行による解除と付加期間徒過の場合の解除とを併存させるシステムが考えられる。CISGもこれを採用し，47条1項において，買主は，売主による義務の履行のために合理的な長さの期間を定めることができることを定め，49条1項b号において，引渡しがない場合において，買主が第47条1項の規定に基づいて定めた付加期間内に売主が物品を引き渡さず，又は売主が当該付加期間内に引き渡さない旨の意思表示をしたときに，契約解除の意思表示をすることができることを規定する。

---

(23)　Flechtner, *supra* note 13, at 605.
(24)　Sagaert/Storme/Terryn, *supra* note 3, at 43.

次にこの付加期間解除についての代表的な CISG 裁判例をみることにする。

3　付加期間（催告）解除

付加期間解除のモデルは，スイス債務法 107 条，ドイツ民法旧規定 326 条 1 項等[25] である。「二, 2」でみたように一定の定められた合理的な期間であることが求められ，その期間が短すぎた場合には，客観的に合理的な期間が経過すれば解除が可能となる。重大な不履行解除一元論というのは，この付加期間が徒過した場合には，それが重大な不履行だと評価できるとして一元化しようというものである。確かに付加期間内に債務者が履行をしないと多くの場合は重大な違反となるであろうが，場合によっては重大な違反とはならない場合がある[26]とされており，やはり理論構成としても一元化は適当ではない。

以下，付加期間解除の CISG 裁判例をみておく。

⑨　1990 年 4 月 14 日　ドイツ（Amtsgericht Oldenburg in Holstein）[27]

【事実】　ドイツの買主とイタリアの売主が，ファッション商品の売買契約を締結した。契約は秋物商品に言及し，そこには，「7 月，8 月，9 月引渡し」の条項が含まれていた。9 月 26 日に第 1 回目の引渡しがなされた。買主は，契約に従えば，売主は 7 月に商品の三分の一を，8 月にまた三分の一を，そして残りの三分の一を 9 月に引き渡すべきものであったと主張し，商品の受取りを拒絶し，10 月 2 日に請求書を返還した。売主は定められた時に引き渡したとして代金全額の支払いを求めて訴訟を提起した。

【判決】　CISG33 に従って期日通りに売主が引渡しをしていないという買主の主張は認めるものの，買主は受領の拒絶および請求書の返還をすることによっては契約を有効には解除していなかったとされる。CISG49(1)(b)に規定されるように，契約を解除するためには，買主はそれぞれ主張されるような引渡しがなされなかった後に，履行のための付加期間を定める必要があるが，これが定められていないので，売主に購入全代金の支払いが認められた。

---

(25)　他に，ABGB 918 条（オーストリア），ZGB 383 条（ギリシャ），CC. 808 条（ポルトガル），Codice civile 1454 条（イタリア）等が付加期間解除制度を有する。

(26)　Gillette/Walt, The UN Convention on Contracts for the International Sale of Goods: Theory and Practice, 207 (2d ed. 2016).

(27)　Amtsgericht Oldenburg in Holstein (Germany), 24.04.1990, 5 C 73/89.

⑩　1995年5月24日　ドイツ（Oberlandesgericht Celle）[28]

【事実】　ドイツの売主とエジプトの買主が印刷機に関連した9つの品物の売買契約を締結した。商品は6個と3個の商品をそれぞれ2回に分けて運送委託品として引き渡されることになっていた。買主は全代金のうち第1回の6個の商品分を支払った。売主は第1回の6個の商品の運送委託品のうち，3個しか引き渡さなかった。これは既に買主によって支払われた代金よりも低い価値しかないものであった。第1回と第2回の両方の委託運送の引渡期日が満了した後，買主は引き渡されていない商品すべての引渡しのために11日間の付加期間を定めた。買主によって付与された期間が徒過した後，売主は別の商品の引渡しを申し出た。買主は他のいかなる商品の引渡しも拒否して，契約解除の意思表示をし，遅滞および一部不履行に対する損害賠償と，実際に引き渡された商品より過分に支払った代価の返還を求めて訴訟を提起した。

【判決】　CISG47(1)に従って，買主により定められた付加期間内に，売主が商品すべては引き渡すことができなかったことから，買主はCISG49(1)に基づいて不履行を理由に契約を解除する権利が認められる。さらに，一部の商品が既に引き渡されているという事実があっても，これは送付されなかった商品のために契約を解除する買主の権利（CISG51(1)）に何ら影響するものではない。また，履行のために買主によって定められた11日間の付加期間は不合理なものとはいえない。

⑪　1997年7月4日　ドイツ（Oberlandesgericht Hamburg）[29]

【事実】　フランスの会社（売主）は，トラック20台分のトマト濃縮物の引渡しを提案するファックスを英語でドイツの会社（買主）に送った。買主は引渡しを受領するとファックスで返事をした。しかし，トラック1台分しか引き渡されなかった。そこで買主は契約を解除し，そして遅延している代金を支払うよう売主に訴えられたときに，その支払いを拒否し，売主の契約違反に基づく損害賠償とで相殺すると主張した。

【判決】　買主は繰り返し履行のための付加期間を定めており，それが徒過したことから，CISG49・47(1)に基づいて，売主による違反を理由として契約を

---

[28]　Oberlandesgericht Celle (Germany), 24.05.1995, 20 U 76/94.
[29]　Oberlandesgericht Hamburg (Germany), 04.07.1997, 1 U 143/95 and 410 O 21/95.

解除することが認められるとされた。さらに，売主から履行をする意思がないとの通知を受け取っており，買主は履行のための付加期間を定めることすら要しない（CISG47(2)）と加えられた。

　この付加期間解除は，CISGをはじめ，ユニドロワ国際商事契約原則，ヨーロッパ契約法原則等の統一法秩序において，契約解除の二元論，すなわち，原則としての重大な不履行による解除，そしてこれを補完する機能を担うものとして規律される。

　しかし，その状況に一つの波紋を投じることになる規定が現れる。それが，ＥＣ消費者商品売買指令[30]（1999年）である。またその後，これに関しほぼ同内容を踏襲したＥＣ消費者権利指令[31]（2011年）が現れる。

　これらの規定では，重大な不履行概念が採用されず，催告解除モデルが採用される[32]。つまりＥＣ指令は，重大な不履行の要件を放棄することによって解除を可能とする領域を拡大している[33]。これはもちろん消費者保護に資するという目的を実現させるためである。ただ，契約解除よりも追完が優先するので，履行のための合理的な付加期間の間は解除は妨げられる[34]。

　このように軽微な不履行の場合を除き，あらゆる不履行に対して付加期間を定めることができ，それが徒過された場合に解除が認められるとなると，CISG制定当時には，特に原状回復の要請から引き渡された目的物の返還等のコストや時間の問題があった。しかし，その後の取引のグローバル化の一層の発展により，商品の返還もCISG制定時よりも迅速かつ安価なもので済むよう

---

(30) DIRECTIVE 1999/44/EC OF THE EUROPEAN PARLIAMENT AND OF THE COUNCIL of 25 May 1999. 以下，ECSD: 3(5)(6) の如く引用する。なお，この条文訳として，今西康人「消費者商品の売買及び品質保証に関するＥＵ指令(1)」関西大学法学論集50巻1号（2000年）61頁参照。

(31) Directive 2011/83/EU of the European Parliament and of the Council of 25 October 2011 on consumer rights, amending Council Directive 93/13/EEC and Directive 1999/44/EC of the European Parliament and of the Council and repealing Council Directive 85/577/EEC and Directive 99/7/EC of the European Parliament and of the Council. 以下，ECRD:18(2) の如く引用する。なお，この条文訳として，Web資料〈http://studylaw.web.fc2.com/2011/83 EU_EJ. htm〉和久井理子「EU Consumer Rights Directive EJ 欧州消費者の権利指令」参照。

(32) Schulze/Zoll, European Contract Law, 255 (2016).

(33) *Ibid.*

(34) *Ibid.*

第 4 章　契約の解除

になっているという取引の実情をも反映したものだと評価されている[35]。なお，このＥＣ消費者商品売買指令を受けて，ドイツでは国内法の民法改正の際に，消費者にとどまらず，一般民法典としてこうした法制が採用されている[36]（323条以下）。

4　履行期前の解除

　履行期前の不履行と解除に関する比較法的考察は，既に1999年に示した[37]が，CISG72条に規定されるのは，相手方が重大な契約違反を侵すであろうということが，明白かつ最終的な履行拒絶による場合と他の何らかの客観的状況から履行しないということが明白であるという場合とである。この後者の客観的履行障害というのは，たとえば，目的物の引渡義務を負う売主の工場の火災による滅失，売買目的物の輸出入の禁止，通貨統制措置による支払制限，買主側の債務超過等[38]が考えられる。

　この履行拒絶と一般的履行障害の明確性との二つの類型の他に，第三の類型として，それまでになされた契約の履行状況から今回の契約において履行されないことが明白である場合も含まれるとの主張[39]もある。

　CISGに第三の類型が含まれるかは争いのあるところではあるが，ユニドロワ国際商事契約原則（7.3.1(c)）や共通参照枠草案（Ⅲ.-3:502(2)(b)）さらに共通欧州売買法草案（87(2)(b)）では，債務者の将来の履行を期待できないと信じる理由があるときには，契約の解除を認めるとする旨の規定が置かれている。

　以下においてCISG72条に関する裁判例をみていくが，かつてドイツ連邦通常裁判所においてCISGの規定が初めて適用された判決として紹介したもの[40]は，72条に依拠した解除を認めない事例であった。

---

[35]　*Id*., at 256.
[36]　*Ibid*.
[37]　石崎泰雄「履行期前の不履行と解除——不履行法体系の構造論のための比較法的考察——」（早稲田法学74巻4号，1999年）189頁。後に，同『契約不履行の基本構造——民法典の制定とその改正への道——』（成文堂，2009年）125頁以下に所収される。
[38]　石崎・前掲注（37）『契約不履行の基本構造』149頁参照。
[39]　P. Schlechtriem, Internationales UN-Kaufrecht, 1996, S.150f. においてつとに主張されていた。
[40]　Bundesgerichtshof (Germany), 15.02.1995, Ⅷ ZR 18/94. なお，石崎・前掲注（37）『契約不履行の基本構造』154頁も参照。

⑫　1992 年 9 月 30 日　ドイツ（Landgericht Berlin）⁽⁴¹⁾

【事実】　ドイツの小売業者（買主）が，イタリアの会社（売主）に買主の営業所に 4 か月後に靴を引渡すよう注文をし，支払いは請求を受けて 60 日以内にすることとされた。契約締結日と履行期日との間で，ドイツの買主は両当事者間で結ばれた，以前の契約の支払期日を徒過させていた。こうした理由から，売主は買主の支払能力について疑いを抱いており，1 週間以内に後の契約の方の代金の支払いの保証を求め，さもない場合には商品の転売権を行使し，損害賠償を求めると通知した。買主は保証を与えることを拒絶し，以前の契約では商品の欠陥を理由として支払いを拒絶する権利を有すると主張した。売主は靴を転売し，買主に対して訴訟を提起した。

【判決】　靴の引渡しの前においても，買主が購入代金を支払うつもりがなく，これにより重大な契約違反を侵すことが明らかであるから，売主は CISG72 (1)(2)に基づき契約を解除する意思表示をする権利を有するとされた。また将来の契約違反の蓋然性は非常に高くて万人に明らかでなければならないことが求められるが，ほとんど完全に確実であることまでは要しない。本件では，引渡しがなされた時点で，買主がまだ前の契約を履行していないことから，後の契約に違反するであろうと信じる理由があるとされた。

⑬　1993 年 4 月 28 日　ドイツ（Landgericht Krefeld）⁽⁴²⁾

【事実】　ドイツの小売業者（買主）がイタリアの会社（売主）に靴の注文をした。しかし両当事者間の以前の契約での支払遅延が既に 2 か月に達していた。3 か月後，売主は買主に最初の契約の支払を 1 週間以内に完了し，今回の契約の支払の保証をするよう求め，もしそうしない場合には，契約解除の意思表示をする権利を行使し，既に生産した靴を転売すると通知した。これに対して買主が返事をしなかったので，売主は最初の契約の支払いを求めて訴訟を提起し，今回の契約の解除の意思表示をして，商品を第三者に転売した。

【判決】　靴の引渡しの前においても，買主が購入代金を支払うつもりがなく，これにより重大な契約違反を侵すことが明らかであるから，売主は CISG72 (1)(2)に基づき契約を解除する意思表示をする権利を有する。また，売主が前の契

---

(41)　Landgericht Berlin (Germany), 30.09.1992, 99 O 123/92.
(42)　Landgericht Krefeld (Germany), 28.04.1993, 11 O 210/92.

約で何度も支払いを求め，訴訟の提起までしているのに，買主が履行をしていないということも考慮されている。この判決は控訴審[43]でも支持される。

⑭　2009年5月29日　アメリカ（U.S.District Court, Southern District of New York）[44]

【事実】　2007年4月から10月にかけて，韓国の売主とアメリカの買主が，売主が買主のニューヨークの営業所に約500,000着の婦人服を製造し，船で出荷するという一連の契約を締結した。注文書の条項では，買主は衣服を受領後15日以内に売主にその支払をしなければならないとされていた。2007年7月と8月に売主は注文された商品の一部を船で送り，それは受領されたが，買主による支払いはなされなかった。同年10月から11月の間に，売主は，引渡しを受けた商品の支払いをするとの買主の保証を得た後で，追加の衣服を船で送った。後に売主は，5回の分割支払分の割引額での支払いに同意したが，買主が予定通りの支払いをしなかったので，売主はその後のすべての支払いを停止し，衣服の一部はロサンゼルスに留め置いた。2008年に売主は買主を訴えた。

【判決】　CISG71条の見解では，原告は，買主がそれら衣服の支払いをすることができないであろうということが明らかとなったため，買主への最後の引渡しを正当に停止したと主張する。さらに，CISG72条では，もし履行期前に相手方が重大な違反を侵すということが明らかになる場合には，契約の一方当事者が契約を解除する意思表示をすることを認めており，売主が契約解除の意思表示をして商品を留め置いたことは正当であるとされた。

5　債権者の行為によって生じた不履行による解除権の喪失

CISGでは，債権者の作為，不作為によって生じた不履行の場合に，債権者が相手方の不履行を援用することができないとする旨の規定（80）がある。CISGでは，「原因主義」を採用することから，相手方の不履行に自分の行為がその原因となった場合には，相手方の不履行を援用することができない[45]。

---

(43)　Oberlandesgericht Düsseldorf (Germany), 14.01.1994, 17 U 146/93.
(44)　U.S.District Court, Southern District of New York (USA), 29.05.2009, 08 Civ. 1587 (BSJ) (HBP).
(45)　債権者の不履行に関するCISG裁判例については，福田清明「国際物品売買契約に関する国際連合条約80条を導入する場合の諸問題」法学新報112巻1・2号（2015年）763頁以下参照。損害賠償とその免責に関しては，本書第2部第2章参照。

そこで，損害賠償請求もできないし，契約の解除もできない。

こうした債権者の不履行は，一般的には，たとえば建築請負契約で債権者の妻が，建物の建築予定敷地内に債務者が入ることを拒否するといったケースがその例であるが，危険が債権者に移転した場合にも解除権を喪失する。たとえば，国際取引では，基本的には危険は売買契約に従って買主に送付するために物品を最初の運送人に交付した時に買主に移転する（66(1)）ので，債権者はその後の履行障害に際し，解除権を喪失し，債務者は反対給付請求権を有することになる。

⑮　2011年11月22日　オーストリア（Oberster Gerichtshof）[46]

【事実】　オーストリアの会社である買主が，ドイツの売主にアイスクリームの完全なモニタリングをするためのビデオ装置を注文した。カメラが売主によって設置され，買主がその代金を支払った後で，そのシステムでは完全なモニタリングができないことが判明した。何度かやり取りをした後，売主はその装置の修理を希望したが，買主は売主がパーラーに入ることを許さず，売主への信頼を失ったとして契約の解除の意思表示をした。修理は可能なものであったが，かなりの費用を要するものであった。原告は損害賠償を請求した。第1審および控訴審では損害賠償の請求は棄却された。

【判決】　もしそれが修補可能であったとすると，CISG49(1)(a)の意味でその契約違反は重大であるといえるのかどうか考慮された。契約解除の意思表示を許容するのに，契約違反が重大であると認定するためには，当該事例のすべての重要な事情を客観的に考慮しなければならない。必要とされる利益衡量を見出すためには，違反の種類と程度および相手方に対するその結果，合理的な期間での修補や新たな引渡しなどの可能性，その費用および買主にとっての合理性が考慮されねばならない。本件では，その事情および利益衡量をすると，契約解除の意思表示は認めるべきではないという結論となる。またCISG80に基づくと，理由なく追加的履行を拒絶しており，当事者（債権者）は契約の解除の意思表示をする権利を喪失する。

---

[46]　Oberster Gerichtshof (Austria), 22.11.2011, 4 Ob 159/11b.

6 不適合の場合

債務者が不適合な履行をした場合（その典型例は売主が契約上合意した性質を持たない目的物を給付した場合である）、大陸ヨーロッパの法秩序では、無催告解除や無催告減額を定めた特別法があった[47]。

こうした売買法の特別規定は、ローマ法を範としたものであり、一般的には、契約締結の際に両当事者の目の前で当該目的物が売買され、買主にその性質の検査が任され、売主はその瑕疵を事後的にはもはや除去できないというものであった[48]。

今日では、大量生産品の売買が主流となっており、そこでは買主は、契約締結時には目的物の検査ができず、その欠陥も除去できない。逆に、売主の方では、完全な代替品を引き渡すことができる[49]。

統一法秩序では、不適合な目的物の引渡し又は不適合な仕事は通常契約違反とされる。CISGにおいては、不適合な給付に関しては、付加期間解除はできず、重大な契約違反の場合にのみ解除することができる。

これに関して次のような例が挙げられる[50]。

> **例**
>
> 12月1日までに10の機能を備えた1台の機械を引き渡すという契約をする。引き渡された機械は5つの機能しか備えておらず、不適合は重大な違反を構成する。しかし買主はその5つの機能が入用であり、49条に基づいて売主にその不適合を治癒するため1週間の付加期間を与える。売主はその1週間で不適合を治癒できない。

本事例では、買主は47条1項により付加期間を定め、売主がその付加期間内に履行しなかったので、49条(2)(b)(ii)により解除ができる[51]。しかし、一般的には、不適合の場合に付加期間を定めても、重大な違反とはならないので、契約解除はできない。

今日では、不適合品の場合にも、不履行が軽微な場合を除き、解除を認める

---

(47) Kötz, a.a.O., Fn.8,S.344.
(48) Kötz, a.a.O., Fn.8,S.344.
(49) Kötz, a.a.O., Fn.8,S.344f.
(50) Gillette/Walt, *supra* note 26, at 209.
(51) *Ibid.*

国内法制（Sale of Goods Act 1979, §323 Abs.5 Satz 2 BGB）が現れてきている[52]。特に消費者売買では，消費者の権利の拡大が図られ，物品の欠陥が軽微でなければ，消費者たる買主は，売主は相当の期間内に追完を請求でき，しかも買主が修補か代替品給付かを選択できる[53]。共通欧州売買法草案（CESL）では，消費者は不履行が重大でなくても（軽微な場合を除く），不適合だった場合契約解除ができる（114(2)）が，買主が消費者であるときには売主による治癒（追完）に服さない（106(3)）ものとされ，救済のヒエラルキーに服さない[54]ことから，不適合が重大でなくても，軽微でなければ付加期間を付すことなく解除できる[55]ということになろうか。

四　日本判例法を中心にみる契約の解除[56]

現行法，改正法においても，契約解除の款の冒頭に一方当事者の相手方に対する意思表示によって契約解除がなされる旨の規定が置かれる。比較法のところでみたように，ヨーロッパで初めて解除規定が現れたときには，契約の解消というドラスティックな解決には，裁判官の介入が必要だと考えられたが，その後，取引の迅速性の要請もあり，一方当事者の意思表示による解除の原則が確立された。わが民法もこれを継承するものであり，判例に現れたケースでは，近年，学納金返還請求関連のケース[57]もみられるが，圧倒的多数のケースは，土地や家屋の明渡請求関係のもの[58]である。

本章の主要テーマである催告解除と無催告解除に関しては，民法は541条で

---

(52)　Kötz, a.a.O., Fn.8, S.346f.
(53)　EC:3(2)(3). なお，Kötz, a.a.O., Fn.8, S.346f も参照。
(54)　Gillette/Walt, *supra* note 26, at 258.
(55)　Schmidt/Kessel, Der Entwurf für ein Gemeinsames Europäisches Kaufrecht, 2014, S.590.
(56)　近時の邦語文献としては，特に以下のものを参照。平野裕之「契約の数量的一部解除―売買契約を中心として」野村豊弘先生古稀記念『民法の未来』（商事法務，2014年）181頁，磯村保「解除と危険負担」瀬川信久編著『債権法改正とこれからの検討課題』NBL147（商事法務，2014年）73頁，伊藤進「私法規律の構造：『債権の終わり方の規律』(1)(2)(3)(4)(5・完)」（法論87.2＝3, 87.6, 88.1, 88.6, 89.1, 2014〜2016年）。
(57)　最判平成18年11月27日民集60巻9号3597頁。
(58)　最判昭和32年9月12日民集11巻9号1510頁, 最判昭和32年12月3日新聞83・84号16頁, 最判昭和33年7月15日新聞110号4頁, 最判昭和35年3月15日判例総覧民事編19巻135頁, 最判昭和36年11月9日民集15巻10号2444頁, 最判昭和37年5月1日集民60号475頁, 最判昭和41年4月21日民集20巻4号720頁, 最判昭和42年9月21日集民88号469頁, 最判昭和44年2月13日民集23巻2号316頁, 最判昭和44年12月16日集民97号775頁。

催告解除を原則とし，改正法もこれを維持する。統一法秩序では今日でも主流は，重大な不履行を原則として，これを付加期間（催告）解除で補完するという二元論である。しかし，近年では，消費者保護の指向の理念と相まって，不適合の場合を含めて，債務者に履行（追完）のための付加期間を与えた上での解除の方向性がみられる。これは，債権者による解除の途を広げるだけでなく，履行の実現にも資する法制ではないか[59]と考える。したがって，改正法はこの方向に合致する構成だとの評価もできよう。民法541条に関する判例は数多い[60]が，今後これまで以上に契約解除の原則として重要な機能を担っていくものと思われる。

無催告解除に関しては，現行法では定期行為の履行遅滞等による解除権（542条）と履行不能による解除権（543条）の類型がある。これが改正法では，催告によらない解除（第542条）として，履行不能（同条1項），定期行為（同条4項）のほか，履行拒絶を加える（同条2項）だけでなく，契約をした目的を達するのに足りる履行がなされる見込みがないことが明らかであるときという，将来の履行障害の明白性を含んだいわゆる受け皿規定をも設けられており（同条5項），ここに無催告解除の統一要件が掲げられたといってよい。

これまで判例では，判例法理として構築された信頼関係破壊の法理の適用に当たっても適当な規定がないことから，民法541条を修正して無催告解除が認められるのが一般であった[61]が，将来的には，信頼関係破壊の法理に関しては，改正法第542条が適用されることになろう。

定期行為に関する（民542）最判は見られないが，履行不能に関する最判は何件かみられ，このうち賃貸借における信頼関係破壊の法理適用によるもの[62]を除くと，家屋の賃貸借契約で，賃借人の妻の責めに帰すべき事由による失火による家屋の滅失により賃貸目的物の返還義務が履行不能となったケー

---

(59) 石崎泰雄『新民法典成立への扉——法制審議会の議論から改正法案へ——』（信山社，2016年）276頁以下。

(60) 平成年間に現れた判例としては，最判平成元年2月9日民集43巻2号1頁，最判平成3年9月17日判時1402号47頁，最判平成6年7月18日判時1540号38頁，最判平成8年11月12日民集50巻10号2673頁，最判平成10年10月30日民集52巻7号1604頁，最判平成11年11月30日判時1701号69頁，最判平成24年3月16日民集66巻5号2216頁。

(61) 最判平成3年9月17日判時1402号47頁。

(62) 最判昭和37年7月20日民集16巻8号1583頁，最判昭和38年9月27日民集17巻8号1069頁，最判昭和39年6月4日集民74号11頁。

ス[63]があるが，これは物理的不能に類別できよう。また不動産の二重売買において，第三者への売買予約と仮登記をしたことで履行不能といえるのかどうかについて否定的判断を示したケース[64]は，法律的不能を扱った事例といえる。さらに山林中の立・倒木および関連諸施設の売買契約において，その目的とするところが，立・倒木の伐採・搬出にあり，そのためこの目的達成のため売主が買主に山林の所有者から伐採・搬出のための山林の使用承諾を得ることが不可能となった場合，契約の目的達成のために必要不可欠な債務が履行不能となったとされ，契約の解除が認められたもの[65]があるが，これは目的達成不能のケースに類別できよう。

　解除権の消滅に関しては，催告による解除権の消滅（民547）は別として，解除権者の行為等による解除権の消滅として，民法548条に1件の最判[66]がみられるが，今後，重要となってくるのが，改正法第543条の債権者の責めに帰すべき事由による債権者の解除権の喪失の規定であろう。統一法秩序のように不履行に債権者の行為が原因を与えた場合に解除権の喪失を認めるのではなく，不履行に債権者の帰責事由を要するとするのが改正日本法の特徴であり，帰責事由を求めるのは全改正民法体系において採用される整合的なものである。「三5」でも例を挙げたが，たとえば，家屋の建築の請負契約で，注文主の妻が建築に反対しており，請負人が敷地に入ることを断固として拒絶し，請負人が作業に取り掛かれない場合等が考えられる。このような場合，債権者に帰責事由が認められれば解除権を喪失することになる。

---

(63)　最判昭和30年4月19日民集9巻5号556頁。
(64)　最判昭和46年12月16日民集25巻9号1516頁。
(65)　最判昭和45年3月3日判時591号60頁。
(66)　最判昭和50年7月17日金法768号28頁。

第5章　総　　括

　2020年4月1日施行予定の改正民法のその改正の根幹的領域に関し，比較法的到達点ともいえる世界的標準モデルの法秩序を考察することにより，新たな民法との位置関係をある程度捕捉することができたかと思われる。

　今般の改正は，民法典成立後百数十年ぶりの大改正であり，新たに形成された民法典は，実質的には「新民法典」と呼称してよいほどの大きな体系的転換をしたものである。

　まず，法的救済としての履行請求権（および追完請求権）を優先する法体系が採用される。不履行があった場合に，当初の目的に近い形での債務内容を実現させるシステムが採用される。これは，近時の新しい世界的潮流において，重大な不履行解除という構成を採用せず，催告解除を原則として，債務者に履行の実現の機会を付与しようとの方向性と一致する。

　また，古い時代の社会で生成されそれに対応した法制度，典型的には瑕疵担保責任が，現代あるいは将来の社会に適応すべく変容された。その内容は，債権総論の一般規定へと還元される体系的変換を示すものである。

　ただ，日本の判例・実務には，百数十年前に築かれた規律を尊重しながらも，時代・社会の進展に即応すべく工夫を重ねながら適応してきた膨大な蓄積がある。それが「新民法典」となってその内容が一新されたとしても，これまでの蓄積に依拠しつつ変化に対応できる新たな解釈を用いながら，着実に次の時代・社会にふさわしいあるべき姿を構築していくべきであり，またそれは可能であると考える。

事項索引

あ 行

安全配慮義務‥‥‥‥‥‥‥‥48,169
意思自治・私的自治の原則‥‥‥‥57
意思能力‥‥‥‥‥‥3,11〜13,26,61
意思表示‥‥‥3〜7,9,11〜13,17,61,66
　　――の擬制‥‥‥‥‥‥‥‥‥47
　　――の効力発生時期‥‥‥‥‥11
　　――の効力発生時期等‥‥‥‥10
　　――の受領能力‥‥‥‥‥‥‥12
意思無能力‥‥‥‥‥‥‥‥‥‥‥4
意思無能力者‥‥‥‥‥‥‥‥3,4,25
異種物‥‥‥‥‥‥‥‥‥‥‥‥120
異種物給付‥‥‥‥‥‥‥‥‥‥120
一身専属的な性質‥‥‥‥‥‥‥113
医療水準‥‥‥‥‥‥‥‥‥‥‥170
援　用‥‥‥‥‥‥‥‥‥‥‥‥35

か 行

開示義務‥‥‥‥‥‥‥‥‥‥‥82
解除権の消滅‥‥‥‥‥‥‥76,230
買戻し‥‥‥‥‥‥‥‥‥‥‥‥103
価額返還義務‥‥‥‥‥‥‥‥‥25
拡大損害‥‥‥‥‥‥‥‥‥‥‥96
拡大損害の賠償‥‥‥‥‥‥‥‥95
隔地者間の契約‥‥‥‥‥‥‥‥58
瑕　疵‥‥‥‥‥‥‥‥‥‥‥‥88
瑕疵担保解除‥‥‥‥‥‥‥‥‥93
瑕疵担保責任‥‥‥‥‥‥‥‥‥97
果　実‥‥‥‥‥‥‥‥‥‥‥75,76
過失責任主義‥‥‥‥‥‥141,145,168
過失相殺‥‥‥‥‥‥‥‥52,53,73
仮差押え‥‥‥‥‥‥‥‥‥‥‥30
仮処分‥‥‥‥‥‥‥‥‥‥‥‥30
完成猶予‥‥‥‥‥‥‥‥‥‥‥29
間接強制‥‥‥‥‥‥‥‥‥‥‥47
危険の移転‥‥‥‥‥‥‥99,173,195
危険負担‥‥‥‥‥‥‥‥‥‥63,173
危険負担債権者主義‥‥‥‥63,99,173
危険負担債務者主義‥‥‥‥‥64,173
帰責事由‥‥‥16,48,55,56,64,65,68,
　　　　　　69,73,74,90,91,94〜96,
　　　　　　140,168,170,171,173
帰責事由主義‥‥‥‥‥‥‥‥73,171
帰責性‥‥‥‥‥‥‥‥‥‥‥‥5,9
基本代理権‥‥‥‥‥‥‥‥‥20,21
欺罔行為‥‥‥‥‥‥‥‥‥‥‥9
客観的瑕疵概念‥‥‥‥‥‥‥‥89
客観的起算点‥‥‥‥‥‥34,36,97,98
客観的重要性‥‥‥‥‥‥‥‥‥7
客観的履行障害‥‥‥‥146,151,158,162,
　　　　　　164,165,167,168,171,223
ギャランティー責任‥‥‥‥‥142,145
94条2項の類推適用‥‥‥‥‥‥5
給付危険‥‥‥‥‥‥‥‥‥‥‥181
給付利得‥‥‥‥‥‥‥‥‥‥‥25
協　議‥‥‥‥‥‥‥‥‥‥‥31,32
　　――の合意‥‥‥‥‥‥‥‥32
強行規定‥‥‥‥‥‥‥‥‥‥‥57
強制執行‥‥‥‥‥‥‥‥‥‥‥47
強制履行‥‥‥‥‥‥‥‥‥‥‥47
共通錯誤‥‥‥‥‥‥‥‥‥‥‥7,8

事項索引

強迫……………………………………… 9
協力義務………………………… 44,45,202
協力すべき債務………………………… 176,177
寄与度…………………………………… 53,73
金銭債務………………………………… 54
組み入れ合意…………………………… 78
組入要件………………………………… 79
経済的不能………………………… 41,136,137
形成権…………………………………… 67
継続的契約……………………………… 67
競売………………………………… 101,102
軽微……………………………………… 68,69
　　――な不適合…………………… 124,125
契約違反…………………… 108,125,144,145,
　　　　　　　　　　　194,214,219,227
契約解除権……………………………… 43
契約自由の原則………………………… 57
契約上の地位の移転…………………… 67
契約締結の自由………………………… 57
契約適合性……………………………… 192
契約内容決定の自由…………………… 57
契約の相手方選択の自由……………… 57
契約の解除……… 43,46,49,64,67,68,71,
　　　　　73,86,87,90,93,94,96,97,99,100,
　　　　　102,174,202,204,214,219,223,224,226
契約の解除権…………………………… 109
契約の拘束力…………………………… 73
契約の成立………………………… 57～59,61,62
契約の方式の自由……………………… 57
契約の補充的解釈………………… 142,144
契約の目的達成不能…………………… 71
契約不適合………………… 41,86,88～100,
　　　　　　　　　　　　109,110,138,200
契約目的達成不能……………………… 70,95

結果回避可能性………………………… 154
結果回避義務違反………………… 169,171
結果回避の合理的期待不可能性
　　　　　　　　　　　　… 146,148,151
結果回避不可能性……………………… 148
結果債務………… 48,50,95,143～145,
　　　　　　　　　152,164,168～171
原因主義…………………………… 73,225
言語上の提供…………………………… 87
現実の提供……………………………… 86
原始的不能………………… 40～43,59,137
原状回復義務………………… 25,26,75,76
懸賞広告………………………………… 62
　　――の撤回………………………… 63
現存利益………………………………… 25,26
現物返還………………………………… 76
権利の瑕疵……………………………… 89,90
権利の不適合…………………………… 90
権利濫用………………………………… 35
故意・過失………………… 76,140,145,168
故意に準ずる重過失……………… 117,208
合意……………………………………… 58,59
合意解除………………………………… 49
行為能力…………………… 3,11,14,26,61
行為能力者……………………………… 13,15
行為若しくは過失……………………… 76
後見人…………………………………… 27
公序良俗………………………………… 4,55
公序良俗違反…………………………… 57,81
更新……………………………………… 29,30
更生手続参加…………………………… 29
口頭の提供………………………… 87,101
後発的不能……………………………… 40
合理的注意義務………… 38,39,48,168～170

さ 行

債権者の責めに帰すべき事由……50, 64, 72, 171, 174, 202, 205, 230
債権者の不履行…………159, 165, 226
債権譲渡…………………………67
債権譲渡通知……………………88
債権の効力………………………41, 107
債権の目的………………………38
催　告……………………18, 31, 96, 102
　——によらない解除………70, 204, 229
催告解除……………………67〜70, 93, 95, 204, 211, 222, 228, 229
　——の原則………………………68, 139
財産開示手続……………………30
再生手続参加……………………29
再売買の予約……………………103
裁判上の請求……………………29
債務の履行………………………176
債務引受け………………………67
債務不履行………………47, 48, 94, 141
債務不履行責任…………………89
詐　欺……………………………9
詐欺・強迫………………………8
錯　誤……………………………6, 7, 8
時　効……………………………28
　——の援用………………………28
　——の援用権者…………………28
　——の完成猶予…………………29〜33
時効完成猶予……………………32
自己契約…………………………18, 19
自己の財産に対するのと同一の注意
　義務……………………44, 45, 174
事実的不能………………41, 136, 137

支払督促…………………………29
社会通念上の不能………41, 42, 51, 90, 137
重過失……………………………7, 8, 98, 208
重大な契約違反（不履行）……130, 131, 134, 135, 157, 201, 214〜217, 224, 227
重大な不履行………68, 110, 117, 119, 124, 148, 209〜211, 219, 222, 229
　——に基づく解除………………206
　——による解除…………………68
重大な不履行解除一元論………210, 220
修　補………………89〜91, 109, 130, 138
受益者……………………………66
主観的因果性……………………7
主観的瑕疵概念…………………89
主観的起算点……………34〜36, 97, 98
主たる債務………………………44, 73, 177
手段債務………………48, 143, 145, 168〜171
受領義務…………………………44, 45, 202
受領拒絶……………………11, 45, 100, 174
受領遅滞……………………43〜46, 100, 101, 173, 174, 183, 213
　——による危険移転……………200
受領遅滞危険移転の原則………174, 203
受領不能…………………………46, 100, 174
種類債務…………………………49
条　件……………………………27
　——の成就………………………27
条件及び期限……………………27
条件成就…………………………27
商事消滅時効……………………33, 34
使用者の責めに帰すべき事由…65
承　諾……………………………58, 59
承諾期間…………………………59
　——の定めのある申込み………59, 60

事項索引

――の定めのない申込み……… 60,61	相対的無効……………………………… 3
消滅時効………………………… 33,35,36	双方代理……………………………… 18,19
使用利益……………………………… 75	贈　与……………………………………… 85
除斥期間…………………………… 35,97	――の無償性………………………… 85
事理弁識能力………………………… 3	損害軽減義務…………………… 162,193
侵害利得……………………………… 25	損害賠償……………………………… 47,94
信義誠実の原則……… 118,138,175,202	――の範囲…………… 50,94,95,96
信義則………………… 28,81,115,118	損害賠償額の予定………………… 54,55
信義則違反…………………………… 35	損害賠償請求……… 43,46,48,50,51,91,
信頼関係破壊の法理…………… 71,229	94,96,97,99,100,140,
信頼利益……………………………… 94	148,165,166,174,203,226
診療債務…………………………… 48,169	損害賠償請求権………… 42,43,52,93,
心裡留保………………………… 5,9,17	94,109,140,152
請求権競合…………………………… 81	損害賠償責任………… 48,68,91,94,140,
制限行為能力………………………… 3	141,144,145,166,168,169
制限行為能力者………………… 15,25,26	損害への寄与度…………………… 53
制限種類債務…………………… 49,153	
正当争議行為………………………… 65	**た　行**
成年被後見人…………………… 12,15,26,27	対価危険………………………………… 180
絶対的定期行為………………… 217,218	代金減額請求…………… 91,92,94,96,97,
設立中の法人………………………… 66	99,100,102,174,203
責めに帰すべき事由……… 48,50,55,65,	代金減額請求権…………… 90,92,93,94
90,140,167,168,170	対抗要件………………………………… 87,88
責めに帰すべき事由がない………… 170	第三者………………………… 5,7,10,17
責めに帰することができない事由… 64,	――の詐欺………………………… 9
68,99,166	――のためにする契約…………… 66
善意の第三者………………………… 5	代償請求権…………………………… 55,56
善意・無過失……………………… 9,21	代替執行………………………………… 47
善管注意義務…………… 38,39,45,169,174	代替品給付……………………………… 130
善管注意義務違反…………………… 38	代替物の引渡し………… 89〜91,109,138
善良なる管理者の注意義務………… 38	代　理…………………………………… 13
増加費用……………………………… 45	代理権授与表示……………………… 20
相　殺…………………………… 76,195	代理権消滅後の表見代理…………… 21
相対的定期行為………………… 217,218	代理権の濫用………………………… 17

事項索引

代理行為……………………………13
　　──の瑕疵…………………………13
代理人………………………………13
諾約者………………………………66
他人物贈与…………………………85
他人物売買……………………42,88,137
短期期間制限………………………97
短期消滅時効………………………34
短期の消滅時効……………………33
単独行為……………………………4
治　癒………………………………209
中間利息……………………………52
中間利息控除………………………52
抽象的過失…………………………38
中　断………………………………35
重畳適用…………………………20,22
調達危険の引受け………………141,142
調達義務……………………………49
調　停………………………………29
直接強制……………………………47
沈黙による詐欺…………………9,10
追　完…41,90〜92,94,115〜117,124,193
　　──の機会…110,117,118,139,209,212
追完権……………110,131,132,134,135
追完請求…………………41,90,94,96,97
追完請求権………………88〜90,93,109,
　　　　　　112,115,124,125,138,231
追完不能…………………………41,90
追　認……………………17〜19,26,27
追履行………………………………109
追履行請求権……………108,109,111,
　　　　　　　　　112,115,136,166
通常使用される目的への適合性 122,138
通常生ずべき損害…………………50

通常損害…………………………51,53
通常の使用目的への契約適合性…91
通常の使用目的への適合性……89,91
通常有すべき性状…………………89
定款約款の変更……………………82
定期金債権…………………………36
定期行為……70,71,93,204,217,219,229
定型的取引…………………………78
定型取引……………………78,80,82
定型約款…………………………78〜84
　　──の変更……………………83,84
定型約款準備者………………80〜84
定型約款変更……………………83,84
停　止………………………………35
停止条件付双務契約………………64
撤　回………………………59,60,61,63
手　付………………………………86
手付倍戻し…………………………86
填補賠償……………………48,49,56,94
動機の錯誤…………………………7,8
動機の表示…………………………7
到　達……………………………11,12
特定の目的への適合性……122,129,138
特定物……………………………38,39,99
特定履行…………………………128,177
特別の事情によって生じた損害…51
取引上の社会通念……6,8,38,39,41〜43,
　　　　48,68,70,73,76,80,81,85,89,
　　　　91,107,136,138,139,167,168,171

な　行

任意代理人…………………………16
認識ある過失………………………208

は　行

媒介受託者　9, 10
破産手続参加　29
反対債務の自動消滅　64
被害者側の過失　52
引渡義務　38
引渡時危険移転　100, 200
　──の原則　99, 203
被保佐人　15
表見代理　20
表示錯誤　7
不意打ち条項規制　80
付加期間解除　95, 206, 210, 212, 216, 220, 222
不可抗力　38, 39, 48, 49, 91, 95, 101, 143, 145, 153〜155, 159, 164, 168, 170, 195
不可抗力免責　48〜50, 152
不完全履行　109, 166
復代理　16
復代理人　16
付随義務　44, 202
　──の違反　45
付随的債務　68, 73, 169, 175
不足分の引渡し　89, 90, 109, 138
不代替的特定物　89, 112
物上保証人　28
物品の適合性　119
物理的不能　41, 42, 136, 230
不適合の通知　126
不適合履行　112, 115〜118, 123, 124
不当条項　81
不当条項規制　80
不当利得　25

不能　40, 41
フラストレーション　144, 145
不履行　50, 52, 93, 107〜109, 112, 116, 136, 138〜141, 166, 176, 204
弁済の提供　44, 46, 65
変動利率性　39
法定解除　49
法定代理人　13, 15, 16, 26, 35
法定利率　39, 40, 52, 54
法的救済としての履行　136
法的救済としての履行請求権　55, 89, 107〜112, 115, 124, 125, 138, 202, 231
暴利行為　4, 5
法律行為　3, 4, 6〜8, 24
　──の内容　7, 8
法律上の瑕疵（不適合）　89, 90
法律的不能　41, 42, 51, 136, 137, 230
保管義務　101
保護義務　44, 202
保佐人　15, 26
保証人　28
保証の引受け　142
補助人　26
保存義務　38
本来的履行請求権　55, 107, 108, 109, 111, 112, 125, 136, 166

ま　行

未成年者　12, 15
みなし合意　79
民事保全処分　30
無過失責任　23, 24, 94
無権代理　17, 18
無権代理行為　18, 19, 24

事項索引

無権代理人…………………… 17〜19,23
　──の責任………………………… 22,23
無効及び取消し……………………… 24
無催告解除……… 68,70,71,92,93,95,96,
　　　　　　　　204,217,219,227〜229
無催告減額…………………………93,227
無償契約…………………………………85
滅失・損傷…………… 63,64,100,173,
　　　　　　　　　174,181,182,184
免　責…………………………… 140,141
免責事由……………………… 38,48,91,168
申込み………………………………58,59,61
　──の誘引……………………………58,59
目的達成不能……………………………91

や 行

約定利率………………………………54
約　款……………………………………78
遺　言……………………………………4
要素の錯誤………………………………7
要約者…………………………………66
予　見…………………………………50
　──の合理的期待不可能性…… 146,
　　　　　　　　　　　　148,151
　──の時期……………………………51
　──の主体……………………………51
予見可能性…… 96,151,154,164,169,171
予見不可能性……………………………148

ら 行

利益相反行為……………………………19
履　行……………………………… 95,166
　──として認容………………………93
　──に代わる損害賠償(填補賠償) 48

──の強制………… 46,47,111,114,125
──の催告………………………… 69,204
──の着手……………………………86,87
──の追完………………… 74,90〜93,
　　　　　　　　　95,99,100,102
──の追完請求… 96,99,100,174,203
──の提供…… 42〜44,46,65,86,100,
　　　　　　　115,125,137,138,203,209
履行期前の解除………………………223
履行期前の拒絶………………………109
履行期前の不履行……………… 128,223
履行拒絶…… 48,49,71,109,204,223,229
履行拒絶権……………………………64
履行障害……… 109,146,148,164,176,181
履行請求………………………………148
履行請求権……… 55,67,73,89,90,107,
　　　　　109,110,112,128,134,152,166
　──の排除…………………………112
　──の優位性…………………… 109,110
　──の優先の原則…………………139
履行遅滞…………… 45,46,109,166,204
履行不能……… 39,41,46,48,49,55,64,
　　　　　　65,68,70,90,107,109,166,
　　　　　　170,173,202,215,219,229
履行補助者……………………………74
　──の責任……………………………16
履行優先の法体系……………………95
履行利益…………………………… 93〜95
了　知……………………………………11
連帯保証人……………………………28

わ 行

和　解…………………………………29

判例索引

大判明治38年5月11日民録11輯706頁
　…………………………………………3,4
大判明治39年3月31日民録12輯492頁　9
大判明治39年10月29日民録12輯1358頁
　……………………………………………46
大判明治41年6月10日民録14輯665頁　14
大判大正5年6月10日民録22輯1149頁
　……………………………………………25
大判大正5年12月28日民録22輯2529頁
　……………………………………………26
大判大正7年8月27日民録24輯1658頁
　……………………………………………51
大判大正7年11月5日民録24輯2131頁
　……………………………………………66
大判大正13年7月15日民集3巻362頁　69
大判大正15年11月25日民集5巻763頁　71
大判昭和5年10月23日民集9巻993頁　25
大判昭和7年6月6日民集11巻1115頁
　……………………………………………19
大判昭和7年10月26日民集11巻1920頁
　……………………………………………25
大判昭和9年5月1日民集13巻875頁　4
大判昭和11年12月14日民集15巻158頁　12
大判昭和14年10月26日民集18巻1157頁
　……………………………………………25
大判昭和16年11月18日法学11巻617頁　9
大連判昭和19年12月22日民集23巻626
　頁…………………………………………22
最判昭和25年10月26日民集4巻10号
　497頁………………………………41,137
最判昭和27年4月25日民集6巻4号
　451頁………………………………………71
最判昭和29年12月21日民集8巻12号
　2211頁……………………………………69
最判昭和30年4月19日民集9巻5号
　556頁…………………………………48,230
最判昭和30年10月18日民集9巻11号
　1642頁……………………………………101
最判昭和30年12月1日判タ54号21頁…51
最判昭和31年6月26日民集10巻6号
　730頁………………………………………71
最判昭和32年9月12日民集11巻9号
　1510頁……………………………………228
最判昭和32年11月29日民集11巻12号
　1994頁…………………………………21,22
最判昭和32年12月3日新聞83・84号16
　頁…………………………………………228
最判昭和33年6月5日民集12巻9号
　1359頁……………………………………87
最判昭和33年7月15日新聞110号4頁
　……………………………………………228
最判昭和35年3月15日判例総覧民事編
　19巻135頁………………………………228
最判昭和36年4月20日民集15巻4号
　774頁………………………………………11
最判昭和36年11月9日民集15巻10号
　2444頁……………………………………228
最判昭和36年11月21日民集15巻10号
　2507頁……………………………………69
最判昭和37年2月15日民集16巻2号
　265頁………………………………………69
最判昭和37年5月1日集民60号475頁

241

判例索引

……………………………………… 228
最判昭和37年6月26日民集16巻7号
　1397頁……………………………… 66
最判昭和37年7月20日民集16巻8号
　1583頁……………………………… 229
最判昭和37年11月27日判時321号17頁 8
福岡高判昭和38年5月30日下民集14巻
　5号106頁…………………………… 55
最判昭和38年9月27日民集17巻8号
　1069頁……………………………… 229
最判昭和39年6月4日集民74号11頁 229
最判昭和39年7月28日民集18巻6号
　1220頁……………………………… 71
最判昭和40年8月2日民集19巻6号
　1368頁……………………………… 71
最判昭和40年11月24日民集19巻8号
　2019頁……………………………… 86
最判昭和41年1月21日民集20巻1号65
　頁…………………………………… 87
最判昭和41年4月14日民集20巻4号
　649頁………………………………… 89
最判昭和41年4月21日民集20巻4号
　720頁……………………………… 71,228
最判昭和41年12月23日民集20巻10号
　2211頁……………………………… 55,56
最判昭和42年4月18日民集21巻3号
　671頁………………………………… 19
最判昭和42年4月20日民集21巻3号
　697頁………………………………… 17
最判昭和42年9月21日集民88号469頁
　……………………………………… 228
最判昭和43年2月23日民集22巻2号
　281頁………………………………… 69
最判昭和43年6月21日判時529号46頁

……………………………………… 71
最判昭和43年11月21日民集22巻12号
　2741頁……………………………… 71
最判昭和44年1月31日判時552号50頁 85
最判昭和44年2月13日民集23巻2号
　316頁………………………………… 228
最判昭和44年4月15日判時560号49頁 69
最判昭和44年7月25日判時574号26頁 22
最判昭和44年11月14日民集23巻11号
　2023頁……………………………… 5
最判昭和44年12月16日集民97号775頁
　……………………………………… 228
最判昭和45年3月3日判時591号60頁
　……………………………………… 230
最判昭和45年7月28日民集24巻7号
　1203頁……………………………… 20
最判昭和46年12月16日民集25巻9号
　1516頁……………………………… 230
最判昭和47年4月4日民集26巻3号
　373頁………………………………… 18
最判昭和47年11月16日民集26巻9号
　1603頁……………………………… 71
最判昭和48年12月14日民集27巻11号
　1586頁……………………………… 28
最判昭和49年4月26日民集28巻3号
　467頁………………………………… 71
最判昭和49年4月26日民集28巻3号
　527頁………………………………… 72
最判昭和40年11月24日民集19巻8号
　2019頁……………………………… 86
最判昭和50年2月20日民集29巻2号
　99頁………………………………… 71
最判昭和50年4月25日民集29巻4号
　481頁………………………………… 65

判例索引

最判昭和50年6月27日金判485号20頁 25
最判昭和50年7月17日金法768号28頁
　……………………………………… 230
最判昭和51年2月13日民集30巻1号1
　頁 ……………………………………75,76
最判昭和62年7月7日民集41巻5号
　1133頁 ……………………………… 23,24
最判昭和62年7月17日民集41巻5号
　1283頁 ………………………………… 65
最判昭和62年7月17日民集41巻5号
　1350頁 ………………………………… 64
最判平成元年2月9日民集43巻2号1
　頁 ……………………………………… 229
最判平成元年9月14日判時1336号93頁
　…………………………………………… 7
最判平成元年12月21日民集43巻12号
　2209頁 ………………………………… 35
最判平成2年4月20日労判561号6頁
　………………………………………… 169
最判平成2年11月8日判時1370号52頁
　………………………………………… 169
最判平成3年4月11日判時1391号3頁
　………………………………………… 169
最判平成3年9月17日判時1402号47頁
　………………………………………… 229
最判平成3年10月17日判時1404号74頁
　………………………………………… 169
最判平成4年6月8日判時1450号70頁
　………………………………………… 170
最判平成4年10月20日民集46巻7号
　1129頁 ……………………………… 97,98
最判平成5年3月16日民集47巻4号
　3005頁 ………………………………… 87
最判平成5年11月25日金法1395号49頁

　………………………………… 48,50,170
最判平成6年3月22日民集48巻3号
　859頁 ………………………………… 86
最判平成6年5月31日民集48巻4号
　1029頁 ………………………………… 27
最判平成6年7月18日判時1540号38頁
　………………………………………… 229
最判平成6年9月13日民集48巻6号
　1263頁 ………………………………… 4
最判平成6年10月11日判時1525号63頁
　………………………………………… 169
最判平成7年4月25日民集49巻4号
　1163頁 ………………………………… 169
最判平成7年5月30日判時1553号78頁
　………………………………………… 169
最判平成7年6月9日民集49巻6号
　1499頁 ………………………………… 170
最判平成8年1月23日民集50巻1号1
　頁 ……………………………………… 170
最判平成8年1月26日民集50巻1号
　155頁 ………………………………… 90
最判平成8年11月12日民集50巻10号
　2673頁 ………………………………… 229
最判平成9年2月25日判時1599号66頁
　………………………………………… 170
最判平成10年4月24日判時1661号66頁
　………………………………………… 170
最判平成10年6月11日民集52巻4号
　1034頁 ………………………………… 11
最判平成10年6月12日民集52巻4号
　1087頁 ………………………………… 35
最判平成10年10月30日民集52巻7号
　1604頁 ………………………………… 229
最判平成11年11月30日判時1701号69頁

243

判例索引

……………………………… 229
最判平成13年11月27日民集55巻6号
　1154頁……………………………… 169
最判平成13年11月27日民集55巻6号
　1311頁……………………………… 97,98
最判平成14年9月24日判時1803号28頁
　……………………………………… 169
大阪地判平成15年7月30日金判1181号
　36頁…………………………………… 59
最判平成17年6月14日民集59巻5号
　983頁………………………………… 52
最判平成17年9月8日判時1912号16頁
　……………………………………… 169
最判平成18年1月27日判時1927号57頁

……………………………… 170
最判平成18年11月27日民集60巻9号
　3597頁……………………………… 228
最判平成21年1月19日民集63巻1号97
　頁……………………………………… 53
最判平成21年4月28日民集63巻4号
　853頁………………………………… 35
最判平成21年7月16日民集63巻6号
　1280頁……………………………… 169
最判平成24年3月16日民集66巻5号
　2216頁……………………………… 229
最判平成25年4月16日民集67巻4号
　1049頁……………………………… 169

【著　者】

石崎　泰雄（いしざき・やすお）
　　首都大学東京 法科大学院 教授

〈主要著書等〉
（単著・編著）
『契約不履行の基本構造──民法典の制定とその改正への道──』（成文堂，2009年）
『患者の意思決定権』（成文堂，2008年）
『新民法典成立への扉──法制審議会の議論から改正法案へ──』（信山社，2016年）
『新民法典成立への道──法制審議会の議論から中間試案へ──』（信山社，2013年）
石崎泰雄・渡辺達徳編著『新民法講義5 事務管理・不当利得・不法行為法』（成文堂，2011年）
石崎泰雄・渡辺達徳編著『新民法講義2 物権・担保物権法』（成文堂，2010年）
（共著・共訳）
松本恒雄ほか編『判例プラクティス民法Ⅱ債権』（信山社，2010年）
椿寿夫ほか編『民法改正を考える』（日本評論社，2008年）
ペーター・シュレヒトリーム編『ヨーロッパ債務法の変遷』（信山社，2007年）
ユルゲン・バセドウ編『ヨーロッパ統一契約法への道』（法律文化社，2004年）
平井一雄編『民法Ⅲ（債権総論）』（青林書院，2002年）
大澤正男編『現代法学25講』（成文堂，1997年）
下森定ほか編『ドイツ債務法改正委員会草案の研究』（法政大学現代法研究所，1996年）
田山輝明編『民法演習Ⅲ（債権総論）』（成文堂，1996年）

信山社ブックス

「新民法典」の成立
──その新たな解釈論──

2018（平成30）年4月20日　第1版第1刷発行
8644-1:P264　¥3200E:012-060-020

著　者　石　崎　泰　雄
発行者　今井　貴　稲葉文子
発行所　株式会社　信　山　社
〒113-0033 東京都文京区本郷6-2-9-102
Tel 03-3818-1019　Fax 03-3818-0344
info@shinzansha.co.jp
笠間才木支店 〒309-1611 茨城県笠間市笠間515-3
笠間来栖支店 〒309-1625 茨城県笠間市来栖2345-1
Tel 0296-71-0215　Fax 0296-72-5410
出版契約2018-8644-1-01010　Printed in Japan

Ⓒ石崎泰雄, 2018　印刷・製本／東洋印刷・渋谷文泉閣
ISBN978-4-7972-8644-1 C3332 分類324.000-b014

JCOPY　〈(社)出版者著作権管理機構 委託出版物〉
本書の無断複写は著作権法上での例外を除き禁じられています。複写される場合は，そのつど事前に，(社)出版者著作権管理機構（電話03-3513-6969, FAX 03-3513-6979, e-mail: info@jcopy.or.jp）の許諾を得てください。

死ひとつ　唄 孝一

第1編 母亡ぶ
　発病から死亡までの3日間の記録
　診断及び看護における問題点をふりかえる
　主治医との話しあいを求めて
　解剖結果を求めて
第2編 自我と母と家と世間
　「孝行息子」の親不孝
　三つの映画―扶養問題を解決するのは法ではない)
第3編 医療の前後
　医療における法と倫理
　医療をいかに裁くか―法律の立場と医療の進歩

不帰の途　脳死をめぐって　竹内一夫

医療、生命倫理、法律などに関わる方々必読の書。日本の脳死判定基準を定めた著者が、いかなる考えや経験をもち、「脳死」議論の最先端の「途」を歩んできたのか、分かり易く語られた、今後の日本の「脳死」議論に欠かせない待望の書籍。

生と死、そして法律学　町野 朔

法律学は、人間の生死にいかに向き合うか。刑法、医事法、生命倫理など広い視座から、長く第一線で研究を続ける、町野朔教授による、40年の論稿を1冊に集成。よりよい将来社会の構築のために必読の文献。

生殖医療と法　町野朔・水野紀子・辰井聡子・米村滋人 編集

生命倫理と法、医療と法を考えるための重要資料集。政府の報告書、弁護士会の意見書、医学会の指針、日本学術会議の報告書、親子関係をめぐる裁判例などを収載。信頼の編集陣による解題も掲載した研究、実務、学習に必備の資料集。

生命科学と法の近未来　米村滋人 編集

生命科学の営みを、いかなる法制度として確立すべきか――生命科学の課題を的確に捉え、今後の適正かつ安定的な発展に向けて、「近未来」の方向性を提示。

信山社

◆ 学術世界の未来を拓く研究雑誌 ◆

2018.1待望の創刊

法と経営研究　加賀山茂・金城亜紀 責任編集

民法研究　広中俊雄 責任編集
民法研究　第2集　大村敦志 責任編集
消費者法研究　河上正二 責任編集
憲法研究　辻村みよ子 責任編集
〔編集委員〕山元一／只野雅人／愛敬浩二／毛利透
行政法研究　宇賀克也 責任編集
環境法研究　大塚直 責任編集
社会保障法研究　岩村正彦・菊池馨実 責任編集
医事法研究　甲斐克則 責任編集　（近刊）
法と哲学　井上達夫 責任編集
法と社会研究　太田勝造・佐藤岩夫 責任編集
国際法研究　岩沢雄司・中谷和弘 責任編集
ジェンダー法研究　浅倉むつ子 責任編集
EU法研究　中西優美子 責任編集

―――― 信山社 ――――

新民法典成立への扉
　── 法制審議会の議論から改正法案へ
　　石崎泰雄　編著

新民法典成立への道
　──法制審議会の議論から中間試案へ
　　石崎泰雄　編著

ヨーロッパ債務法の変遷
　　P. シュレヒトリーム編／半田吉信　訳

判例プラクティス民法Ⅰ　　総則・物権
　　松本恒雄・潮見佳男　編

判例プラクティス民法Ⅱ　　債権
　　松本恒雄・潮見佳男　編

判例プラクティス民法Ⅲ　　親族・相続
　　松本恒雄・潮見佳男　編

信山社